Das bietet Ihnen die CD-ROM

 Checks und Schritt-für-Schritt-Guides

- Den Hausbau planen und durchführen
- Den richtigen Hersteller finden
- Die Abnahme durchführen

 Muster und Formulare

- Architektenvertrag
- Bauherrntagebuch
- Mängelprotokoll
- Baukostentabelle

 Kosten- und Rechts-Checks

- Kauf- und Bauvertrag
- Mängel rügen
- Baukosten und Einsparmöglichkeiten
- Unterlagen für die Baugenehmigung
- Ökohaus

 Gesetze und Verordnungen

- Honorarordnung für Architekten und Ingenieure
- Wertermittlungsverordnung
- Preisangabeverordnung und viele mehr

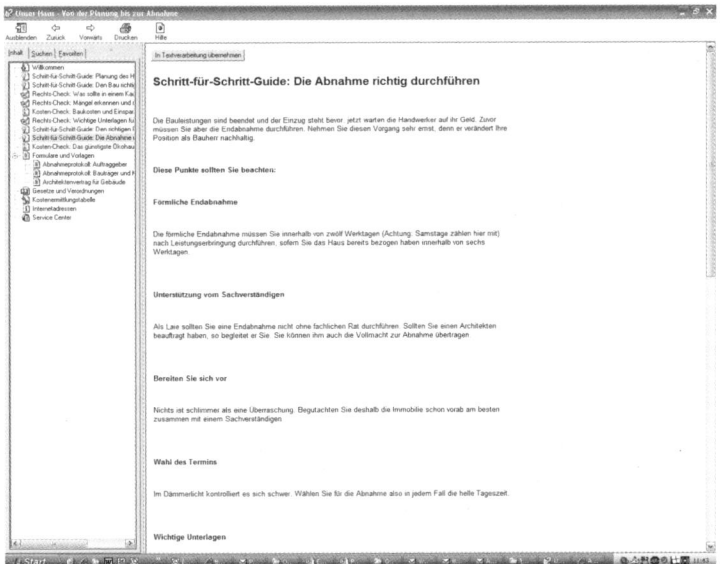

Screenshot der CD-ROM: Unsere Schritt-für-Schritt-Guides und Checks unterstützten Sie unter anderem bei der Endabnahme Ihrer Immobilie.

Liebe Leserin, lieber Leser,

in der Reihe „Meine Immobilie" informieren wir Sie regelmäßig über alle wichtigen Themen, die Sie als Bauherrn und Immobilienbesitzer interessieren: von der Finanzierung der eigenen vier Wände bis zu Ihren Rechten als Vermieter möchten wir Ihnen mit gutem Rat und aktuellen Informationen zur Seite stehen. Zuverlässig und informativ.

Dieses Buch führt dies fort und zeigt allen Bauherrn und solchen, die es werden wollen, detailliert, worauf es beim Hausbau ankommt. Von den Anfängen der Planung bis hin zur späteren Abnahme – hier erfahren Sie genau, wie Sie die Klippen eines Hausbaus umgehen und sicher zu Ihren eigenen vier Wänden gelangen.

Jeder, der sich ein eigenes Haus bauen möchte, erhält mit diesem Buch eine ideale Unterstützung. Bereits im Vorfeld sind wichtige Entscheidungen zu treffen. So müssen Sie sich für das geeignete Grundstück, die besten Vertragspartner und die richtige Finanzierungsmöglichkeit entscheiden. Dieser Ratgeber mit CD-ROM zeigt Ihnen, wie Sie von Beginn an alles optimal planen.

Rechts-Checks informieren Sie über kniffelige Details des Bauvertrags und Kosten-Checks helfen Ihnen bei der Kontrolle sowie der Planung des Budgets. Schritt-für-Schritt-Guides führen Sie z. B. durch den mühsamen Prozess der Baugenehmigung. Das Buch „Unser Haus – von der Planung bis zur Abnahme" ist der ideale Wegbegleiter zum Traumhaus.

Beim Bau Ihres Traumhauses wünsche ich Ihnen viel Erfolg!

Jörg Stroisch
Immobilien-Fachjournalist

Jörg Stroisch

Unser Haus –
von der Planung
bis zur Abnahme

Bibliographische Information Der Deutschen Bibliothek
Die Deutsche Bibliothek verzeichnet diese Publikation in der
Deutschen Nationalbibliographie; detaillierte bibliographische
Daten sind im Internet über http://dnb.ddb.de abrufbar.

ISBN 978-3-448-08792-5   Bestell-Nr. 06396-0001
© 2008, Rudolf Haufe Verlag GmbH & Co. KG
Niederlassung München
Redaktionsanschrift: Postfach, 82142 Planegg
Hausanschrift: Fraunhoferstraße 5, 82152 Planegg
Telefon: (089) 895 17-0,
Telefax: (089) 895 17-290
www.haufe.de
online@haufe.de
Produktmanagement: Jasmin Jallad

Lektorat und DTP: twinbooks, München
Umschlag: Atelier für Design und Werbung, 80689 München
Druck: Bosch-Druck GmbH, 84030 Ergolding
Zur Herstellung dieses Buches wurde alterungsbeständiges
Papier verwendet.

Inhaltsverzeichnis

Energiesparendes Bauen: passive Wärme nutzen

Schritt für Schritt zum Traumhaus

Ein kleines Haus im Grünen, die eigenen vier Wände, viel Platz für Kind und Kegel – damit Ihr Traum vom Haus nicht schnell zum Albtraum wird, ist eine gründliche und gute Vorplanung des Bauvorhabens notwendig.

Egal ob Architektenhaus, schlüsselfertiger Bau oder Fertighaus: Die Bauphase entscheidet über die Qualität des Objekts – und wenn hier etwas schiefläuft, kann es leicht Probleme geben.

Damit diese schwierige Phase zeitlich und kostenmäßig nicht aus dem Ruder läuft, müssen alle Schritte gut vorbereitet und geplant werden: die Suche nach einem geeigneten Grundstück, Verträge, Preisverhandlungen und, als wichtigster Punkt, die Bauleistungsbeschreibung.

Bauleistungs- | Die Bauleistungsbeschreibung spielt jedoch nicht nur bei der beschreibung | Vorbereitung eine wichtige Rolle, sondern auch bei der Bauabnahme. Und wenn schließlich alles gut überstanden ist, steht endlich der Einzug ins eigene Heim bevor.

Da gerade auch der Aspekt Energieeffizienz immer wichtiger wird, widmet sich ein komplettes Kapitel in diesem Buch den Möglichkeiten zum energieeffizienten Bauen. Umweltschutz ist beim Hausbau eine Rechnung, die auch ökonomisch aufgeht.

Die einzelnen Kapitel sind keine theoretischen Abhandlungen, sondern beantworten die Fragen, die Sie tatsächlich beim Bau Ihres Traumhauses beschäftigen. Praxisbeispiele, Checklisten und detaillierte Ablaufbeschreibungen beim Bau eines Architektenhauses, eines Bauträgerhauses und eines Fertighauses verdeutlichen dies anschaulich. So entsteht Schritt für Schritt Ihr Traumhaus.

Die Vorbereitungsphase

Wie Sie im Kapitel ab Seite 22 sehen werden, beginnt Ihr Bauvorhaben schon lange vor dem ersten gemauerten Stein. Diese Vorbereitungsphase ist ein sensibler Abschnitt, denn hier stößt der Traum vom Wunschhaus das erste Mal auf die harte Realität. Und das ist auch gut so: Denn nur ein kritischer Bauherr, der sein Vorhaben immer wieder hinterfragt und an die realen Gegebenheiten anzupassen versteht, ist auch ein erfolgreicher Bauherr. Schließlich werden gerade in dieser Phase viele Dinge geklärt und so mancher unrealistische Wunsch über Bord geworfen. Traum und Wirklichkeit

Budgetkontrolle: Die Einnahmen und Ausgaben müssen kontrolliert werden, damit das Bauvorhaben nicht zu groß für die eigenen finanziellen Möglichkeiten ausfällt. Die Wünsche an die Realität anpassen
Finanzierung: Für jeden Euro Baukosten müssen Sie einen Euro für den Kreditvertrag einplanen. Umso wichtiger ist es, dass Sie eine gute und günstige Form der Finanzierung wählen.
Grundstückssuche: Die Grundstückssuche sollte ebenfalls sehr gründlich durchgeführt werden. Häufig werden Sie jedoch auf Grundstücke treffen, die gleich mit Haus vom Bauträger angeboten werden. Aber es gibt auch freie Grundstücke.
Baukostenschätzung: Die Baukosten und die Baunebenkosten werden nun das erste Mal geschätzt. Mithilfe von statistischen Erhebungen und entsprechender Literatur können Sie einen guten Überblick gewinnen.

Expertentipp

Die Umgebung analysieren

Liegt das Grundstück direkt an der Bachstraße, der See-
promenade oder dem Weg am Fluss, dann ist das schon ein
deutlicher Hinweis darauf, dass hier vielleicht (früher) mal
ein Gewässer gelegen hat. Und schon verwundert es nicht,
dass die Häuser auf den Nachbargrundstücken ein aufge-
sockeltes Erdgeschoss besitzen. Viele solcher Indizien erfahren Sie leicht, indem Sie eingehend die Umgebung eines an-
visierten Grundstücks betrachten, Nachbarn fragen oder alte
Straßenkarten recherchieren. Eine falsche Bauplanung führt
zu sprunghaft steigenden Kosten. Etwa, wenn der Keller
schon nach der Gründung wieder absäuft.

Die Vertrags- und Planungsphase

Beschreibung
der Bau-
leistungen

Konkreter wird es dann in der Planungsphase ab Seite 74 dieses
Buches. Hier müssen Sie als Bauherr eng mit dem Bauträger oder
dem Architekten zusammenarbeiten. Wichtigstes Dokument dieser Zusammenarbeit ist die Bauleistungsbeschreibung. Achten Sie
darauf, dass darin sehr detailliert alle Punkte aufgeführt sind. Im
Einzelnen betrifft dies:

Baupläne: Kontrollieren Sie genau, ob die Baupläne Ihren Bedürfnissen entsprechen. Ein Bauplan ist zwar abstrakt, trotzdem müssen Sie mit seiner Hilfe schon viele Details des zukünftigen Hauses klären.
Verträge: Die Bauverträge mit der Bauleistungsbeschreibung sind
das wichtigste Dokument des gesamten Baus. Je nach Vertragsmodell fallen Ihnen als Bauherr unterschiedliche Rollen zu. Geben
Sie sich besonders viel Mühe mit der Bauleistungsbeschreibung.
Eine gute Planung an dieser Stelle spart später Kosten.
Versicherungen: Ein Bau ist mit Risiken verbunden. Sie sollten
schon jetzt – bevor der erste Spatenstich getan ist – für eine ver-
nünftige Absicherung dieser Risiken sorgen.

Auf veränderte Lebenssituationen vorbereitet sein

Ein Haus muss auf lange Zeit den Bedürfnissen seiner Bewohner gerecht werden. Das ist gar nicht so einfach, denn wer weiß schon, wie die Zukunft aussehen wird.

Als Beispiel: Ein junges Paar baut sich ein Haus, dann kommt das erste Kind, das zweite Kind ... Und spätestens beim dritten Kind stellt sich die Frage nach einem zusätzlichen Kinderzimmer. Irgendwann ziehen die Kinder aber nacheinander wieder aus – und plötzlich ist jedes zweite Zimmer Hobbyraum oder Arbeitszimmer. „Hobbyraum" ist nach Ansicht einiger Bauexperten das Synonym für „Unnötig-Raum". Unnötiger Raum ist jedoch teurer Raum, vor allem in der Herstellung. Achten Sie deshalb darauf, dass die Raumaufteilung im Haus möglichst flexibel zugeschnitten werden kann, damit Sie auch auf veränderte Lebenssituationen gut reagieren können.

Die Bauphase

Ab Seite 98 geht es schließlich um die Bauphase, die lange dauert und einen Großteil der Kosten verschlingt. Die verschiedenen Gewerke – also die Handwerker – spielen hier eine Rolle, die überwacht und koordiniert werden müssen.

Überwachung der Gewerke

Bauüberwachung: Der Baufortschritt wird angezeigt und die Kosten werden kontrolliert. Ständig muss hier nicht nur die Qualität der Ausführung überprüft werden, sondern auch, ob Zeit und Kosten im Lot sind.

Gewerke: Welche Materialien sollen zum Einsatz kommen? Welche Handwerker übernehmen welche Aufgaben auf der Baustelle? Dieses Unterkapitel hilft Ihnen beim Verständnis der Baustelle.

Die Bauphase kann bei falscher Planung rasch zu einer finanziellen Katastrophe werden.

Materialien früh festlegen

Zwar werden die Materialien erst in der Bauphase benötigt, die Entscheidung für ein Produkt sollten Sie aber schon zu einem deutlich früheren Zeitpunkt treffen. Zusammen mit Ihrem Architekten oder Ihrem Bauträger sollten Sie genau festlegen, welche Materialien, Fabrikate und Typen zu verwenden sind. Zwar wird die Bauleistungsbeschreibung sehr detailliert – aber das ist der beste Schutz vor ausufernden Kosten.

Sehr viel Praxis gibt es ab Seite 140. Hier erfahren Sie an mehreren Beispielen genau, wie das Architektenhaus geplant wird und wo die Unterschiede zum Bauträgermodell liegen.

Architektenhaus: Ob Bauzeitenplanung, Bauleistungsbeschreibung oder Kostenschätzung – ein konkretes Beispiel zeigt Ihnen im Kapitel „Das Architektenhaus" (ab Seite 140), wie der Bau eines Architektenhauses abläuft. Das Modell behandelt exemplarisch eine Doppelhaushälfte in Bungalow-Bauweise.
Bauträgerhaus: Schlüsselfertig errichtet der Bauträger ein Haus, dargestellt im Kapitel „Schlüsselfertig bauen" (ab Seite 180) an-

hand des Beispiels eines Reihenmittelhauses. Da sich im Vergleich zum vorherigen Kapitel viele Punkte ähneln, wird hier zusätzlich stark auf die Besonderheiten des Bauträgerhauses eingegangen.

Fertighaus: Ein Untertyp des Bauträgermodells ist das Fertighaus. Es wird in Deutschland überwiegend in der Holzständerbauweise errichtet. Im Kapitel „Fertighaus – Bauen ab Werk" (ab Seite 198) werden auch hierfür alle entscheidenden Überlegungen – von der Bauzeitenplanung bis zur Kostenschätzung – am Beispiel einer Doppelhaushälfte in Bungalow-Bauweise durchgespielt. Sie erfahren aber auch, welche unterschiedlichen Fertighaustypen es gibt.

Expertentipp

Ein Bauunternehmer testet zweimal

Ein Architektenspruch lautet: Baue das erste Haus für deinen besten Freund, das zweite Haus für deinen ärgsten Feind und erst das dritte Haus dann für dich selbst.

Übertragen in die Welt des Bauherrn bedeutet dies, penibel darauf zu achten, dass Sie mit erfahrenen, lang am Markt etablierten Unternehmen zusammenarbeiten. Geben Sie sich nicht mit dem Gesellen-, sondern nur mit dem Meisterstück zufrieden!

Neben der Qualität der Bauausführung sollten Sie auch die Solvenz der beteiligten Firmen kontrollieren, sich hier Sicherungsbürgschaften der Bank vorlegen lassen – und im Zweifel die Unternehmensstruktur durch eine Wirtschaftsauskunftei kontrollieren lassen (beispielsweise Creditreform oder Dun&Bradstreet). Es geht um viel Geld, also riskieren Sie nichts!

Die Abnahmephase

Der Bau ist beendet und einige Wochen mit viel Stress und Aufregung sind vorbei. Jetzt gilt es, die erbrachten Leistungen abzunehmen und den Baufirmen ihr Geld zu zahlen. Aber Vorsicht:

Stellen Sie sicher, dass die Leistung auch ihr Geld wert ist. Ab Seite 220 geht dieses Buch darauf ausführlich ein.

Der Ablauf einer Abnahme

Ablauf: Eine Endabnahme sollte gut vorbereitet sein. Und sie sollte förmlich durchgeführt werden. Zusammen mit Ihrem Architekten oder Bausachverständigen begutachten Sie nun die erbrachte Leistung und protokollieren dies auch.

Protokoll: Halten Sie die Form ein. Für das Abnahmeprotokoll gibt es standardisierte Formulare, aber auch die Mängelfeststellung können Sie standardisiert aufnehmen.

Text auf CD-ROM

Bezahlung: Nach der erteilten Endabnahme möchte der Handwerker sein Geld sehen. Auch hierfür gibt es nach der „Vergabe- und Vertragsordnung für Bauleistung" (VOB) (→CD-ROM) einen klar geregelten Handlungsrahmen.

Mängelbeseitigung: Es gibt Gewährleistungszeiten für die erbrachten Leistungen. In dieser Frist muss der Handwerker auch nach der Endabnahme für Mängel geradestehen. Erfahren Sie mehr über die korrekte Anmeldung von Mängeln.

Expertentipp

Nie ohne Experten

Eine Endabnahme sollten Sie niemals ohne die Hilfe eines Experten durchführen. Ein Architekt oder Bausachverständiger erkennt Fehler und Mängel viel schneller als Sie. Und er kann sie in ihrer Bedeutung auch einordnen.
Generell sollten Sie ein Bautagebuch führen und die Baustelle während der Bauphase mindestens einmal täglich besuchen. Das Bautagebuch ist eine gute Gedächtnisstütze für Fragen, die vielleicht spätestens zum Zeitpunkt der Endabnahme geklärt werden müssen.

Passive Wärmenutzung

Kyoto ist in aller Munde. Mit den im Kyotoprotokoll formulierten Zielen soll der CO_2-Ausstoß reduziert werden, um eine Klimakatastrophe abzuwenden. Gerade auch die privaten Bauherren werden gesetzlich dazu gezwungen, hier ihren Beitrag zu leisten. Aber energetisches Bauen lohnt sich nicht nur für die Umwelt, sondern in Zeiten steigender Energiekosten auch für den Geldbeutel. Das Kapitel „Energiesparend bauen: passive Wärme nutzen" (ab Seite 240) beinhaltet viele Details rund um das energiesparende Bauen.

Wärmedämmung: Die Energieeinsparverordnung (EnEV) (→CD-ROM) schreibt vor, was Sie als Bauherr heute an Energieeffizienz erfüllen müssen. Ein ganz wichtiger Faktor ist dabei die Wärme-dämmung der Wände und Decken sowie der Einsatz von gut iso-lierten Fenstern.

Text auf CD-ROM

Wärmegewinnung: Der übliche Weg für die Wärmegewinnung in einem Haus sind Gas- oder Ölheizungen. An die Kessel werden gesetzliche Mindestanforderungen gestellt. Aber auch regenerati-ve Energien wie Solarkollektoren, Erdwärmepumpen oder Pel-letheizungen halten Einzug in den Neubau und werden staatlich gefördert.

Strom sparen: Die Stromerzeugung und auch das Stromsparen sind ein wichtiger Aspekt eines ganzheitlichen Ökokonzepts.

Energiesparen-des Bauen

Förderung: Und nicht zuletzt fördern verschiedene staatliche Institutionen den Einsatz regenerativer Energien und den Bau von Häusern, die über das gesetzliche Maß hinaus effizient mit Ener-gieträgern umgehen. Das Niedrigenergiehaus der EnEV kann durch das Passivhaus schon lange technisch und ökonomisch übertrumpft werden.

Beim Einsatz regenerativer Energien erhalten Sie staatliche Förderungen.

Expertentipp

Öko lohnt sich

Der ökologisch-energieeffiziente Bau von Häusern ist seit Langem auch ökonomisch sinnvoll. Schon die aktuellen Energiekosten führen dazu, dass sich die dafür notwendigen Mehrkosten innerhalb weniger Jahre amortisieren. Und die Preisspirale für Energie wird sich vermutlich weiter nach oben drehen.

Denken Sie deshalb von Anfang an darüber nach, Ihr Traumhaus gleich weit über das derzeit gesetzlich vorgeschriebene Maß energieeffizient zu gestalten. Das Passivhaus ist schon lange keine Illusion mehr, sondern machbare und an vielen Bauobjekten praktizierte Realität.

Staatliche Institute wie etwa die KfW-Bank fördern Ihr Engagement mit großzügigen und kostengünstigen Krediten.

Und abschließend ein Webtipp für Ihr Traumhaus

Seit Anfang Januar 2008 finden Sie im Internet unter *www.meineimmobilie.de* eine neue Immobilienwebsite, die alle Themen rund ums Hausbauen und -besitzen aufgreift. Der Autor dieses Buches leitet sie als Chefredakteur im Auftrag des Haufe-Verlags, in dem auch dieses Buch erschienen ist. Darauf können Sie sich täglich über neue Entwicklungen rund um das Thema Immobilien informieren, im Forum diskutieren sowie direkt und kostenlos Experten fragen.

☑ SCHRITT-FÜR-SCHRITT-GUIDE

Planung des Hausbaus

Der Weg zum eigenen Haus

Ein Hausbau will wohlüberlegt und gut organisiert sein. Damit Sie auf dem Weg zu den eigenen vier Wänden gut vorbereitet sind, sollten Sie sich im Vorfeld alle wichtigen Informationen besorgen und mehrere Angebote einholen.

Formular
auf CD-ROM

Informieren

Wo gibt es Grundstücke?
Bemerkung:
....

Wie teuer sind diese?
Bemerkung:
....

So gehen Sie vor:

• Besorgen Sie sich beim Gutachterausschuss alle notwendigen Unterlagen, um über die Preise in der Gegend Bescheid zu wissen.
• Befragen Sie Freunde, Bekannte, Zeitungen oder Internetportale bei der Suche nach geeigneten Grundstücken oder Immobilien.

Analysieren

Ist das Grundstück in Ordnung?
Bemerkung:
....

Befinden sich auf dem Grundstück eventuell Altlasten?
Bemerkung:
....

Sind im Grundbuch unter Umständen Belastungen eingetragen?
Bemerkung:
....

Ist das Grundstück so geschnitten, wie Sie es sich vorstellen?

Bemerkung:

....

Wie ist die Umgebung und die nähere Nachbarschaft?

Bemerkung:

....

So gehen Sie vor:
- Lassen Sie das Grundstück von einem Sachverständigen begutachten.
- Besorgen Sie sich einen Grundbuchauszug, um mögliche Belastungen zu erkennen.
- Sehen Sie sich in der näheren Umgebung um und besuchen Sie möglicherweise auch mal die neuen Nachbarn.

Finanzieren

Ist das eigene Budget nachhaltig?

Bemerkung:

....

Ist die Kreditsumme stimmig kalkuliert?

Bemerkung:

....

Welche Bank bietet die günstigsten Konditionen?

Bemerkung:

....

So gehen Sie vor:
- Überprüfen Sie, ob Ihre Einnahmen Ihre Ausgaben übersteigen.
- Kontrollieren Sie, ob Ihre finanziellen Möglichkeiten die Belastungen durch den Kredit zulassen.
- Holen Sie bei mehreren Kreditinstituten Informationen zu deren Zinssätzen und Kreditnebenkosten.

Bauträger

Kann der Bauträger ausreichende Referenzen vorweisen?

Bemerkung:

....

Ist der Bauträger liquide?

Bemerkung:

....

Umfasst die Bauleistungsbeschreibung alle Posten eines Hausbaus?

Bemerkung:

....

Welche Kosten für nicht inkludierte Leistungen kommen noch auf Sie zu?

Bemerkung:

....

So gehen Sie vor:
- Lassen Sie sich Referenzen zeigen und überprüfen Sie diese.
- Überprüfen Sie die Bauleistungsbeschreibung auch hinsichtlich der Details.
- Fragen Sie nach zusätzlichen Kosten und kalkulieren Sie diese in Ihr Budget ein.

Architekt

Ist der Architekt erfahren im Bereich Einfamilienhäuser?

Bemerkung:

....

Kann der Architekt ausreichend Referenzen vorweisen?

Bemerkung:

....

Wie schlüssig ist die Kostenschätzung des Architekten?

Bemerkung:

....

So gehen Sie vor:
- Lassen Sie sich Referenzen zeigen und überprüfen Sie diese.
- Besichtigen Sie die genannten Referenzobjekte.
- Überprüfen Sie die Kostenschätzung des Architekten und stellen Sie Ihre eigene Schätzung gegenüber.

Versicherungen

Haben Sie alle notwendigen Versicherungen abgeschlossen?
Bemerkung:

....

So gehen Sie vor:
• Überprüfen Sie, ob alle empfohlenen Versicherungen wie Bauherrenversicherung, Bauleistungsversicherung oder Unfallversicherung abgeschlossen sind.
• Kontrollieren Sie bestehende Versicherungen hinsichtlich Laufzeit, Konditionen und Preis.

Bauvertrag

Haben Sie den Bauvertrag gründlich geprüft?
Bemerkung:

....

Fehlen zuvor mündlich getroffene Vereinbarungen?
Bemerkung:

....

Wurden besprochene Details nicht aufgenommen?
Bemerkung:

....

So gehen Sie vor:
• Legen Sie alle Ausstattungsdetails fest.
• Analysieren Sie die Bauleistungsbeschreibung gründlich und
  legen Sie nach Möglichkeit alles bis ins kleinste Detail fest.
• Vereinbaren Sie einen festen Fertigstellungstermin.
• Ziehen Sie einen spezialisierten Juristen für die Durchsicht des
  Bauvertrages zurate.

Baukontrolle

Wird die Baukontrolle wissend und sachlich begleitet?
Bemerkung:

....

Wird das vorgegebene Budget eingehalten?

Bemerkung:

....

Werden alle vereinbarten Leistungen termingerecht und fachmännisch ausgeführt?

Bemerkung:

....

So gehen Sie vor:
- Beauftragen Sie einen Baubetreuer.
- Führen Sie ein Bautragebuch.
- Aktualisieren Sie ständig Ihre Kostenkontrolle.

Bauabnahme

Wird die Bauabnahme termingerecht durchgeführt?

Bemerkung:

....

Werden alle Mängel schriftlich protokolliert?

Bemerkung:

....

Steht Ihnen ein fachlicher Experte zur Seite?

Bemerkung:

....

So gehen Sie vor:
- Finden Sie zügig einen Termin.
- Führen Sie ein Protokoll.
- Nehmen Sie zur Bauabnahme einen Experten mit.

Das müssen Sie tun:
Anhand der Checkliste können Sie Schritt für Schritt Ihr Vorhaben planen. Gehen Sie jeden einzelnen Punkt durch, damit Sie bereits im Vorfeld alles in die richtigen Bahnen leiten. Aber bedenken Sie immer, dass Sie für einige Dinge fachliche Unterstützung holen und besser einen Experten zurate ziehen.

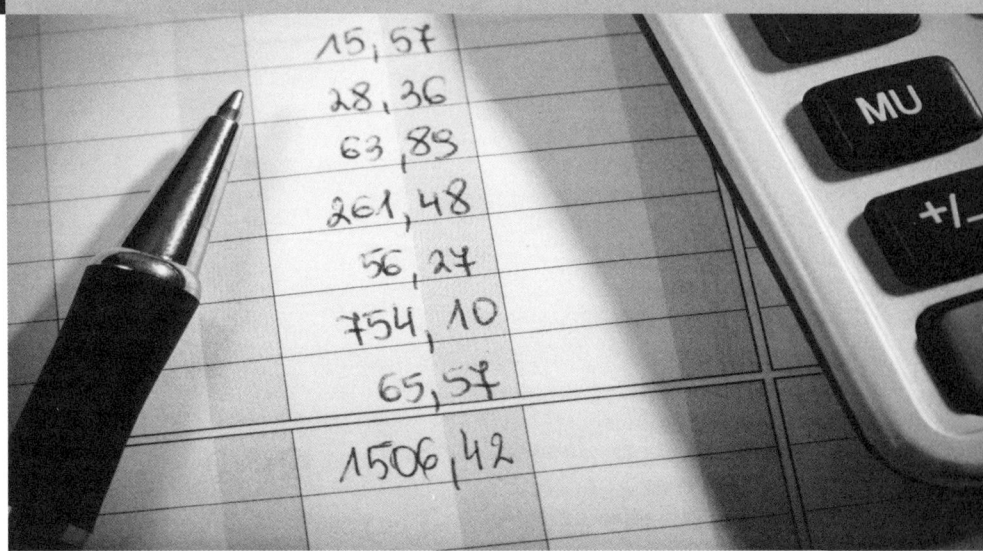

Die Vorbereitungsphase

Wenn Sie in diesem Abschnitt Ihres Bauvorhabens nicht aufpassen, legen Sie die Grundlagen für spätere Kostentreiber. Und deshalb gilt: Wer gut plant, spart am Ende viel Geld. Aber dies gilt nicht nur für die Grundstückssuche, sondern auch für Fragen des Budgets und der Finanzierung.

Kosten ehrlich planen

„Kaufen statt mieten" – mit dieser Formel buhlen Makler und Bankiers um die Gunst der Bauwilligen. Die Miete in den Hausbau investieren und dabei Besitz schaffen, und alles bei gleich bleibenden Monatskosten, damit stoßen sie bei vielen Kunden auf offene Ohren. Doch eine realistische und ehrliche Kostenplanung lässt sich schon in der Entwurfsphase nicht auf diese einfache Formel reduzieren.

Zu Beginn steht erst einmal der Kassensturz, bei dem Sie feststellen, wie viel Budget Sie überhaupt monatlich nachhaltig zur Verfügung haben. Diese Rechnung scheint auf den ersten Blick einfacher, als sie tatsächlich ist. Auf keinen Fall sollten Sie sich hier in die eigene Tasche lügen und die Zahlen schönreden, denn nur eine ehrliche Aufstellung bringt Sie Ihrem Ziel näher.

Der größte Kostenfaktor beim Hausbau ist nicht, wie häufig angenommen, der Bau selbst, sondern meist das Geld von der Bank. Für einen Euro Bau- und Kaufgeld für Haus und Grundstück müssen Sie einen weiteren Euro für die Finanzierungskosten einplanen. Umso wichtiger also, dass Sie eine kostengünstige Form der Baufinanzierung wählen.

Nun gilt es aber auch noch, das richtige Grundstück zu finden, das nicht nur einen guten Zuschnitt bietet, sondern auch in der Wunschgegend, oder zumindest ganz nah dran, liegt. Oft gestaltet sich die Suche danach sehr schwierig und zieht sich über Jahre hin.

Die Suche nach dem Grundstück

Erst wenn die Suche erfolgreich war, macht es Sinn, sich um die konkrete Bauplanung und die damit verbundenen Baukosten Gedanken zu machen. Hier gibt es zwar gängige Schätzmethoden, der sicherste Weg ist allerdings das Einholen von Angeboten. Gerade hier können Sie durch eine professionelle Vorgehensweise viel Geld sparen.

Und da Sie mit der Grundstückssuche und der Baukostenschätzung schon zwei wesentliche Punkte für die konkrete Gesamtwertermittlung Ihrer Immobilie gesammelt haben, gibt es im Exkurs noch ein paar weitere Tipps, denn das Ergebnis kann bei falschen Ausgangsdaten ernüchternd sein. Blenden Sie diese Sichtweise nicht aus, sondern beschäftigen Sie sich intensiv damit, was an Ihrem Bau Werte schafft und was nur kostet.

Welches Haus kann ich mir leisten?

„Dann investieren wir die Miete einfach in die Finanzierungsraten, und schon klappt es." Mit dieser Rechnung wäre die Frage danach, was Sie sich an Haus leisten könnten, schnell geklärt. Leider ist die Formel „Kaufen statt mieten" nicht vielmehr als ein Marketingspruch. Wenn Sie beim Bauen finanziell wirklich auf der sicheren Seite stehen wollen, dann hilft nur eines: eine ehrliche Einnahmen-Ausgaben-Rechnung.

Finanzierbare Wünsche

Ist der dann verbleibende Überschuss für das eigene Haus tatsächlich beständig? Sie müssen nicht unnötig und ständig Ihre eigene finanzielle Zukunft schwarz malen, aber Sie sollten trotzdem für die allgemeine Lebensplanung und die manchmal auftretenden Unbilden des Lebens einen klaren Blick haben. Und leider ist das, was dann an Überschuss inklusive Miete übrig bleibt, schlecht von Ihnen investiert, wenn Sie es komplett in die Finanzierung stecken. Überlegen Sie, mit welchen Kosten Sie neben der monatlichen Finanzierungsrate noch rechnen müssen, und suchen Sie nach Alternativen: Vielleicht wählen Sie doch das günstigere Grundstück außerhalb der Stadt oder eine günstigere Bauausführung? Alternativen gibt es viele.

Das Portemonnaie nicht vergessen

Überhaupt neigen viele Bauherren dazu, beim Hausbau das eigene Portemonnaie zu vergessen. „Goldene Wasserhähne" sind hier nur eine Stilblüte für unerwartete Kostentreiberei.

Behalten Sie in der Planungsphase immer Ihr Budget im Auge und überschätzen Sie Ihre finanziellen Möglichkeiten nicht.

Effektive Budgetkontrolle

Kontrolle durchs Kassenbuch

Budgetkontrolle: Direkt nach dem Zweiten Weltkrieg war Geld knapp, und jeder Pfennig wurde sprichwörtlich zweimal umgedreht, bevor er ausgegeben wurde. Und Oma wusste, wie sie Sparsamkeit zum Prinzip erheben konnte: Sie führte ein Kassenbuch, in dem alle Kaufbelege aufbewahrt wurden.

Verbraucherschützer raten auch heute noch dazu, im Falle finanzieller und persönlicher Veränderungen für eine Weile ein Haushaltsbuch zu führen. Dies soll als Schutz vor der Schuldenfalle dienen. Die Heirat, ein anstehendes Kind oder ein beruflicher Wechsel sind solche Situationen – und ganz besonders der geplante Bau eines Hauses. Denn hier geht es um sehr viel Geld. Auch die Bank wird etwas Ähnliches für die Kreditbewilligung durchführen. Deshalb sind die Gedanken über Ihr Budget für Sie zugleich eine Vorbereitung auf das Finanzierungsgespräch.

Einnahmenrechnung: Dazu müssen Sie nun im ersten Schritt alle monatlichen Einnahmen aufschreiben, das sogenannte Haushaltseinkommen. Dazu gehören

❶ die monatlichen Löhne, die alle zum Haushaltseinkommen beitragenden Personen erwirtschaften,

❷ eventuelle staatliche Leistungen wie Kindergeld,

❸ Einnahmen aus Vermietung,

❹ Zinseinnahmen und Dividenden,

❺ Unterhaltsleistungen.

Monatliche Einnahmen

Als wichtige Ergänzung dazu sollten Sie alle angelegten Gelder inklusive der Anlagelaufzeit und des Auslaufzeitpunkts in einer Liste zusammenstellen. Das Geld, das Sie zum Zeitpunkt des Hausbaus tatsächlich zur Verfügung haben, ist Ihr Eigenkapital.

Vorsicht geboten ist bei Investmentfonds in Aktien. Hier können Sie bei klassischen Produkten den Wert Ihres Depots schwer vorhersehen. Sie haben also Glück, wenn sich die Börsen gerade auf einem Höhepunkt befinden. In diesem Fall sollten Sie Ihr Geld in zwar zinsniedrigere, aber dafür flexible Anlageformen umschichten wie beispielsweise auf ein Tagesgeldkonto.

Eigenkapital

Noch schwieriger wird es bei allen Formen der privaten Renten- und Kapitallebensversicherung. Bei diesen besteht das Problem, dass sie in den ersten acht bis zwölf Jahren ihrer Ansparphase nur mit einem realen Verlust gekündigt werden können. Erkundigen Sie sich hier, wie viel Ihnen der Verkauf dieser Versicherung bringen würde. Alternativ können Sie die Versicherung auch in Ihre Finanzierung einbringen. Allerdings ist dies mit einigen Nachteilen verbunden, wie wir im Folgenden noch darstellen werden.

Ein letzter – nicht unwesentlicher – Punkt für das Eigenkapital ist die sogenannte Riester-Rente: Der Gesetzgeber hat hier sozusagen die Leihgabe des eingezahlten Geldes an Sie selbst erlaubt, und das völlig zinsfrei.

Es ist immer sinnvoller, Anlageformen zugunsten einer besseren Eigenkapitalausstattung aufzugeben. Dafür gibt es einen einfachen Grund: Die Zahlung von Kreditzinsen kostet Sie nachhaltig betrachtet und bei einem so wichtigen Thema wie dem der Baufinanzierung mehr, als Ihnen der Zins oder die Rendite für Ihre Kapitalanlage einbringen wird. Also bedenken Sie: Anlagezinsen sind kleiner als Kreditzinsen, und jedes Geld, für das kein Kredit aufgenommen werden muss, spart so wiederum Geld.

Monatliche Ausgaben

Ausgabenrechnung: Nun kommt der sehr viel schwierigere Teil der Budgetrechnung – die Ausgabenauflistung. Das liegt daran, dass hier wesentlich mehr Punkte anfallen und gleichzeitig die Kosten auf den Monat umgerechnet werden müssen. Aber dafür haben Sie hier auch eine Menge Spielraum. Durch gezielte Kostenreduzierung können Sie Ihren finanziellen Rahmen für die Baufinanzierung erweitern. Deshalb sollten Sie die Ausgabenauflistung auch mit einer Kostenkontrolle verbinden. Aber bleiben Sie realistisch, beispielsweise indem Sie nicht an den notwendigen Lebensmitteln oder auch an privaten Vergnügungen sparen. Denn schließlich wollen Sie auch als Hausbesitzer ein schönes Leben führen. Zu den Ausgaben gehören:

- Miete und damit verbundene Nebenkosten,
- Strom (der Strommarkt wurde liberalisiert, überlegen Sie also, ob der Wechsel zu einem günstigeren Anbieter möglich ist),
- Telefon (hier ergibt sich heute durch diverse Flatrateangebote hohes Einsparpotenzial),
- operative Kfz-Kosten (dazu gehören Benzinkosten ebenso wie Reparaturen, Steuern, TÜV etc. – dieser Punkt ist nicht leicht zu berechnen, Banken setzen hier häufig eine Pauschale an, die aber auch zu niedrig liegen kann),
- (Vereins-)Mitgliedschaften (überlegen Sie hier, was wirklich sinnvoll ist),
- Lebenshaltungskosten (dazu gehören Lebens- oder Hygienemittel; es ist eine nicht immer ganz so leicht zu realisierende Weisheit, dass frisch und selbst Gekochtes billiger ist als Tiefkühlware),
- Kleidung (auch hierfür wird viel Geld ausgegeben, das sollten Sie auf den Monat umlegen),

- Kreditkosten (jeder weitere Kredit, etwa für den neuen Fernseher oder auch die Überziehung des Girokontos, kostet Geld),
- Vergnügungen (ab und zu mal ins Kino gehen oder etwas anderes für die Entspannung tun ist auch weiterhin legitim, selbst wenn ein Hausbau ansteht),
- Versicherungen (dieser Kostenblock ist besonders wichtig – überprüfen Sie, ob Sie unnötige Versicherungen abgeschlossen haben oder durch einen Konditionenvergleich verschiedener Anbieter Geld sparen können; im Zweifel holen Sie sich Rat bei den unabhängigen Beratern der Verbraucherzentralen).

Bei den Einnahmen haben Sie gerade überlegt, wie Sie Ihr Eigenkapital erhöhen können. Leider gibt es auch viele Punkte, die dieses senken. Damit beschäftigt sich der nächste Absatz.

Wann ist das Budget tatsächlich nachhaltig?

Die Einnahmen-Ausgaben-Rechnung ist immer nur eine Momentaufnahme. Denn natürlich kann sich die Einnahmensituation plötzlich und unerwartet ändern. Dies ist besonders dann der Fall, wenn der Hauptverdiener arbeitslos wird. Arbeitslosengeld I wird nach derzeitigem Stand in der Regel nur für ein Jahr gezahlt und natürlich auch nicht in voller Höhe des Ursprungsgehalts. Eine solche Einnahmenreduzierung können Sie nur sehr schwer überbrücken. Schlagartig sinkt auch Ihre Kreditwürdigkeit bei den Banken, mal ganz von der emotionalen Berg-und-Talfahrt abgesehen. Wenn Sie dann Ihre Baufinanzierung sehr eng geknüpft haben, geraten Sie in große Probleme. Sicherlich ist dieser Punkt nur schwer kalkulierbar, Sie sollten ihn aber unbedingt beachten. Für diesen Fall wäre es gut, wenn Sie im Kreditvertrag eine anfänglich hohe Tilgungsrate nach unten anpassen können. Und natürlich gilt immer: Investieren Sie nicht auch den letzten Cent in Ihre Finanzierung.

Bei einer zu engen Kalkulation könnten sich auch andere Situationen auf der Ausgabenseite schlagartig und existenziell auswirken. Denkbar wäre hier beispielsweise:

Finanzielle
Engpässe

- ein plötzlich defektes, aber unbedingt notwendiges Haushalts-großgerät wie etwa die Waschmaschine, der Herd oder der Kühlschrank,
- ein defekter Computer, der beruflich dringend benötigt wird,
- oder das Auto, ohne das Sie – weil Sie nun im „Speckgürtel" wohnen – nicht mehr so leicht zur Arbeit kommen.

Unvorhergesehene Kosten, beispielsweise für den Neukauf einer Waschma-schine, dürfen Sie bei der Finanzierung nicht aus der Bahn werfen.

Unvorherge-sehene Kosten

Und nicht zu vergessen sind beim Hausbau „unvorhergesehene" Kosten, etwa durch die Wahl anderer Fliesen als die standardmä-ßig vorgesehenen. Planen Sie deshalb etwa 10 Prozent der Kosten als Barsicherheit ein. Diese sollten Sie so anlegen, dass Sie schnell zugänglich ist, also beispielsweise auf einem Tagesgeld-konto. Machen Sie dies nicht, dann können Sie schon während der Bauphase zu einer teuren Nachfinanzierungsrunde mit Ihrer Bank gezwungen sein, die im Extremfall den kompletten Kredit platzen lässt. Beim Budget sollten Sie auf jeden Fall auf Nummer sicher gehen, denn sonst wird Ihr gerade erst gebautes Haus möglicherweise gleich zum Zwangsversteigerungsobjekt.

Die tatsächlichen Monatskosten errechnen

Um nun eine tatsächlich verkraftbare Monatsrate zu errechnen, müssen Sie neben der Kreditrate noch weitere Punkte beachten. Am besten ist es, den Vergleich zwischen den Mietkosten und den möglichen Mehrkosten beim selbst genutzten Haus anzustellen:

- Gutschreiben können Sie die bisher gezahlte Grundmiete. Planen Sie hier aber vorsichtshalber einige Monate Doppelbelastung ein, beim Hausbau kommt es schnell zu einem nicht optimal gelegenen Umzug. *Monatsraten berechnen*
- Strom: Normalerweise vergrößern Sie Ihre Wohnfläche mit dem Hausbau. Bedenken Sie aber, dass aller Erfahrung nach dann auch höhere Stromkosten anfallen.
- Heizkosten: Ein ganz wesentlicher Punkt bei Ihrem Haus sind die anfallenden Heizkosten, die möglicherweise im Vergleich zur Mietwohnung steigen. Durch Investitionen in regenerative Energieträger wie Solarkollektoren oder Erdwärmesonden können Sie hier aber etwas gegen steigende Heizkosten tun.
- Gebühren: Kommunale Gebühren jeglicher Art belasten Ihren Geldbeutel stark. Auch diese können Sie im Vorfeld schon ganz gut kalkulieren, denn Wasserwerke, Abfallbetriebe und andere Behörden haben Kostenkataloge.
- Versicherungen: Als Hausbesitzer und Hausbauer machen Sie sich in vielen Fällen haftbar oder erleiden hohe finanzielle Schäden, etwa bei Feuer. Dagegen sollten Sie sich mit Versicherungen absichern, die wiederum Geld kosten.
- Fahrtkosten: Häufig wählen Hausbauer Grundstücke außerhalb der Stadt. Dadurch müssen viele Strecken nun vielleicht mit dem Auto zurückgelegt werden oder das Ticket für den öffentlichen Nahverkehr wird teurer. Planen Sie dies auf jeden Fall ein.

Aus Ihrer Einnahmen-Überschuss-Rechnung und der anschließenden Berücksichtigung der hier aufgeführten Faktoren ergibt sich dann Ihr Ergebnis. Sollte dies negativ sein, dann verabschieden Sie sich schnellstens von der Idee eines Hausbaus. *Überschussrechnung*
Ziehen Sie nun von diesem Überschuss noch einmal 10 Prozent als Sicherheit ab. Das Ergebnis ist nun die maximal mögliche Finanzierungsrate, die Sie sich leisten können.

29

Der „Speckgürtel" als Alternative?

Spätestens jetzt verabschieden sich viele Bauherren von der Idee, in sehr guten Innenstadtlagen zu bauen. Denn hier sind die Grundstücke deutlich teurer als in den Randgebieten oder im sogenannten Speckgürtel der Stadt weiter außerhalb. Und in der Tat kann das eine gute Alternative sein.

Schärfen Sie aber auch hier Ihren Blick für einige Nachteile:

Nachteile der Randlage

- Randlagen sind nicht nur günstiger, sondern möglicherweise in ihrem langfristigen Wert sehr viel stärkeren Schwankungen ausgesetzt. Sprich: Die Verkäuflichkeit der Immobilie kann sich binnen weniger Jahre stark verschlechtern und somit auch der erzielbare Preis.
- Wie schon geschildert müssen Sie auch einige finanzielle Nachteile in Kauf nehmen und höhere Fahrtkosten berücksichtigen.
- Beachten Sie unbedingt auch etwaige soziale Nachteile: Schnell mal ins Kino gehen oder spontan Freunde treffen, gehört mit dem „Speckgürtel"-Haus der Vergangenheit an. Im Extremfall bleibt die Familie hoch verschuldet weit außerhalb im eigenen Haus, ohne Geld fürs Kino oder andere Dinge und mit sehr viel Frust und Spannung im Familiengefüge.
- Häufig ist das Leben im Speckgürtel auch durch eine schlechtere Infrastruktur gekennzeichnet. Der Bäcker und der Supermarkt sind nicht eben direkt um die Ecke und das Kind erreicht die weiterführende Schule nur nach langer Fahrt mit dem Schulbus. Das kostet Zeit und Geld.

Bleiben Sie wählerisch

Suchen Sie sich deshalb auch in günstigeren Lagen nur solche Grundstücke aus, die Ihnen handfeste Vorteile bieten. Wie vielleicht die besser erreichbare Arbeitsstelle und eine gute Umgebung mit allen Geschäften des täglichen Bedarfs. So wird dann der Speckgürtel tatsächlich zu einer pragmatischen Alternative zur teuren Innenstadtlage.

Das Häuschen im Grünen ist nicht in jedem Fall eine geeignete Alternative für teure und nicht finanzierbare Stadtgrundstücke.

Exkurs: die goldenen Wasserhähne

„Es ist ja für unser eigenes Haus, und das wollen wir uns richtig schön machen." Nicht selten ist dieser Satz mit eingeplanten Mehrausgaben verbunden. Aber verständlicherweise möchte man sich in seinem Eigentum nach dem Einzug auch wirklich wohlfühlen.

Allerdings gibt es unzählige Beispiele, in denen Bauherren sich zu sehr von edlen Sonderwünschen hinreißen ließen. Der goldene Wasserhahn ist hier keineswegs sprichwörtlich. In einem Fall plante eine junge Familie Marmorplatten ins Badezimmer anstelle der Normalfliesen und investierte in eine kostspielige Badvertäfelung. Da das Budget durch die Mehrausgaben ausgereizt war, musste sie die Arbeiten schließlich selbst ausführen. Das Ergebnis: Das Bad sieht trotz teurer Materialien billig und vermurkst aus.

Teure Sonderwünsche

Aber hüten Sie sich davor zu glauben, Ihnen könnte dies nicht passieren: Jeder Bauherr neigt dazu, an der einen oder anderen Stelle mal einen Euro mehr auszugeben, als in der Kalkulation vorgesehen war. Davor schützt Sie nur eine einzige Maßnahme: Vorabinformation.

Wenn beispielsweise der Bauträger vertraglich den Einbau von Billigfliesen zusichert, dann schauen Sie sich diese besser genau an – und zwar vor der Vertragsunterschrift! Holen Sie unbedingt mehrere Alternativangebote ein und legen Sie sich erst dann abschließend fest. Verändern Sie Auftragsdetails nicht im Nachhinein, das kostet in der Regel viel Geld. Sprich: Eine gute Planung hilft Ihnen dabei, böse Überraschungen bei den Kosten zu vermeiden.

Den Hausbau finanzieren

Solide Bau-
finanzierung

Wer sein Haus nicht auf den sprichwörtlichen Sand bauen möchte, der muss vor allem eines richtig regeln: die Baufinanzierung. Wer hier über seine Verhältnisse Geld von der Kreditbank aufnimmt, der riskiert großes Ungemach für die kommenden 30 Jahre.
Damit der Weg zum eigenen Haus an dieser Stelle gut klappt, sollten Sie sich zunächst über die unterschiedlichen Finanzierungsformen informieren. Schon hier gibt es gravierende Unterschiede. Dazu ist es wichtig, zumindest die grundlegenden Begriffe wie beispielsweise den effektiven und nominalen Zins, zu kennen.
Abschließend sollte ein gründlicher Vergleich zwischen den verschiedenen Angeboten stehen. Nur so gestalten Sie Ihre Baufinanzierung auch in den konkreten Konditionen optimal.

Die unterschiedlichen Finanzierungsformen

Gute Finanzie-
rungsplanung

Banken, Bausparkassen und Versicherungsgesellschaften bieten ganz unterschiedliche Kreditformen an. Oftmals gibt es auch Kombinationen verschiedener Formen. Die Immobilienfinanzierung ist dabei für die Banken tägliches Geschäft, für Sie als Kunde bestimmt sie allerdings die finanzielle Zukunft für einen sehr langen Zeitraum – und ist deshalb auch alles andere als eine Standardsache.
Die Geschäftsbanken, Hypothekenbanken, Sparkassen und Genossenschaftsbanken haben dabei einen Klassiker im Angebot: das Hypothekendarlehen. Benannt ist er nach der Art der Sicherheit, die sich Banken früher für die Immobilie im Grundbuch einräumen ließen. Das Grundprinzip dieser Finanzierungsform wird

aber besser durch den Fachbegriff Annuitätendarlehen beschrieben.

Prüfen Sie die Angebote der einzelnen Kreditinstitute genau, denn nicht immer hält das günstigste Angebot, was es verspricht.

Das Darlehen wird dabei, abgesichert durch die Grundschuld im Grundbuch, durch gleich bleibend hohe Raten über die komplette Laufzeit zurückgezahlt. Dieses Prinzip bewirkt, dass der Anteil der Zinsen an der monatlichen Rate über die Jahre hinweg sinkt, der Anteil der Schuldtilgung aber steigt. Die Zinsen sind dabei die Gebühr, die die Bank für die Kreditbereitstellung verlangt. Die Tilgung ist der Betrag, den ein Schuldner von seiner Kreditschuld zurückzahlt. *Annuitätendarlehen*

Würde ein Hypothekendarlehen beispielsweise mit einem Anfangstilgungssatz von 1 Prozent angeboten, würde dies bedeuten, dass dieser Kredit bei gleich bleibendem Tilgungssatz 100 Jahre laufen würde. Da aber bei abnehmender Schuld auch die monatliche Zinsrate immer mehr abnimmt, wird das frei werdende Geld zusätzlich in die Kreditrückzahlung investiert. Dadurch reduziert sich die Gesamtkreditlaufzeit um etwa 30 Jahre. Der Zinssatz wird durch den Markt vorgegeben. Die Tilgungshöhe dagegen kann der Darlehensnehmer weitestgehend selbst bestimmen. Wenn Sie es sich leisten können – vielleicht weil die Zinskonditionen diesen *Anfangstilgungssatz*

Spielraum lassen –, dann sollten Sie einen möglichst hohen Anfangstilgungssatz mit der Bank vereinbaren.

Hausbank und Hypothekenbank Üblicherweise übernimmt heute die Hausbank die komplette Finanzierung. Im Hintergrund wird aber häufig noch eine, meist an den Verbund angeschlossene Hypothekenbank eingesetzt. Diese bieten besonders günstige Zinskonditionen, dürfen aber aufgrund der gesetzlichen Regelungen nur 60 Prozent des sogenannten Beleihungswertes finanzieren. Die Regel sind heute aber häufig 80 Prozent – und je nach persönlicher Bonität – manchmal sogar noch mehr. Der Kreditbetrag zwischen 60 und 80 Prozent bedeutet für die Geschäftsbank aber auch ein höheres Risiko, denn sie muss befürchten, dass im Falle einer Zwangsversteigerung ihre Kreditforderungen nicht mehr beglichen werden können. Deshalb lässt sie sich das erhöhte Risiko von Ihnen auch mit erhöhten Zinsen bezahlen.

PRAXISBEISPIEL

Die Kreditkosten ermitteln

Kreditkosten Der Anfangstilgungssatz wirkt sich sehr stark auf die Gesamtlaufzeit eines Kredits aus und somit auch auf die Gesamtkosten. Je höher Sie den Anfangstilgungssatz also wählen, desto schneller ist das Projekt Hausbau auch finanziell abgeschlossen. Die folgende Tabelle verdeutlicht dies anhand eines Tilgungsverlaufs und einer Restkreditsumme bei einem Einstiegtilgungssatz von 1 und 3 Prozent. Grundlage ist eine Darlehenssumme von 100.000 €.

Jahr	Einstiegtilgungssatz (Grundlage: 6 Prozent Kreditzinsen)			
	1 Prozent		3 Prozent	
	Zins	Tilgung	Zins	Tilgung
1	5.972,04 €	1.027,96 €	5.916,11 €	3.083,89 €
2	5.908,63 €	1.091,37 €	5.725,90 €	3.274,10 €
3	5.841,32 €	1.158,68 €	5.523,96 €	3.476,04 €
4	5.769,86 €	1.230,14 €	5.309,57 €	3.690,43 €
5	5.693,98 €	1.306,02 €	5.081,95 €	3.918,05 €

6	5.613,43 €	1.386,57 €	4.840,29 €	4.159,71 €
7	5.527,91 €	1.472,09 €	4.583,73 €	4.416,27 €
8	5.437,12 €	1.562.88 €	4.311,35 €	4.688,65 €
9	5.340,72 €	1.659,28 €	4.022,16 €	4.977,84 €
10	5.238,38 €	1.761,62 €	3.715,14 €	5.285,86 €
Rest-schuld	86.343,39 €		59.030,60 €	

(Quelle: Berechnungsgrundlage ist eine Tabelle der Stiftung Warentest)

Bei einem 1%igen Einstiegstilgungssatz verbleibt nach zehn Jahren eine Restschuld von 86.343,39 €. Die jährliche Rate beträgt hier 7.000 €. Insgesamt fallen in dieser Zeit Zinskosten in Höhe von 53.343,39 € an.

Bei einem 3%igen Einstiegstilgungssatz verbleibt nach zehn Jahren eine Restschuld von 59.030,60 €. Die jährliche Rate beträgt hier allerdings auch 9.000 €. Insgesamt fallen hier Zinskosten in Höhe von 49.030,16 € an.

Die Rechnung zeigt: Ein höherer Anfangstilgungssatz zahlt sich finanziell aus. Wenn Sie sich die höheren Raten leisten können, sollten Sie diesen unbedingt vereinbaren.

Das Bauspardarlehen

Die Werbung ist verlockend: „Und was tust du sonst noch für die Altersvorsorge?" Der Mann wendet seinen Kopf und blickt auf sein Haus. „Wieso, ich habe doch schon ein Haus" – so wirbt eine große Bausparkasse für das Bauspardarlehen.

Bauspar-vertrag

Bei einem Bauspardarlehen zahlt der Bauwillige zunächst für einige Jahre ein Grundguthaben in den Bausparvertrag ein. Dieses Guthaben wird verzinst, allerdings nicht gerade üppig. Dafür gibt es aber mit der „Zuteilung" ein zinsgünstiges Darlehen, das sich aus der Ansparsumme und aus einer Kreditsumme zusammensetzt. Der Ansparer finanziert sozusagen mit seinen Einlagen die laufenden Kredite der Darlehensnehmer, ein solidarisches System also. Da die Gelder über die Anspargemeinschaft abgesichert sind, begnügt sich das Bauspardarlehen mit einem hinteren Rang im Grundbuch. Nachteilig wirken sich jedoch der nicht festgelegte Zuteilungstermin und die hohe und schnelle Zurückzahlung aus.

Bauspar-sofort-darlehen

Inzwischen gibt es noch einige Unterformen des „klassischen" Bauspardarlehens. Auf das Bausparsofortdarlehen oder das Konstantdarlehen sollten Sie sich aber auf gar keinen Fall einlassen. Hier wird zwar die Ansparzeit überbrückt, wodurch Sie solche Darlehen ohne einen Cent Ansparsumme bekommen können, aber dieser Vorteil wird teuer durch ein tilgungsfreies Darlehen erkauft. Diese Formen simulieren ein wenig das Hypothekendarlehen, sind aber deutlich teurer als dieses. Lassen Sie sich also nicht täuschen, denn auf den ersten Blick wirken die Konditionen interessant, weil manche Bausparkasse den Effektivzins des tilgungsfreien Vorausdarlehens und des Baudarlehens entkoppelt. Einen solchen Bankberater sollten Sie auf keinen Fall Ihr Vertrauen schenken.

Das Versicherungsdarlehen

Um sich auch ein Stück vom großen Kuchen Immobilienfinanzierung abzuschneiden, haben die Versicherungsgesellschaften das Versicherungsdarlehen geschaffen. Als Bauherr lohnt sich der Abschluss einer solchen Finanzierung meistens nicht, denn der oft plakative Niedrigzins wird ebenfalls mit einem tilgungsfreien Darlehen erkauft, welches erst nach Jahren durch die Auszahlung der Lebensversicherung getilgt wird.

Versicherungs-darlehen

Tilgungsfreie Darlehen haben immer den Nachteil, dass Sie für Jahre keinen Cent der Kreditsumme zurückzahlen und sich so Ihre Gesamtkreditkosten stark erhöhen. Beim Versicherungsdarlehen sollten Sie außerdem unbedingt darauf achten, dass ausschließlich die garantierte Auszahlungssumme als Grundlage verwendet wird. Wer die Prognoserendite mit einrechnet, geht das Risiko ein, dass er am Ende eine riesige Finanzierungslücke hat. Die Vergangenheit hat leider gezeigt, dass die Prognosen der Kapitallebensversicherer manchmal weit unterschritten wurden. Dem gleichen Prinzip folgen übrigens Fondsdarlehen, die auf eine Ansparleistung eines Fonds setzen: Diese Kombination kann im Extremfall den finanziellen Ruin bringen.

Entkoppeln Sie deshalb immer die Ansparziele von den Kreditzielen, sonst zahlen Sie am Ende meist drauf. Denn nicht umsonst werden Produkte gekoppelt und damit ihre Konditionen sehr undurchsichtig. Oftmals sollen schlechte oder ungünstige Tarife so an den Hausbauer gebracht werden.

Darlehen	Zins	Tilgung	Beleihung	Besonderheiten
Annuität	fest	steigend	bis 60 Prozent bis 80 Prozent	gleich bleibende Rate
Raten	fest	fest	bis 80 Prozent	sinkende Rate
Bauspar normal	fest	fest	bis 80 Prozent	hohe Tilgungsrate, Ansparzeit vorgeschaltet
Bauspar Sofort	fest	endfällig	bis 80 Prozent	Ablösung des Festdarlehens durch Bausparvertrag, ungewisser Ablösungstermin
Bauspar Konstant	fest	endfällig	bis 80 Prozent	gleich bleibende Rate über die gesamte Laufzeit
Versicherung	fest	endfällig	bis 54 Prozent	Ablösung des Festdarlehens durch Versicherung, nur erstrangige Teilfinanzierung möglich
Fonds	fest	endfällig	etwa 40 Prozent	Ablösung des Festdarlehens durch Aktienfonds, nur erstrangige Teilfinanzierung möglich, sehr hohes Risiko einer Finanzierungslücke

Verschiedene Darlehensformen im Überblick.

Zinsen und Kreditnebenkosten

„Nur 5 Prozent Zinsen", heißt es plakativ und groß auf der Reklame, aber im Kleingedruckten wird dann mitgeteilt: „Nominalzins, effektiver Zins beträgt 6,6 Prozent." Und schon gibt es zwei Begriffe, die jeder Baufinanzierer kennen sollte: Nominalzins und

Ein Kredit verteuert sich durch die Zinsen erheblich.

effektiver Zins. Das sind nicht die einzigen Begriffe im Fachjargon der Banken, die für Sie am Ende bares Geld bedeuten.

Nominalzinssatz

Die Bank möchte für die Bereitstellung des Kredits entlohnt werden. Dies geschieht über die Zinszahlungen. Und die sind so hoch, dass bei vielen Finanzierungsformen die Zinsen am Ende der Kreditlaufzeit die Summe des geliehenen Geldes übersteigen. Für die Bank sehr wichtig ist der Nominalzinssatz. Das ist die reine „Gebühr", die erhoben wird, denn die Bank muss sich für die Bereitstellung des Kredits wiederum refinanzieren. Die Differenz zwischen diesem Refinanzierungszins und dem Nominalzins ist eine Art Marge für die Bank. Aus Verbrauchersicht spielt dieser Zinssatz aber eine untergeordnete Rolle, denn er beinhaltet sehr viele Kreditnebenkosten nicht.

Effektiver Zinssatz

Text auf CD-ROM

Nach der Preisangabeverordnung (PangVO) (→CD-ROM) ist jedes Kreditinstitut verpflichtet, den effektiven Zins auszuweisen. Hier fließen beispielsweise Vertragsabschlussgebühren oder auch das Disagio ein. Nach der Einführung der PangVO zeigten sich die Banken aber leider weiter von ihrer kreativen Seite. Sie stellen nun weitere Gebühren in Rechnung, die nicht durch den Effektivzins erfasst werden. Dazu gehören beispielsweise:

• Wertschätzungsgebühren,
• Bereitstellungszinsen,
• Teilauszahlungszuschläge,
• Vorfälligkeitsentschädigungen,
• Kontoführungsgebühren.

Einige dieser Gebühren sind übrigens Verhandlungsmasse, Sie müssen diese also nicht klaglos akzeptieren. Sinn dieser Gebühren ist es natürlich, die konkreten Kreditkonditionen untereinander möglichst wenig vergleichbar zu machen. Allerdings hilft Ihnen hier ein kleiner Trick weiter: Schauen Sie sich die Restschuld an, die durch den Tilgungsplan errechnet wird. Die höhere Restschuld oder längere Gesamtkreditlaufzeit bedeutet zwangsläufig, dass dieser Kredit teurer ist.

Ein weiterer wichtiger Faktor bei der Finanzierung ist die Frage, wie viel Geld überhaupt benötigt wird. Eine Binsenweisheit ist, dass Geld, das man hat, nicht teuer geliehen werden muss. Also sorgen Sie dafür, dass der Anteil Ihres Eigenkapitals möglichst hoch ist.

Hohes Eigenkapital

Beleihungswert und -grenze

Banken sind keine karitativen Organisationen, sondern Geschäftsunternehmen. Das zeigt sich auch in weiteren Begrifflichkeiten rund um den Wert der Immobilie wie beispielsweise dem Verkehrswert (→Immobilienbewertung). Dieser entspricht nicht, wie oft angenommen wird, dem Beleihungswert der Bank, da hier ein Abschlag einkalkuliert wird. Der Abschlag fällt von Bank zu Bank unterschiedlich aus. Des Weiteren leiht die Bank dem Hausbauer wiederum nur einen bestimmten Prozentbetrag vom Beleihungswert und setzt so eine Beleihungsgrenze fest. Hypothekenbanken dürfen dabei gesetzlich höchstens 60 Prozent des Beleihungswertes als Kredit vergeben. Geschäftsbanken stocken häufig auf 80 Prozent auf, je nach persönlicher Bonität des Schuldners manchmal auch mehr. Bis zu 80 Prozent des Beleihungswertes ist der Kredit relativ gut durch die Immobilie abgesichert. Im Falle einer Zwangsversteigerung der Immobilie kann die Bank also mit einer Begleichung der Schulden aus dem Versteigerungserlös rechnen.

In der Praxis bedeutet das für Sie, dass es sehr wichtig ist, welchen Verkehrswert und welchen Beleihungswert die Banken für Ihr Bauvorhaben ansetzen. So kann ein etwas höherer Gesamtzinssatz locker durch den höheren Beleihungswert wettgemacht werden. Denn während eine 60-Prozent-Beleihung – ein sogenannter 1-a-Kredit – noch recht zinsgünstig ist, wird bei der nachrangigen Beleihung – einen sogenannten 1-b-Kredit – ein Zinsaufschlag fällig. Je höher die Beleihung ist, desto höher ist der Zins. Und wenn dann die 60-Prozent-Grenze bei Ihrem Objekt später erreicht wird als bei dem anderen, dann sparen Sie dort womöglich Geld.

Verkehrswert und Beleihwert

Bevor Sie sich für ein Kreditinstitut entscheiden, vergleichen Sie also immer die Komplettkosten miteinander, denn manchmal kann es durchaus interessant sein, auch ein konkretes Angebot von einer auf den ersten Blick etwas teureren Bank einzuholen.

Kosten durch Kündigung und Umschuldung

Kostenloses Kündigungsrecht

Mit der Vorfälligkeitsentschädigung lässt sich die Bank den Zinsausfall bezahlen, den sie durch die vorzeitige Kreditauflösung hat. Die Bank hat den Kredit langfristig einkalkuliert und gegenfinanziert. Auch deshalb sind die Zinsen bei der Baufinanzierung immer niedriger als beim kurzfristigen Konsumentenkredit. Diesen Schaden lässt sie sich bezahlen, in Deutschland leider besonders hoch. Als Kreditnehmer haben Sie qua Gesetz erst nach zehn Jahren einmal im Jahr ein kostenloses Kündigungsrecht für den Kreditvertrag.

Eine Umschuldung will wohlüberlegt sein, da sie manchmal mit hohen Kosten verbunden ist.

Teure Umschuldung

Wenn Sie Ihren laufenden Kredit kündigen und zu einer anderen Bank gehen, nennt sich dies Umschuldung. Eine Umschuldung hat aber nicht nur Vorteile: Viele Kosten, die Sie schon einmal beim Abschluss des ersten Vertrags bezahlt haben, entstehen erneut, beispielsweise Bankgebühren oder die Notar- und Grundbuchgebühren. Sie sollten deshalb genau nachrechnen, ob sich ein Wechsel wirklich lohnt.

Ein wichtiger Tipp in diesem Zusammenhang: Niemand weiß genau, wie sich die Kreditzinsen im Laufe der Jahre entwickeln. Durch einen Trick haben Sie hier mehr Spielraum. Schließen Sie den Kreditvertrag über eine Laufzeit von 15 Jahren ab, so haben Sie ab dem zehnten Jahr fünfmal die Gelegenheit, zu dann hoffentlich günstigen Konditionen in eine Anschlussfinanzierung zu wechseln. Und noch etwas: Gerade in Niedrigzinszeiten kann es sich lohnen, den Kreditvertrag über die gesamte Laufzeit abzuschließen, also beispielsweise für 25 Jahre. Sie müssen zwar einen Zinsaufschlag zahlen, haben dann aber die Gewissheit von immer gleich bleibenden Raten.

Ein Finanzierungsvergleich ist wichtig

Banken wollen Geschäfte machen, möglichst gute Geschäfte. Deshalb ist es für jeden Bauherrn wichtig, sich in der oftmals verklausulierten Sprache der Baufinanzierung auszukennen. Denn Mitreden können spart hier bares Geld. Wenn Sie gut informiert sind, können Sie unterschiedliche Angebote gut miteinander vergleichen – und das sollten Sie auf jeden Fall machen. Vergleich schafft Transparenz, und mit etwas Verhandlungsgeschick gelingt es Ihnen vielleicht, dass eine Bank die Konditionen doch noch einmal überdenkt.

Angebote vergleichen

Eine gute Vorbereitung ist dazu unerlässlich. Sie sollten bei der Wahl der Bank nicht Äpfel mit Birnen vergleichen: Überlegen Sie sich genau, welche Finanzierungsform Sie wie einsetzen wollen und lassen Sie sich darüber ein detailliertes Angebot geben. Überlegen Sie sich auch genau, warum Sie eine bestimmte Finanzierungsform gewählt haben, denn nur so ist das Risiko etwas geringer, dass der Bankberater versucht, Ihnen eine andere, vielleicht abwegige Finanzierungsform anzudrehen. Nutzen Sie das Internet, um sich vorab zu informieren, aber bleiben Sie wachsam bei niedrigen Zinsen, denn manchmal verbergen sich dahinter unseriöse Lockangebote.

Finanzierungsform überlegen

Treten Sie bei den Gesprächen mit Ihrem Bankberater ruhig forsch auf: Zwar wollen Sie etwas von Ihrer Bank, aber diese macht mit der Baufinanzierung auch ein sehr gutes Geschäft. Aus diesem

Grund können Sie auch – mit den entsprechenden Vergleichsangeboten in der Hand und gut informiert – Ihrem Bankberater noch ein paar Zugeständnisse abringen. Dieser hat sehr häufig noch Spielraum und kann vielleicht mit dem Zinssatz hinuntergehen oder auf Gebühren verzichten wie etwa die Gutachtergebühr. Eine andere Möglichkeit besteht auch darin, mehrere kostenlose Sondertilgungen zu verhandeln.

Die Grundstückssuche

Teure Idylle

Ein Grundstück in Hanglage direkt neben einem gemächlich plätschernden kleinen Bach. Was idyllisch aussieht, bedeutet in der Praxis Probleme oder zumindest höhere Kosten beim Hausbau. Bei der Grundstückssuche spielen daneben viele weitere Faktoren eine wichtige Rolle.

Wenn Sie ein geeignetes Baugrundstück gefunden haben, müssen Sie den Besitz daran notariell beurkunden lassen.

Stellenwert von Grundbesitz

Das Grundstück und der Besitz daran haben in Deutschland auch rechtlich betrachtet einen besonderen Stellenwert. Deshalb gibt es verschiedene Ämter, die verbindliche Karten, Blätter und Pläne anlegen, um diesen Besitz und die damit verbundenen Rechte und Pflichten genau zu definieren. Dieses Thema sollten Sie auf keinen Fall auf die leichte Schulter nehmen, denn es hat gravierende Auswirkungen auf den Hausbau. Der Gesetzesgeber hat auch für die Nutzung eines Grundstücks unterschiedliche Kriterien definiert. Der Flächennutzungsplan ist daraus die rechtlich verbindliche Konsequenz und beschreibt unter anderem ganz genau, welche Art von Gebäude auf welchem Grundstück erbaut werden darf.

Die Topografie – z. B. eine Hanglage – und die Art des Baugrunds – z. B. ein hoher Grundwasserspiegel – machen eventuell kostspielige Bauverfahren erforderlich, manchmal sind dazu aufwendigere Tests notwendig als zunächst gedacht. Als ebenso kostspielig können sich plötzlich Altlasten entpuppen, die nicht im Baulastenverzeichnis der Kommune zu finden waren. Teures Bauverfahren

Bleiben noch einige Unwägbarkeiten, die sich von Staats wegen ergeben: Die Kommune erhebt nämlich Erschließungskosten und bestimmt auch, wie mit denkmalgeschützten Gebäuden umzugehen ist. Denn wenn Sie ein Haus neu bauen wollen, ist es für Sie wichtig zu wissen, ob Sie das alte überhaupt abreißen dürfen. Hohe Erschließungskosten

Alle diese Faktoren wirken sich auf den Wert und damit den Preis eines Grundstücks aus. Für den generellen Vergleich gibt es in Deutschland eine Institution, die Richtwerte ermittelt: den Gutachterausschuss. Kontaktieren Sie diesen, um Auskunft über den Bodenrichtwert des ausgewählten Grundstücks zu erhalten und so gut über den Preis verhandeln zu können.

Wie ist ein Grundstück definiert?

Das Eigentum an einem Grundstück besitzt in Deutschland einen hohen Stellenwert und entsprechend wird es durch Bücher, Pläne und Gesetz wie beispielsweise das Wohneigentumsgesetz, die Erbbauverordnung und das Bürgerliche Gesetzbuch bis ins Detail geregelt. Bereits seit 1897 gibt es eine komplette Verordnung, die nichts anderes als den ordnungsgemäßen Eintrag eines Grundstücks in das Grundbuch regelt – die sogenannte Grundbuchverordnung. Dadurch ist ein Grundstück qua Definition in Deutschland nicht einfach nur ein bestimmter, räumlich abgegrenzter Teil der Erdoberfläche, sondern es besitzt ein eigenes Grundbuchblatt oder ist durch eine Nummer auf einem gemeinschaftlichen Grundbuchblatt vermerkt. Grundbuchverordnung

Amtlich vermessen und markiert wird das Eigentum durch die Flurstücke – auch Parzellen genannt. Diese werden in die Flurkarten des Liegenschaftskatasters eingetragen und nummeriert. Mehrere Flurstücke ergeben eine Gemarkung, sodass sich konkret auf den „öffentlichen Glauben" berufend das Grundstück in Lage und Zuschnitt definiert. Außer beim Erbbaurecht werden übrigens das Grundstück und das darauf gebaute Haus als Rechtseinheit angesehen.

Öffentlicher Glaube Der „öffentliche Glaube" ist eine sehr praktische Erfindung. Er besagt nämlich, dass das gilt, was im Liegenschaftskataster definiert ist. Auch das Grundbuch ist mit diesem „öffentlichen Glauben" ausgestattet, was die Suche nach Eigentümern sowie nach Rechten und Pflichten an einem Grundstück in Deutschland vergleichsweise einfach macht. Mit einem berechtigten Interesse kann ein Grundbuchauszug angefordert werden, und hier stehen dann verbindlich alle Details vermerkt. Wie später noch näher erläutert gibt es nur wenige Ausnahmen von dieser Regel. Sie betreffen Überbaurechte, einen Bergschadensverzicht oder auch auf öffentlichem Recht beruhende Verpflichtungen wie etwa das Vorkaufsrecht einer Gemeinde oder Regelungen zum Denkmalschutz.

Grundbuch Auf jeden Fall sollten Sie vor Abschluss eines Kaufvertrages Einblick ins Grundbuch nehmen. Verbleibende Rechte an einem Grundstück können schnell ein teurer Spaß für den Erwerber werden. Hier die konkreten Abteilungen:

- Aufschrift und Bestandsverzeichnis,
- Abteilung I mit Eigentümern,
- Abteilung II für sogenannte dingliche Rechte,
- Abteilung III für Grundpfandrechte.

Bestandsverzeichnis: Hierin wird die konkrete Lage, manchmal auch unverbindlich die Art der Bebauung oder Nutzung, aufgeführt. Allerdings finden Sie darin nur ein paar Nummern: Gemarkungen, Flure und Parzellen markieren die Lage des Grundstücks, nicht aber den Zuschnitt und die Beschaffenheit.

Um dies zu erfahren, müssen Sie anschließend beim Katasteramt vorbeischauen. Das ist zudem auch wichtig, um eigene Rechte an fremden Grundstücken abzuschätzen. Diese sogenannten

„Herrschvermerke" – das eigene Grundstück herrscht in Teilen über ein fremdes Grundstück – stehen häufig, aber nicht immer, auch im Bestandsverzeichnis des Grundbuchs. In Abteilung II des anderen Grundstücks finden Sie diese Information dann aber ganz sicher. Herrschende Rechte sind manchmal unerlässlich für eine Immobilie, beispielsweise wenn Sie in der zweiten Reihe bauen wollen und ein Wegerecht über das Vordergrundstück benötigen.

Abteilung I: In Abteilung I werden die Eigentümer des Grundstücks oder die Miteigentümer einer Eigentumswohngemeinschaft skizziert. Bei Erbengemeinschaften besitzt jeder Erbe ein sogenanntes Bruchteilseigentum am Grundstück, das somit nicht getrennt verkäuflich ist, sondern nur festlegt, welchen Geldanteil ein Erbe bei einem Verkauf erhalten soll. Natürlich können auch mehrere Personen Eigentümer des Grundstücks sein, wie es etwa bei Ehepartnern der Fall ist. Diese besitzen dann nicht bestimmte Flächen des Grundstücks, sondern teilen sich dieses zu „1/2 von Position 1", also an einer konkret eingetragenen Parzelle besitzen sie jeweils die Hälfte.

Eigentümerbezeichnung

Abteilung II: Die sogenannten dinglichen Rechte, die ganz unterschiedlicher Art sein können, sind in der außerordentlich wichtigen Abteilung II des Grundstücks eingetragen. Inhaber dieser Rechte oder Nutznießer von Pflichten sind entweder andere Grundstücke oder aber Personen und Firmen. Die Rechte dieser anderen Parteien können so weit gehen, dass das Haus faktisch unverkäuflich ist. Im Prinzip gibt es zwei große Kategorien:

❶ Rechte, die ein anderes Grundstück an Ihrem eigenen hält,
❷ Rechte, die eine Person oder Firma an Ihrem Grundstück hält.

Rechte am Grundstück

Bei den Grunddienstbarkeiten ist das eigene Grundstück der Diener des herrschenden Grundstücks. Im Bestandsverzeichnis des Grundbuchs tauchte diese Thematik aus umgekehrter Sichtweise schon einmal als Herrschvermerk auf. Da ein Grundstück Herrscher ist, sind diese Rechte vererb- und übertragbar. Bekannteste Grunddienstbarkeit ist dabei das Wegerecht.

Prüfen Sie, ob Ihr neuer Nachbar eventuell über Ihr Grundstück muss, um zu seinem Haus zu gelangen.

PRAXISBEISPIEL

Mögliche Wegerechte feststellen

Direkt nebeneinander werden drei Mehrfamilienhäuser gebaut. Hinter den Häusern befindet sich eine große Rasenfläche, die nicht durch eine Straße erschlossen ist. Alle drei Häuser haben Garagen, jedoch besitzen nur die beiden äußeren Häuser eine direkte Zufahrt zur Straße. Dies ist nur möglich, da über das Grundstück eines der außen stehenden Häuser ein Wegerecht besteht: Autos und Personen dürfen mit diesem Recht die Zufahrt des Nachbargrundstücks benutzen, um die Garage zu erreichen. Der Besitzer des betroffenen Außengrundstücks muss die Zufahrt zum Mittelgrundstück ermöglichen.

Wegerechte   Die Lage der Zufahrt wird dabei exakt beschrieben und in einem beigefügten Lageplan festgehalten. Auch über die Kosten für die Anlage und den Unterhalt wird verhandelt, vielfach muss sich dann der Eigentümer des Mittelhauses an beiden beteiligen.

Manchmal wird auch festgelegt, dass ein bestimmter Blick nicht verbaut oder ein bestimmtes Gewerbe nicht betrieben werden darf. Entsprechend unterschiedlich wirkt sich eine Grunddienstbarkeit auch auf den Wert aus. Während das Wegerecht vielleicht nur einen kleinen Teil des Grundstücks betrifft, kann der gebotene freie Blick auf eine Kathedrale eine mehrstöckige Bauweise verhindern.

Im Unterschied zu den Grunddienstbarkeiten sind bei den beschränkten persönlichen Dienstbarkeiten Personen oder Firmen Nutznießer. Sehr bekannt und weitreichend ist dabei das Wohnungsrecht. Für Sie als Bauherr praxisrelevant sind aber eher der Verzicht auf gesetzliche Abwehrrechte, etwa bei Rauchbelastung durch den Nachbarn. *(Wohnungsrecht)*

Sehr folgenschwer ist auch das Nießbrauchrecht, bei dem eine Person oder eine Firma ein Grundstück komplett bewirtschaften darf. Ihr stehen in diesem Fall auch alle Einnahmen daraus zu. Da Sie hier überhaupt keinen Nutzen mehr aus einer Immobilie ziehen, macht ein solches Recht für Sie das Grundstück faktisch wertlos. Ebenso nicht zu unterschätzen sind eingetragene Reallasten wie Rentenzahlungen, Erbbauzinsleistungen oder Ähnliches. Sie schränken zwar nicht die bauliche Nutzung des Grundstücks ein, belasten aber Ihren Geldbeutel. *(Nießbrauchrecht)*

Nicht im Grundbuch eingetragen, aber äußerst wichtig, ist die Baulast. Sie ist im Baulastenverzeichnis der Kommunen zu finden und bewirkt eine Beschränkung des eigenen Grundstücks gegenüber einem anderen im öffentlichen Interesse: Eine Gemeinde will beispielsweise sicherstellen, dass es pro Wohneinheit einen Autostellplatz gibt. Das Grundstück A kann aber rein flächenmäßig nicht alle herstellen und die Gemeinde trägt dann etwa eine entsprechende Baulast auf das benachbarte Grundstück ein. *(Baulast)*

Abteilung III: Auch Banken sichern sich dingliche Rechte an einer Immobilie, diese sind in Abteilung III des Grundbuchs aufgeführt. Üblich ist dabei die sogenannte Grundschuld. Diese bleibt für die gesamte Laufzeit eines Kreditvertrags in voller Höhe bestehen und wandelt sich nach Ablauf des Kredits in eine Eigentümergrundschuld um. Anschließend kann sie in gleicher Höhe für ein weiteres Finanzierungsvorhaben als Besicherung genutzt werden. Interessant ist hier übrigens die Reihenfolge der eingetragenen Grundschulden: An erster Stelle steht der Bereitsteller des 1-A-Kredits, an zweiter Stelle der des 1-B-Kredits. Mit hinteren Rängen begnügen sich Bausparkassen oder auch die staatliche KfW-Bank.

Im Falle einer Zwangsversteigerung der Immobilie werden die Gläubiger der Rangfolge nach aus dem Versteigerungserlös befriedigt.

Baulandent-
wicklungs-
stufen

Wenn Sie dann endlich ein passendes Grundstück gefunden und gekauft haben, heißt dies noch lange nicht, dass Sie nun auch sofort bauen können. Entscheidend sind die vom Gesetzgeber festgelegten Baulandentwicklungsstufen:
Bauerwartungsland ist demnach eine Fläche, bei der ein Erwerber erwartet, dass dieses Land bald für die Bebauung erschlossen wird. Verbindlich ist diese Aussage zwar nicht, aber die Erwartung kann mehr oder minder begründet sein. Häufig trifft dies zu, wenn ein Grundstück nah an bereits erschlossenen Gebieten liegt.
Erst, wenn die Kommune ein Gebiet tatsächlich per Bebauungsplan deklariert hat, hat es einen halbwegs sicheren Status. Es ist nun Rohbauland. Hundertprozentig sicher ist hier aber auch noch nichts.

Nicht jedes Grundstück darf sofort bebaut werden. Wenn Sie Pech haben, ist es bis zum Rohbauland noch ein langer Weg.

Sind bereits die Erschließungsanlagen wie etwa Straßen vorhanden, dann ist das Land baureif. In diesem Status setzen Sie auf ein sicheres Grundstück, denn hier dürfen Sie jetzt tatsächlich bauen.

Und hier legt dann der Flächennutzungsplan auch gleich Konkretes fest: Sie dürfen hier zwar bauen, müssen sich aber dabei an bestimmte Vorgaben halten. Ein paar Parameter geben an, wie die Mischung des Gebietes aussehen wird. Hier kann relativ grob zwischen Wohnbauflächen (W), gewerblichen Bauflächen (G), gemischten Bauflächen (M) oder Sonderbauflächen (S) unterschieden werden. Häufig ist der Flächennutzungsplan aber noch wesentlich detaillierter nach Baugebieten unterteilt:

- Kleinsiedlungsgebiete (WS),
- reine Wohngebiete (WR),
- allgemeine Wohngebiete (WA),
- besondere Wohngebiete (WB),
- Sondergebiete (SO),
- Dorfgebiete (MD),
- Mischgebiete (MI),
- Kerngebiete (MK),
- Gewerbegebiete (GE),
- Industriegebiete (GI).

Baugebiete und Flächennutzungsplan

Die Kommune möchte darüber hinaus auch noch Einfluss nehmen, wie ein Gebiet konkret nach der Bebauung aussieht. Deshalb legt sie im Bebauungsplan eine Vielzahl weiterer Faktoren verbindlich fest:

- Grundflächenzahl (GRZ),
- Geschossflächenzahl (GFZ),
- Zahl der Vollgeschosse,
- Bauweise,
- Baulinie.

Bebauung

Der Grund für diese Vorgaben ist ganz einfach: Die Kommune kann so Hochhäuser erlauben oder verhindern, Reihenhäuser begünstigen oder sogar verbieten. Wurden beispielsweise so noch in den 1970er-Jahren die sogenannten Trabantensiedlungen am Stadtrand forciert, wird sich dies heute keine Gemeinde mehr erlauben wollen.

Die Grundflächenzahl (GRZ) legt dabei das maximal mögliche Verhältnis zwischen der Grundfläche der Immobilie und der ge-

Grundflächenzahl

samten Grundstücksfläche fest. Normalerweise gehören dazu alle befestigten Anlagen, manchmal werden Garagen und Stellplätze aber auch getrennt angegeben. Anstelle der Grundflächenzahl oder zu ihrer Ergänzung kann auch eine Baulinie, Baugrenze oder Bebauungstiefe bestimmt werden.

Geschoss-flächenzahl Die Geschossflächenzahl (GFZ) wiederum legt die maximal mögliche Anzahl an Vollgeschossen fest. Sie spielt eine Schlüsselrolle und muss beim Bauantrag nachweisbar eingehalten werden. Je mehr nutzbare Geschossfläche, desto wertvoller ist der Boden. Die Gutachterausschüsse ermitteln Umrechnungskoeffizienten, die zur Wertanpassung verwendet werden können. Zusätzlich zur Geschossflächenzahl kann im Flächennutzungsplan auch die Zahl der Vollgeschosse angegeben werden, alternativ die absolute Grund- oder Geschossfläche.

Bauweise Mit der Art der Bauweise wird eine zusätzliche, wichtige Vorgabe gemacht. Bei der offenen Bauweise müssen seitliche Abstände zwischen Häusern eingehalten werden. Die geschlossene Bauweise führt zur bekannten Blockbebauung, hier gibt es eventuell auch noch Vorgaben zu Dachformen, Materialien oder einzelnen Gestaltungselementen. Eine Zwischenform stellt die halb offene Bauweise dar, zu der etwa Reihenhaussiedlungen zählen.

PRAXISBEISPIEL

Hundertfacher Wertunterschied

Ein Grundstück in Flussnähe wird von der Gemeinde als Hochwasserausweichfläche deklariert. Der Eigentümer kann es also höchstens zur landwirtschaftlichen Nutzung verwenden. Der – fiktive – Wert für dieses nicht bebaubare Ackerland beträgt $1 \, €/m^2$.

Die Gemeinde kauft dem Besitzer dieses Grundstück ab und errichtet im Anschluss eine Hochwasserschutzwand. Das Grundstück kann nun bebaut werden, es wird baureifes Land geschaffen. In einem Wohnmischgebiet würde nun der wiederum fiktive Wert von $100 \, €/m^2$ erzielt werden. Das Beispiel soll die immensen Wertunterschiede zwischen den verschiedenen Entwicklungsformen aufzeigen.

Aber darüber hinaus gibt es noch viele weitere Unterscheidungs-merkmale, die von Bundesland zu Bundesland stark variieren können. Die Landesbauordnungen (→CD-ROM) regeln hier die Details.

Text
auf CD-ROM

Bis 7 Meter Gebäudehöhe handelt es sich demnach um eine geringe Höhe, zwischen 7 und 22 Metern ist es eine mittlere Höhe und bei über 20 Meter Gebäudehöhe spricht man von Hochhäusern.
Auch die Abstandsfläche ist ein wichtiges Kriterium. Sie muss bei mindestens zwei der insgesamt vier Gebäudeseiten eingehalten werden. So kann die Bauordnung vorsehen, dass als Abstandsfläche in einem Wohn- und Mischgebiet 1 H eingehalten werden muss. Dies wären dann bei einer Wandhöhe von 7 Metern auch 7 Meter Abstand zum rechten und linken Nachbarn.
Weitere Regelungen gibt es zudem für Baulinien und -grenzen, Grenzabstände und Flächen, Räume und Plätze.

Topografie und Baugrund

Die Topografie und der Baugrund eines Grundstücks bestimmten sehr stark die späteren Baukosten. So verteuert die Hanglage zwar das Bauvorhaben, aber ein schöner Ausblick sind diese Mehrkosten vielleicht wert. Und auch das idyllisch in der Talsohle liegende Haus rechtfertigt unter Umständen die Mehraufwendungen gegen das Eindringen von Grundwasser in den Keller.

Guter und schlechter Baugrund

Tendenziell lässt sich sagen, dass ein kiesig-sandiger Baugrund optimal ist. Die mängelfreie Ausführung ist hier elementar wichtig, denn wenn der Grund nicht stimmt, ist das ein schwerwiegender Schaden. Ein weiterer Faktor spielt bei Ihrem Grundstück eine wichtige Rolle: Tiefe Grundstücke werden nämlich in Vorder- und Hinterland unterteilt. Hinterland ist dann in der Regel nur als Gartenland verwendbar und ist somit weniger wert.

Kommunale Kosten für die Erschließung

„Erschließungskostenfrei" – das ist für einen Käufer immer eine gute Nachricht. Dann sind die Straßen gepflastert, die Abwasserleitungen sind gelegt und die Stromversorgung ist angeschlossen.

Das Beruhigende daran ist, dass schon jemand anderes dafür die unter Umständen ziemlich hohen Kosten an die Kommune bezahlt hat.

Wiegen Sie sich nicht in Sicherheit, denn die Erschließungskosten können auch erst Jahre nach dem Grundstückserwerb anfallen. Obwohl die Infrastruktur also vorhanden ist, können Sie, als aktueller Grundstücksbesitzer, dafür noch zur Kasse gebeten werden. Sichern Sie sich für diesen Fall also mit einem Passus ab: Sollte der Vorbesitzer zahlungsunfähig werden, ist es außerdem gut, wenn das Geld auf einem Notarkonto geparkt wurde.

Prüfen Sie gründlich, ob nach dem Kauf des Grundstücks eventuell noch Erschließungskosten auf Sie zukommen.

Altlasten und Denkmalschutz

„Als ich das Objekt besichtigt habe", beschreibt eine Immobilienkäuferin, „hat es im Garten gedampft." Austretende Gase durch in der Erde vergrabenen Müll stellen heutzutage ein großes Problem dar. Da das Bewusstsein für die gesundheitlichen Gefahren durch schädliche Stoffe noch nicht sehr lange zurückliegt, birgt diese Tatsache auch ein großes finanzielles Risiko für Grundstückskäufer. Schadstoffe wurden seit Beginn der Industrialisierung in den Boden geleitet, 150 Jahre also, fünf Generationen lang. Kein Wunder, dass sich länger zurückliegende Verschmutzungen bei Grundstücken gar nicht so einfach recherchieren lassen, denn Aufzeichnungen wurden damals noch nicht gemacht. Erst seit den 1970er-Jahren führen Gemeinden sogenannte Altlastenverzeichnisse. Diese informieren nun zumindest darüber, an welchen Stellen der Verdacht auf eine gesundheitsschädliche und umweltgefährdende Verschmutzung besteht oder nachgewiesen ist:

❶ Altablagerungen bezeichnen dabei überwiegend Deponien. Hiermit können unter Umständen aber auch Flächen gemeint sein, bei denen nicht klar ist, welches Material hier liegt. Dies trifft beispielsweise bei verfüllten Kiesgruben zu. Altablagerungen

❷ Altstandorte sind Flächen, bei denen aufgrund ihrer aktuellen oder vergangenen Nutzung der Verdacht auf eine Kontaminierung besteht. Dies ist beispielsweise bei Tankstellen, Düngemittelfabriken, Kfz-Werkstätten oder Schrottplätzen der Fall. Hier besteht die Gefahr, dass verschiedene chemische Stoffe und Verbindungen in den Boden gelangt sind. Auch können Munition oder Bombenblindgänger eine Gefahr darstellen. Solche Verdachtsflächen werden ins Altlastenverzeichnis aufgenommen, weil hier industrielle und gewerbliche Nutzung bestand oder besteht. Altstandorte

❸ Die Altlast wiederum ist eine belegte Verunreinigung des Bodens. Für den Grundstückseigentümer besteht bei Altlasten neben der eigenen gesundheitlichen Schädigung auch die Gefahr, dass sich Dritte geschädigt fühlen. Altlast

Soll eine Fläche bebaut werden, und sind Verdachtsmomente erkennbar, dann muss ein Kontaminierungssachverständiger hinzugezogen werden. Dieser bestimmt die Art und den Umfang der Schadstoffbelastung und schätzt auch die Kosten für die Beseitigung. Besonders ärgerlich wäre es, wenn beispielsweise gesundheitsschädliche Gase erst nach der Bebauung eines Grundstücks austreten und ein Haus für unbestimmte Zeit evakuiert werden muss.

Weitere Kosten verursacht der Denkmalschutz. Baudenkmäler spielen bei Neubauten klassischerweise keine Rolle. Nur selten ist der alte Schuppen auf dem Grundstück tatsächlich schützenswert. Aber es gibt auch Bodendenkmäler, die die Bebauung bestimmter Flächen nicht gestatten. Deshalb sollten Sie in jedem Fall auch hierüber Informationen aus der Denkmalsliste Ihrer Kommune einholen.

Expertentipp

Gründlich recherchieren

Verlassen Sie sich nicht guten Glaubens auf die Angaben von Maklern oder Verkäufern, sondern recherchieren Sie selbst. Es gibt verschiedene Anhaltspunkte für einen Altlastenverdacht. Die wichtigste Informationsstelle ist hier das Altlastenverzeichnis. Sollten Sie aber bereits einen Anfangsverdacht haben, dann überlassen Sie die Beurteilung der Lage am besten einem Kontaminierungssachverständigen. Genauso gründlich sollten Sie Anforderungen durch Baulasten, Denkmal- und Naturschutz ermitteln.

Analyse von Umgebung und Infrastruktur

Lagebe-
urteilung

„Verkehrsgünstig und sehr zentral" – in Großbritannien gibt es ein Grundstück mit Haus, das sozusagen auf dem Mittelstreifen einer vierspurigen Autobahn liegt. Das mag zwar sehr verkehrsgünstig sein, ist aber sicherlich nicht sonderlich angenehm. Für die Lagebeurteilung empfiehlt es sich deshalb, auf jeden Fall die zahlreichen regionalen Informationen zu betrachten: So können Sie über die Sozialstruktur einer Stadt Auskünfte einholen, also die Anteile der Beschäftigung in den verschiedenen Bereichen, über große und wichtige Arbeitgeber, die Bevölkerungsdichte und die Gemeindegröße. Auch die Qualität der Verkehrsanbindungen, die internationale Bedeutung einer Stadt oder ihr Freizeitwert spielen eine Rolle.

Zudem sollten Sie die „guten" und „schlechten" Stadtteile kennen und wissen, ob die Abgase großer Industrieanlagen bei ungünstiger Witterung über Ihr Haus ziehen würden. Weitere Lagekriterien haben viel mit dem Gesamteindruck eines Stadtteils zu tun: Ist er eher dörflich oder großstädtisch geprägt? Gibt es in der Nähe

Grünflächen? Ist es ein eher junger Stadtteil mit vielen Familien? Gibt es Wohnsilos in der Nähe oder nur niedrige Einfamilienhäuser? Überlegen Sie sich deshalb vor dem Kauf genau, was Sie möchten.

Expertentipp

Das Internet für die Recherche nutzen

Um sich schnell ein Bild von dem gewünschten Grundstück zu machen, nutzen Sie am besten das Internet. Dort finden Sie Straßenkarten, Satellitenbilder, Ortsinformationen und Presseberichte: Das Internet ist eine schier unerschöpfliche Quelle an Auskünften über Grundstücke und Immobilien. Unter *http://worldwind.arc.nasa.gov/* oder *http://earth.google.de/* finden Sie beispielsweise Satellitenbilder, von einigen Städten sogar 3-D-Ansichten der Häuser und Straßen.

Preise erfahren und verhandeln

„Das Grundstück kostet 50.000 €, das ist bei dieser Lage ein echtes Schnäppchen." Der Verkäufer redet den Preis natürlich gern schön. Wenn Sie sich vorab nicht gründlich informiert haben, müssen Sie seinen Angaben wohl vertrauen. Es gibt jedoch viele Möglichkeiten sich die nötigen Informationen schon im Vorfeld zu besorgen. Ihre erste Anlaufstelle sollte dabei der örtliche Gutachterausschuss sein. *(Gutachterausschuss)*

Die Gutachterausschüsse müssen bei jedem Eigentümerwechsel einer Immobilie unterrichtet werden. Deshalb ist die Kaufpreissammlung auch die ideale Quelle hinsichtlich der vor Ort üblichen Grundstücks- und Immobilienpreise, denn sie listet genau die Verkäufe eines Stadtteils auf, gibt den niedrigsten und den höchsten Kaufpreis pro Quadratmeter an und ermittelt daraus den Median. *(Kaufpreissammlung)*

Darüber hinaus gibt es aber noch viele weitere Informationsquellen rund um den Grundstücks- und Immobilienmarkt einer Stadt. Als Übersicht sehr gut geeignet ist der kostenlose Grundstücksmarktbericht der Gutachterausschüsse. Der Gutachterausschuss stellt darüber hinaus auch noch zahlreiche kostenpflichtige Informationen bereit, die Ihnen einen wesentlich detaillierteren Eindruck der Marktpreise Ihres Stadtteils bieten.

Um überprüfen zu können, ob der Kaufpreis angemessen ist, sollten Sie Informationen bei den örtlichen Gutachterausschüssen einholen.

Verbände Für Hausbesitzer gibt es darüber hinaus auch noch einige Verbände, die mehr oder weniger genau die eigenen Interessen vertreten. Auch diese bieten häufig kostenlose Informationen an, die das Marktbild einer Stadt vervollständigen können.

| Expertentipp |

Linksammlung im Internet

Aktuelle und redaktionell geprüfte Links auch zu Medien und weiteren Themen rund um den Bereich Immobilien, bietet der Buchautor auf seiner Website *www.stroisch.com/katalog/* an.

Die Kaufpreissammlung

Mit einer eigenen Kaufpreissammlung können Sie ebenfalls einen guten Marktüberblick erzielen. Sammeln Sie dazu die in Zeitungen oder im Internet inserierten Grundstückspreise, notieren Sie in einer Tabelle in der ersten Spalte den daraus resultierenden Quadratmeterpreis und in der zweiten Spalte weitere Informationen zum Grundstück.

Bevor Sie sich abschließend für ein Objekt entscheiden, schauen Sie sich die angebotenen Grundstücke vor Ort an und besorgen Sie sich vom Verkäufer weitere Informationen. Aus Erfahrung können Sie nur lernen. Schon nach kurzer Zeit werden Sie zu einem richtigen Experten, was die Einschätzung eines guten Verkaufpreises betrifft. Und denken Sie daran: Der Angebotspreis ist nicht der tatsächlich gezahlte Preis!

Informationen vom Verkäufer

Die Schätzung der Baukosten

„Das kostet alles nicht mehr als 300.000 €", behauptet der Vertreter des Bauträgers, „glauben Sie mir, ich spreche aus Erfahrung."
Sie sind gut beraten, sich nicht auf diese Aussagen zu verlassen. Ansonsten werden Sie schmerzlich erfahren müssen, dass dies allenfalls ein grober Richtwert war.

Doch zunächst müssen Sie sich mit den Grundlagen beschäftigen, die Ihnen eine gute Schätzung erst erlauben und sich mit Begriffen wie umbauter Raum oder Fläche vertraut machen. Anschließend sollten Sie eine Kostenschätzung nach den Normalherstellungskosten, einem staatlich festgelegten Kostenspiegel, vornehmen. Und danach können Sie sich mit der sichersten, aber auch aufwendigsten Methode der Kostenschätzung beschäftigen: der Ausschreibung von Angeboten.

Von Raum und Fläche – die wichtigsten Grundlagen

Die beiden folgenden Begriffe werden Ihnen während der Bauausschreibung immer wieder begegnen: Wohnfläche und umbauter Raum. Sie sollten deshalb wissen, was sich dahinter verbirgt.

Text auf CD-ROM

Die Wohnfläche ist nach den Bestimmungen der II. Berechnungsverordnung (→CD-ROM) definiert. Diese ist ursprünglich als Rahmenbedingung für die steuerliche Förderung von sozialem Wohnungsbau eingeführt worden, hat sich aber auch in den „freien" Wohnbereichen etabliert. Grundlage sind die Normen DIN 283 und

DIN 277 in den jeweils aktuellen Ausführungen. Dabei gilt es, mehrere Regeln zu beachten:

❶ Die Wohnfläche ist die Summe aller Raumflächen einer Wohnung.

❷ Grundlage sind Fertigmaße: Bei Rohbaumaßen in Bauzeichnungen müssen wegen des fehlenden Putzes deshalb 3 Prozent abgezogen werden.

❸ Treppen mit mehr als drei Stufen sowie Mauervorsprünge mit einer Fläche größer als 0,1 m^2 müssen abgezogen werden.

❹ Hinzugerechnet werden Fenster- und Wandnischen, die mehr als 13 Zentimeter tief sind, Erker und Wandschränke mit einer Fläche größer als 0,5 m^2 und Flächen unter Treppen, die höher als 2 Meter sind.

❺ Flächen unter Dachschrägen werden wie folgt berechnet: volle Quadratmeterzahl bei einer Höhe ab 2 Metern, halbe Quadratmeterzahl bei einer Höhe zwischen 1 und 2 Metern und kein Ansatz bei einer Höhe unter 1 Meter.

❻ Bis zur Hälfte angerechnet werden Flächen von Balkonen und Loggien.

Interessant sind diese Ausnahmen für Sie vor allem, wenn Sie die Quadratmeterkosten ausrechnen wollen. In der Realität ist für Ihre Planung sicherlich der konkrete Zuschnitt der Räume noch entscheidender.

Umbauter Raum Für die Wertermittlung hat sich die Berechnung vom sogenannten umbauten Raum durchgesetzt. Der Rauminhalt dagegen ist wichtig für die Abschätzung der konkreten Baukosten. Für deren Ermittlung ist der Brutto-Rauminhalt laut der 1987 zuletzt aktualisierten DIN 277 Grundlage. Den Unterschied zwischen umbautem Raum und Bruttorauminhalt kann man zusammengefasst wie folgt beschreiben: Während der Bruttorauminhalt vom Kellerboden beginnend das komplette Volumen anhand der Außenhaut bis über die Dachspitze berechnet, zählen beim umbauten Raum die nicht ausgebauten Teile des Dachgeschosses nur zu einem Drittel.

Schätzung mithilfe der Normalherstellungskosten

Im Rahmen der Wertermittlungsrichtlinie (WertR) hat der Bund auch eine Liste mit Normalherstellungskosten (NHK) erstellt und in Anlage 7 (→CD-ROM) festgehalten. Verbindlich gültig für Wertschätzungen sind derzeit die NHK 2000. Sie umfasst insgesamt 69 Seiten und behandelt die unterschiedlichsten Gebäudetypen.

Text
auf CD-ROM

Für Sie relevant sind dabei die Gebäudetypen 1 (frei stehende Einfamilienhäuser) und 2 (Einfamilien-Reihenhaus). Interessant sind hier beispielsweise die Ausstattungsmerkmale. So wird in verschiedenen Kostengruppen (Fassade, Fenster, Dächer, Elektroinstallation ...) zwischen einem Standard von „einfach" bis „stark gehoben" unterschieden. Das Mauerwerk mit Putz oder Fugenglattstrich mit Anstrich bei der Fassade wäre demnach „einfach" und die Fassade aus Naturstein „stark gehoben".

Würden Sie demnach ein Haus vom Typ 1.01 planen, das per Definition Kellergeschoss, Erdgeschoss und voll ausgebautes Dachgeschoss bei einer durchschnittlichen Geschosshöhe von 2,95 Metern besitzt, dann müssten Sie pro m^2 Grundfläche Kosten zwischen 580 € („einfach") und 1040 € („stark gehoben") einplanen. Wohlgemerkt: Dieser Wert gilt für das Jahr 2000. Die Preissteigerung seit 2000 können Sie über den Baukostenindex des Statistischen Bundesamtes korrigieren. In der Tendenz gibt es in Deutschland dabei ein Süd-Nord-Gefälle. Bei größeren Städten muss dabei möglicherweise ein Aufschlag auf den Bundesdurchschnitt berechnet werden, in kleineren Ortschaften kann ein Abschlag einkalkuliert werden.

Baukosten-
index

Der Berechnung der Normalherstellungskosten liegt folgende Formel zugrunde:

	Bruttogrundfläche in m^2
x	NHK im Basisjahr 2000
x	Korrektur Baupreissteigerung
+/−	Zu- oder Abschläge zwischen Regionen/Städten
+/−	Zu- oder Abschläge für einzelne Bauteile
+	Baunebenkosten
=	Normalherstellungskosten

Normal-
herstellungs-
kosten

Die Baunebenkosten werden dabei in einer Wertschätzung oft pauschal als Zuschlag angegeben. Dieser Zuschlag liegt etwa bei

15 Prozent. Bei einem Neubau sind sie nach der HOAI (→CD-ROM) zu ermitteln.

Eigenrecherche mit Ausschreibungen

Die Berechnung der Normalherstellungskosten ist sicherlich schon eine schnelle und gute Grobschätzung, wie teuer Ihr Haus werden könnte. Aber auch hier gilt die Regel: Je mehr Recherchearbeit Sie investieren, desto genauer wird das Ergebnis. Sie müssen sich also intensiv informieren und sich vor Baubeginn für die einzelnen Ausstattungsmerkmale entscheiden.

Ausstattungsmerkmale festlegen

Die Katalog- und Fachgeschäftrecherche dient Ihnen dazu, sich ein Bild von den Preisen verschiedener Ausstattungsmerkmale zu machen. So sollten Sie in einer Liste festhalten, wie teuer die von Ihnen gewünschten Fliesen oder Tapeten sind. Auch Laminat- oder Parkettpreise können Sie gut recherchieren. Machen Sie sich ruhig auch schon Gedanken um weitere Einrichtungsgegenstände wie Möbel oder Lampen: Diese werden in der Kalkulation für die Gesamtkosten des Hausbaus gern übersehen, fallen aber oft mit nicht unwesentlichen Beträgen ins Gewicht.

Um einen genauen Überblick über die Kosten zu erhalten, sollten Sie die Gewerke detailliert ausschreiben und mehrere Angebote einholen.

Als nächster Schritt folgt dann das Einholen von Angeboten. Um ein realistisches Angebot zu erhalten, sollten Sie folgende Punkte beachten:

- Verfassen Sie eine möglichst detaillierte und umfassende Ausschreibung.
- Holen Sie immer mehrere Angebote ein.
- Beachten Sie, dass das günstigste Angebot am Ende trotzdem teurer sein kann, wenn dafür beim Handwerker offensichtlich an der Qualität gespart wird.
- Lassen Sie sich auch deshalb Referenzkunden nennen.

Angebote einholen

Die wichtigste Regel ist aber sicherlich: Lassen Sie sich nicht unter Druck setzen, sondern recherchieren Sie in Ruhe. Eine gute Kostenplanung spart am Ende Geld. Im Kapitel „Die Vertrags- und Planungsphase" (ab Seite 74) und „Die Bauphase" (ab Seite 98) erfahren Sie detailliert, worauf Sie dabei genau achten müssen.

Ruhig recherchieren

Expertentipp

Im Detail planen

Schon viele Bauherren haben sich gewundert, dass der ursprünglich kalkulierte Hauspreis von 349.000 € am Ende auf über 500.000 € angewachsen ist. Mehrere Gründe können hierfür ausschlaggebend sein. Im Bauträgermodell sind es oft schwammig formulierte Verträge über die Inklusivleistungen und vor allem über die konkreten Leistungen. „Schlüsselfertig" bedeutet dabei nicht zwangsläufig, dass auch die Erschließungskosten schon beinhaltet sind oder der Garten angelegt wird.
Eine nicht seltene Falle ist auch die Ausstattung: So sind vertraglich nur einfache, neutrale Fliesen für das Bad vereinbart. Das beauftragte Fliesengeschäft bietet aber dafür nur die recht hässlichen vom vorletzten Jahr an. Meist sind Bauherrn dann gern bereit, freiwillig draufzuzahlen und ein schöneres Produkt zu kaufen.
Sofern Sie selbst die Gewerke beauftragen, ergeben sich Schwierigkeiten vor allem bei zu ungenauen Ausschreibun-

gen. „Heizkessel xy der Marke ml oder vergleichbar", wird zwangsläufig auf das billigere, vergleichbare Gerät hinauslaufen. Auf der anderen Seite ist es aber auch unsinnig, hier von Anfang an auf einen bestimmten Gerätetyp zu bestehen, denn unterschiedliche Handwerker arbeiten nun mal mit unterschiedlichen Geräten – und bekommen dort vom Hersteller möglicherweise auch Mengenrabatte.

Sofern Sie also die Kosten im Griff behalten wollen, müssen Sie bis ins kleinste Detail Ihr Traumhaus durchkalkulieren und -planen. Und das in jedem Fall vor der Vertragsunterzeichnung.

Exkurs: Wert von Haus und Grundstück schätzen

„Für das Haus bekommen Sie 250.000 €, mehr ist es nicht wert." Wer sich in einem solchen Moment noch genau daran erinnern kann, dass ihn das Haus ursprünglich deutlich mehr gekostet hat, der mag es dann kaum glauben: Eine werterhaltende oder wertsteigernde Investition sieht anders aus.

Wertermittlung Einen Eindruck über den Verkaufswert eines Hauses verschafft eine Wertermittlung. Das Ergebnis ist dabei der Verkehrswert. Diesen Preis schätzt der Gutachter als einen marktgängigen Preis für ein Grundstück oder eine Immobilie. Der Weg dorthin führt bei selbst genutzten Immobilien und Grundstücken über das Vergleichswert- und Sachwertverfahren.

Vergleichswertverfahren Mit dem Vergleichswertverfahren wird üblicherweise der Wert eines Grundstücks ermittelt. Das Sachwertverfahren findet bei selbst genutzten Immobilien Anwendung. Generell wird eine Wertermittlung zu einem Stichtag durchgeführt, also beispielsweise dem Termin der Fertigstellung.

Verkehrswert ermitteln

Text auf CD-ROM Wie viel kann ich am Markt für meine Immobilie erzielen? Diese Frage ist gar nicht so einfach zu beantworten. Ein ganzer Berufszweig beschäftigt sich mit nichts anderem, als den sogenannten Verkehrswert von Immobilien und Grundstücken zu schätzen. In jeder Stadt gibt es Gutachterausschüsse, die Daten zu Werten sammeln. Und es gibt auch eine Verordnung, an die sich alle

Wertschätzungen halten. Die Wertermittlungsverordnung (WertV) (→CD-ROM) ist eigentlich nur verbindlich für die städtische Bewertungsstelle beim Liegenschaftsamt und für die Gutachterausschüsse. In der Praxis hat sie sich aber als Standard durchgesetzt. Erlaubt sind demnach drei unterschiedliche Wertermittlungsverfahren: das Vergleichswertverfahren, das Ertragswertverfahren oder das Sachwertverfahren. Das Ertragswertverfahren findet Anwendung bei vermieteten Objekten, spielt also in diesem Buch keine Rolle. Das Sachwertverfahren hingegen soll den Verkehrswert der selbst genutzten Immobilie abschätzen. Das Vergleichswertverfahren wiederum wird vom Gesetzgeber als das beste angenommen, setzt aber voraus, dass ausreichend vergleichbare Objekte vorhanden sind. Es findet standardmäßig für die Verkehrswertermittlung von Grundstücken statt. Hier existieren ausführliche Bodenrichtwertkarten der Gutachterausschüsse, die dies ermöglichen.

Ertragswert- und Sachwertverfahren

Für Sie bedeutet dies, dass Sie das Vergleichswertverfahren schon vor dem Kauf eines Grundstücks einsetzen sollten. So können Sie realistisch den Preis abschätzen. Das Sachwertverfahren hingegen macht erst nach der Errichtung einer Immobilie Sinn, wobei Sie hier vorab eine Schätzung zu einem Stichtag in der Zukunft machen könnten, um zu kontrollieren, ob Sie mit den hohen Baukosten auch entsprechende Werte schaffen.

Grundstückswert schätzen

Als Bauherr haben Sie verschiedene Möglichkeiten, Ihr Bauvorhaben zu verwirklichen. Ein häufiger Weg ist dabei, dass der Grundstückskauf und der Bau getrennt voneinander ablaufen. In einem solchen Fall ist es für Sie sehr interessant zu wissen, wie hoch die üblichen Marktpreise eines Grundstücks sind. Da für unbebauten Grund in der Regel sehr viele Vergleichszahlen vorhanden sind, können Sie hierfür das sogenannte Vergleichswertverfahren anwenden. Beim mittelbaren Vergleichswertverfahren greifen Sie dabei auf die Bodenrichtwertkarten der örtlichen Gutachterausschüsse zurück. Sie werden zum 1. Januar eines jeden Jahres für unterschiedliche Lagen ermittelt und dabei nach bestimmten Nutzungsarten kategorisiert.

Grundstückswert ermitteln

Gutachterausschüsse ermitteln auf der Grundlage einer Kaufpreissammlung Bodenrichtwerte. Außerdem veröffentlichen sie Bodenpreisindizes, die die Informationen über die Preisentwicklung im Lauf der Jahre abbilden. Damit stehen für Sie gute Vergleichswerte für den Bodenwert Ihres Grundstücks zur Verfügung.

Beispielhaus in Essen

Als Beispiel soll hier die Stadt Essen in Nordrhein-Westfalen herangezogen werden: Hier wird zwischen baureifem Land in Wohngebieten mit individueller Bauweise, baureifem Land in Wohngebieten mit Geschosswohnungsbau und klassischen Gewerbegrundstücken unterschieden. Die Bodenrichtwerte werden auf der Grundlage eines Stadtplans eingezeichnet.

Und hier wird es für Sie sofort sehr praxisnah. Was in den Bodenpreiskarten eingezeichnet ist, können Sie sofort zur Analyse der Grundstücksofferte einsetzen. Eine große Rolle spielen hier die schon einmal skizzierten Werte des Flächennutzungsplans wie etwa die Geschossflächenzahl (GFZ). Natürlich macht der direkte Vergleich nur dann Sinn, wenn das Grundstück mit dem Vergleichsgrundstück identisch ist. In der Praxis ist das nicht immer der Fall, hier wird dann der unmittelbare Vergleichswert ermittelt. Für diesen müssen folgende Faktoren beim Vergleichsgrundstück und dem eigenen Grundstück übereinstimmen:

Vergleichswert ermitteln

❶ Ortslage,
❷ Grundstückslage,
❸ Art und Maß der baulichen Nutzung,
❹ Bodenbeschaffenheit,
❺ Grundstückszuschnitt und -größe,
❻ Infrastruktur,
❼ Himmelsausrichtung,
❽ Bevölkerungsstruktur.

Deutlich schlechter wird der Vergleich, wenn es auch hier nicht zu kompletten Übereinstimmungen kommt, was ebenfalls sehr häufig vorkommt. Sie müssen dann Abweichungen mit Zu- oder Abschlägen quittieren. Diese sollten aber nicht zu hoch ausfallen, weil sonst die Grundstücke prinzipiell als nicht mehr vergleichbar gelten.

Bodenrichtwerte erkennen
Die einzelnen Positionen auf der Karte haben folgende Bedeutung:

245 =   dies ist der Bodenrichtwert in €/ m^2,
W =   dies ist die Art der baulichen Nutzung, in diesem Fall also ein Wohngebiet,
I/ II =   Anzahl der Vollgeschosse, in diesem Fall also maximal 2,
0,5 =   Geschossflächenzahl (GFZ), in diesem Fall also 0,5.

In der Praxis bedeutet dies, dass eine zweigeschossige Wohnbebauung in diesem Gebiet stattfindet. Auf einem Grundstück dürfen bei der Einhaltung der Geschossflächenzahl und voller Ausnutzung der Vollgeschosse maximal 25 Prozent der Fläche bebaut werden. Beachten Sie aber: Der Gutachterausschuss gibt häufig auch diverse Korrekturfaktoren an, die z. B. einen „falschen" Entwicklungs-, Erschließungszustand oder auch eine andere Geschossflächenzahl auf der Karte „korrigieren". Sie erhalten diese Faktoren gegen Gebühr – ohne sie sind die Bodenpreisschätzungen ziemlich weit von der Realität entfernt. Außerdem stimmt der Wertermittlungsstichtag in der Karte in der Regel nicht mit dem Wertermittlungsstichtag Ihres Gutachtens überein. Sie können den Bodenrichtwert dann nicht einfach übernehmen, sondern müssen ihn zunächst korrigieren.

Sachwert – eine Immobilie zum Stichtag bewerten

Der Regelfall bei der Bewertung von Familienhäusern ist die Anwendung des Sachwertverfahrens. Ein- und Zweifamilienhäuser werden überwiegend selbst genutzt und haben nicht das Ziel, einen Ertrag durch Mieteinnahmen zu erzielen.

Um den Sachwert zu ermitteln, spielt die Ermittlung und Schätzung der Baukosten eine sehr große Rolle. Das heißt aber nicht, dass der Wert der Immobilie völlig vom Markt abgekoppelt ist. Im Gegenteil: Die Gutachterausschüsse definieren konkrete Zu- und

Sachwertverfahren

Abschläge auf den Sachwert des Hauses. Und natürlich wird auch der Zustand der Immobilie und ihr Alter berücksichtigt.

Immobilie zur Altersvorsorge

Das Familienhaus hat für die Besitzer über die reine Substanz meist noch einen eigenen Wert. Es soll in der Regel im Alter das mietfreie Wohnen ermöglichen. In diesem Fall sollten Sie aber eine ehrliche Rechnung über potenzielle Kosten etwa für in Jahrzehnten anstehende Modernisierungen und weitere Finanzierungskosten aufstellen. Konkret fließen in den Sachwert ein:

- Bodenwert (wie oben beschrieben),
- Wert der baulichen Anlagen inklusive Nebenkosten,
- Wert der Außenanlagen.

Im Verlauf dieses Kapitels haben Sie bereits die Normalherstellungskosten kennengelernt und auch die entsprechende Formel, um diese abzuschätzen. Wenden Sie diese Formel nun an und Sie haben den ersten Schritt Richtung Wertschätzung schon getan.

Herstellungswert

Die Normalherstellungskosten bilden die Grundlage für den Herstellungswert, für den dann zusätzlich noch weitere Korrekturen vorgenommen werden müssen. Für Sie bedeutet das aber keine Mehrarbeit. Da Sie zum Stichtag der Fertigstellung ein „frisches" Haus mit einem Alter von 0 Jahren und ohne Baumängel und -schäden voraussetzen, müssen Sie hier nun die Altersminderung und die Mängel und Schäden nicht mehr wertmindernd berücksichtigen, also: Normalherstellungskosten = Herstellungswert.

Bodenwert

Abschließend wird der Bodenwert des Grundstücks zum Herstellungswert addiert. Die Außenanlagen werden in der Regel nicht gesondert berechnet, sondern mit 3 bis 5 Prozent der Herstellungskosten pauschal eingesetzt. Ein Sachverständiger würde nun noch marktbereinigende Abschläge oder Zuschläge vornehmen und dann den Verkehrswert berechnen. Diese Einordnung dürfte Ihnen sicherlich eher schwerfallen, denn sie beruhen auf langer Erfahrung mit Märkten und Wertschätzungsverfahren. Die Wertermittlungsformel lautet nun:

	Grundstückswert
+	Herstellungskosten inkl. Baunebenkosten/Außenanlagen
=	Sachwert der Immobilie

+/ –   marktbereinigende Zu-/ Abschläge
=   Verkehrswert zum Stichtag Ihrer Immobilie

Expertentipp

Der abweichende Marktwert

Obwohl Sie nun einen Verkehrswert für Grundstück und Immobilie ermittelt haben, kann der Marktwert dennoch ein
anderer sein. Dies kann viele unterschiedliche Faktoren haben, beispielsweise dass trotz einer angemessenen Berücksichtigung einer Altlastenkontaminierung des Grundstücks,
dieses für viele Käufer zu sehr „stinkt" und sich deshalb niemand findet.

Marktwert ermitteln

Und noch etwas fällt ins Gewicht: Ihre Immobilie verliert mit
dem Tag der Fertigstellung an Wert. Dafür ist die sogenannte
Altersminderung verantwortlich. Sollten Sie Ihre Immobilie
nicht mithilfe von Sanierungs- und Modernisierungsmaßnahmen regelmäßig fiktiv verjüngen, wäre sie nach 80 Jahren
– theoretisch – wertlos. 80 Jahre wird als Lebensdauer einer
Immobilie angenommen. Natürlich gilt dies nicht für den
Wert des Grundstücks, auf welchem sie erbaut wurde.
Generell ist ein Wertschätzungsgutachten eine hochkomple-
xe Sache. Sie sollten im Zweifelsfall diese deshalb einem Experten überlassen. Gute Einblicke in diesen wichtigen Bereich erhalten Sie auch durch ein Buch aus dieser Reihe
„Meine Immobilie: Immobilien bewerten leicht gemacht",
erschienen im Haufe-Verlag.

✓ SCHRITT-FÜR-SCHRITT-GUIDE

Den Bau richtig planen und durchführen

Formular
auf CD-ROM

Eine strukturierte Vorbereitung und eine sorgfältige Durchführungsplanung helfen Ihnen, den Fortgang Ihres Bauvorhabens immer im Griff zu behalten. Nehmen Sie sich die Zeit im Vorfeld, denn so vermeiden Sie die schlimmsten Fehler.

1. Vorüberlegungen zur Planungsphase

Entwurfsplanung   ja ☐   nein ☐
Geht der Architekt im Gespräch und in den Entwürfen auf Ihre Wünsche ein? Behalten Sie sich im Architektenvertrag den Wechsel zu einem anderen Architekten nach der Entwurfsplanung vor, damit Sie bei nicht zufriedenstellenden Leistungen reagieren können.

Bemerkung:

....

Aufteilung   ja ☐   nein ☐
Ist die Hausaufteilung kostengünstig, funktional und zukunftsweisend? Achten Sie hier auf unnötigen Kellerraum, auf ausreichend viele Versorgungsleitungen, die Option des Dachausbaus und eine funktionale Anordnung von Bädern und Küchen. Letztendlich ist alles auch eine Frage der Geldbörse.

Bemerkung:

....

Genehmigung   ja ☐   nein ☐
Ist der Entwurf genehmigungsfähig? Holen Sie zu diesem Zweck Informationen bei der Kommune ein. Die konkrete Genehmigungsplanung sollte dann der Architekt oder Bauträger durchführen.

Bemerkung:

....

Ausführungsplanung   ja ☐   nein ☐

Hat der Architekt eine detaillierte Ausführungsplanung erstellt?
Dies ist für Sie sehr wichtig, weil so Ungereimtheiten – und damit
höhere Kosten – während der Bauphase vermieden werden können.
Bestehen Sie auf einer Ausführung bis ins Detail.

Bemerkung:

....

Ausschreibung   ja ☐   nein ☐

Ist die Ausschreibung detailliert bis zum konkreten Produkt und
Hersteller vorgenommen? Jetzt geht es um die einzelnen Gewerke
und somit um die Beauftragung der Handwerker. Damit Sie gute
und günstige Anbieter finden, sollten Sie, oder besser Ihr Architekt,
einen konkreten Ausschreibungstext für jede Tätigkeit verfassen
und an mehrere geeignete Handwerker senden.

Bemerkung:

....

Ausschreibungskontrolle   ja ☐   nein ☐

Lassen sich die Angebote der Handwerker miteinander vergleichen?
In der Qualität des konkreten Angebots unterscheiden sich die
Handwerker nicht nur preislich. Fragen Sie notfalls noch einmal
nach. Mit einer Tabelle können Sie dann die Preise und Leistungen
vergleichen. Haben Sie einen Architekten beauftragt, dann übernimmt er die Gegenüberstellung und berät Sie bei der Wahl.

Bemerkung:

....

Preisverhandlung   ja ☐   nein ☐

Versuchen Sie – ohne Abstriche bei der Qualität –, den Preis zu
verhandeln. Oftmals gibt es hier noch Spielraum.

Bemerkung:

....

Vertrag   ja ☐   nein ☐

Ist ein Fertighaus-, Architekten- oder Bauträgervertrag für Sie günstig? Sind die Abschlagszahlungen und die Architektenhonorare
detailliert beschrieben? Ist die Bauleistungsbeschreibung umfang-
reich und aussagekräftig? Kontrollieren Sie die Vertragsklauseln
mithilfe von Experten, beispielsweise einem Rechtanwalt von den
Verbraucherzentralen.

Bemerkung:

....

Versicherungsschutz   ja ☐   nein ☐

Noch vor dem ersten Spatenstich müssen Sie sich unbedingt gegen
finanzielle Risiken versichern. Vergleichen Sie die Angebote von
Bauherren- und Bauleistungsversicherungen miteinander. Denken
Sie dabei auch an die Zukunft und kümmern Sie sich jetzt bereits
um die Hausbesitzerhaftpflicht und die Wohngebäudeversicherung.
Bei Eigenleistung und Hilfe von Bekannten und Verwandten ist
auch eine Meldung bei der gesetzlichen Unfallversicherung Pflicht.

Bemerkung:

....

2. Die strukturierte Baudurchführung

Die Bauphase ist der wichtigste und teuerste Abschnitt bei der
Entstehung Ihres Traumhauses. Sie besteht aus viel Organisation
und Überwachung. Diese Checkliste hilft Ihnen dabei, die Bauphase
gut zu meistern.

Diese Punkte sollten Sie bei der Baudurchführung beachten:

Rolle klären   ☐

Besinnen Sie sich auf Ihre Rolle als Bauherr. Je nach Vertragstyp
haben Sie mehr oder weniger Rechte.

Bemerkung:

....

Bauzeitenplanung ☐
Der Bauzeitenplan wird vor Beginn der Bauphase aufgestellt und
während der Bauphase ständig angepasst und kontrolliert.

Bemerkung:

....

Aufruf ☐
Achten Sie darauf, dass Sie oder Ihr Architekt rechtzeitig einen
Aufruf an die beauftragten Handwerker startet.

Bemerkung:

....

Baukostenkontrolle ☐
Ebenso aktiv wie Bauzeiten sollten die Kosten ständig kontrolliert
werden. Achten Sie darauf, nicht durch eigene, neue Forderungen
die Baukosten zu erhöhen. Die Baukostenkontrolle sollten Sie
mindestens einmal wöchentlich durchführen.

Bemerkung:

....

Zahlungsplan ☐
Als Bauherr können Sie das geliehene Geld von der Bank nur zu
festgesetzten Terminen abrufen. Diese Termine sollten Sie in Form
eines Planes führen und darauf achten, dass Sie nicht zu viel Eigenkapital bündeln oder zu viele zusätzliche und kostenpflichtige Aus-
zahlungstermine benötigen.

Bemerkung:

....

Bautagebuch ☐
Der Architekt und die Baufirmen können dazu verpflichtet werden,
ein Bautagebuch zu führen. Aber auch Sie als Bauherr sollten da-

von Gebrauch machen. Sofern es von den Vertragsparteien abgezeichnet wird, kann es auch bei Streitigkeiten vor Gericht verwendet werden. Zumindest ist es eine gute Gedächtnisstütze, um Absprachen und Gesehenes einzuordnen.

Bemerkung:

....

Gewerke ☐

Die Bauphase besteht aus zahlreichen Gewerken, über die Sie sich einen Überblick verschaffen sollten. Kontrollieren Sie dazu am besten täglich den Baufortschritt zu unterschiedlichen Tageszeiten. Machen Sie sich vor Beginn der Bauphase ausführlich Gedanken darüber, wie Sie bestimmte Dinge gestalten wollen. Die konkrete Kontrolle der Arbeiten sollten Sie dennoch einem Experten überlassen, beispielsweise dem Architekten oder einem von Ihnen beauftragten Sachverständigen.

Bemerkung:

....

Bauteilabnahmen ☐

Während der gesamten Bauphase können Gewerke abgeschlossen werden. Die Handwerker möchten dann bezahlt werden, wozu Sie eine Abnahme durchführen müssen.

Bemerkung:

....

Das müssen Sie tun:
Diese Checklisten sollen Sie dabei unterstützen, die Planungs- und Bauphase gut zu organisieren und durchzuführen. Wenn Sie die einzelnen Punkte Schritt für Schritt durchgehen, haben Sie die wichtigsten Punkte auf dem Weg zu Ihrem Traumhaus beachtet.

So könnte Ihr ausgefüllter Check aussehen:

Entwurfsplanung   ja ✕   nein ☐
Geht der Architekt auf Ihre Wünsche ein?

Bemerkung:
Alle Wünsche wurden aufgegriffen und, sofern möglich,
auch umgesetzt.

Aufteilung   ja ☐   nein ✕
Ist die Hausaufteilung kostengünstig und funktional?

Bemerkung:
Die Treppe im Wohnzimmer könnte sich bei Untervermietung
des Dachgeschosses als unpraktisch erweisen.

Genehmigung   ja ✕   nein ☐
Ist der Entwurf genehmigungsfähig?

Ausführungsplanung   ja ✕   nein ☐
Hat der Architekt eine detaillierte Ausführungsplanung erstellt?

Ausschreibung   ja ☐   nein ✕
Ist die Ausschreibung detailliert vorgenommen?

Bemerkung:
Es fehlen die besonderen Vorgaben hinsichtlich der Fliesen
im Badezimmer.

usw.

Die Vertrags- und Planungsphase

Die Unterschrift unter den Bauvertrag kostet Sie sehr viel Geld, denn mit ihr nehmen der Architekten oder der Bauträger ihre Arbeit auf. Dies alles setzt natürlich voraus, dass Ihr Vorhaben sorgfältig geplant und vorbereitet ist.

Ob mit Architekt oder mit Bauträger: Das Ziel ist Ihr Traumhaus. Gerade in dieser Phase ist besondere Sorgfalt geboten, denn ein einmal genehmigter Bauplan lässt sich später nicht mehr oder nur mit hohen Kosten ändern.

Realisierungs-möglichkeiten
Für die Umsetzung Ihres Bauvorhabens stehen Ihnen unterschiedliche Modelle zur Verfügung: das Architektenhaus, das Bauträgermodell oder auch das Fertighaus. Damit der anschließende Hausbau auch gegen weitere Gefahren abgesichert ist, ist es ratsam, schon jetzt verschiedene Versicherungen abzuschließen wie etwa die Bauherrenhaftpflicht- oder die Bauleistungsversicherung.

Baupläne und ihre Tücken

Kontrollieren Sie zunächst anhand der Planungsanlagen, wie die Räume angeordnet und geschnitten sind. Das Haus sollte nicht nur jetzt, sondern auch zukünftig Ihren Bedürfnissen entsprechen. Dazu müssen Sie ein bisschen Fantasie einsetzen, damit Sie abschätzen können, ob das geplante Haus beispielsweise auch ein zweites Kind noch gut verkraftet.

So läuft die Bauplanung ab

Bevor der Architekt mit den genehmigungsfähigen Plänen seine Arbeit am Bauantrag beginnt, muss er sich mit dem Bauherren intensiv über den Kostenrahmen, den gewünschten Grundriss und die Materialien austauschen. Danach holt er bei verschiedenen Stellen wie etwa dem Planungsamt, dem Bergamt, bei Statikern und Versorgungsunternehmen gezielt Auskünfte ein und erstellt eine Vorplanung.

Vorplanung erstellen

Hier ist jetzt die Mitsprache des Bauherren gefragt. Erst nachdem er zusammen mit dem Architekten die Vorplanung diskutiert hat, wird dieser die Statik des Hauses in Auftrag geben, genehmigungsfähige Pläne zeichnen und das Bauantragsformular sowie weitere erforderliche Unterlagen wie etwa den Entwässerungsantrag ausfüllen.

Den Bau genehmigen lassen

Die vollständigen und vom Bauherrn unterschriebenen Antragsunterlagen werden vom Architekten beim zuständigen Bauamt eingereicht. Sie müssen den Ausführungen der Landesbauordnung (→CD-ROM) und den Vorgaben der Bebauungspläne Rechnung tragen. Das Bauamt der Kommune kontrolliert die Unterlagen und erteilt dann die Genehmigung.

Text auf CD-ROM

In einigen Kommunen ist dabei das vereinfachte Genehmigungsverfahren möglich. Dazu müssen die Wohngebäude aber bestimmte Voraussetzungen erfüllen, die bei normalen Familienhäusern in der Regel zutreffen. Dem Architekten wird somit mehr Eigenverantwortung übertragen und dadurch die Bearbeitung verkürzt.

Neben dem vereinfachten Genehmigungsverfahren gibt es auch genehmigungsfreie Bauvorhaben. Diese Fälle sind in den Landesbauordnungen festgehalten. Dazu muss zusätzlich ein Bebauungsplan vorliegen und die Erschließung des Geländes gesichert sowie keine Anforderung auf eine Genehmigung durch die Baubehörden vorliegen. Bei diesem Verfahren führt der Bauherr eine Bauanzeige durch. Wird ihr nicht innerhalb von sechs Wochen durch die Baubehörden widersprochen, kann der Bau beginnen. Im Anschluss müssen verschiedene Experten die Einhaltung von Vorschriften bescheinigen.

Nicht jedes Bauvorhaben ist genehmigungspflichtig.

| Expertentipp |

Auf eine Ausführungsplanung bestehen

Eine Ausführungsplanung – durchgeführt vom Architekten – legt verbindlich jedes Detail fest, deshalb sollten Sie auf ihr bestehen. In der Regel erfolgt die Darstellung im Maßstab 1:50. Zusammen mit den Fachingenieuren der technischen Gewerke werden anhand dieser Unterlagen alle offenen Fragen geklärt. So können Sie relativ sicher sein, unliebsamen Überraschungen wie etwa Kostenüberschreitungen vorgebeugt zu haben.

Gewerke ausschreiben

Wenn Sie einen Architekten beschäftigen, wird dieser an diesem Punkt beginnen, die Gewerke auszuschreiben. Das bedeutet, dass für jede Arbeit an Ihrem Haus, von der Unterkellerung bis zur Dachdeckung, verschiedene Handwerker angeschrieben werden. Diese sollen auf der Grundlage der Angebotsausschreibung mitteilen, wie viel sie für diese Arbeiten verlangen. Als Bauherr eines Architektenhauses liegt die endgültige Entscheidung zwar ganz bei Ihnen, zur Sicherheit sollten Sie sich aber von Ihrem Architekten beraten und unterstützen lassen. Beim Bauträgermodell (ab Seite 180) – oder beim Fertighausbau (ab Seite 198) – ist Ihnen diese Möglichkeit aus verschiedenen Gründen weitestgehend genommen.

Je ausführlicher und konkreter, desto besser

Sofern Sie beispielsweise für die Dachantennenanlage gleich das Fabrikat und das Modell in der Ausschreibung definieren, dürfen die Handwerker davon in der Bauausführung nicht einfach abweichen. Die Ausschreibung ist für sie bindend. Umgekehrt gilt aber auch: Je mehr Spielraum Sie lassen, desto größer werden die Abweichungen sein. Auch deshalb ist es gut, die Ausschreibungen von einem Architekten durchführen zu lassen.

Aber trotz allem sollten Sie bedenken, dass der billigste Anbieter nicht immer der beste ist. Lassen Sie sich von den Unternehmern Referenzen zeigen, und scheuen Sie sich nicht, diese auch zu kontrollieren. Wenn die Angebote bei Ihnen eintreffen, werden Sie sehen, dass die Preise sehr unterschiedlich sind. Das hängt nicht nur mit der persönlichen Kostenkalkulation der Handwerker zusammen, sondern unter Umständen auch mit deren Auslastung. Denn wer gut ausgelastet ist und einen Kunden eigentlich gar nicht haben will, macht einen „Mondpreis", für den es sich lohnt, auf Freizeit zu verzichten und Überstundenzuschläge für die Mitarbeiter zu zahlen.

Billig ist nicht immer gut

Die Angebote prüfen

Trotz klarer Ausschreibung unterscheiden sich die eingereichten Angebote in vielen Details und in ihrer Aussagekraft. Die nächsten Schritte sind also:

❶ Kontrolle der Angebote und eventuell Nachfrage bei den Handwerkern (immer schriftlich). Denkbar ist beispielsweise, dass bestimmte Positionen „vergessen" wurden, Einzelpreise und Gesamtpreise nicht schlüssig ausgewiesen wurden.

Angebote vergleichen

❷ Erstellung eines Preisspiegels.

❸ Kontrolle der Referenzen.

❹ Diskussion der Vor- und Nachteile der verschiedenen Handwerker (z. B. weite Anfahrentfernung, gefüllter Terminplan).

❺ Entscheidung für einen Handwerker.

Der Preisspiegel besteht aus einer Tabelle mit mehreren Spalten. Diese schlüsseln die Angebote nach Positionen auf, führen die Menge auf und errechnen daraus den Gesamtpreis und den Einzelpreis. Ein Beispiel für eine Tabelle:

Position	Bieter	Einzel-preis	Menge	Gesamt-preis	Bemer-kung
Tapezieren	Firma A	1,00 €	300 m^2 (Wand)	300 €	
	Firma B	1,02 €		306 €	
	Firma C	1,09 €		327 €	
	Firma D	1,40 €		420 €	anderes Fabrikat

Abweichungen hinterfragen

Interessant ist hier die Frage, wieso es zu so starken Abweichungen kommen kann. Hat Firma D vielleicht eine andere, teurere Tapete als Grundlage herangezogen? Oder besteht hier einfach irgendwo ein Rechenfehler? Natürlich kann auch bewusst überhöht kalkuliert, eben der besagte „Mondpreis" verwendet worden sein. Machen Sie sich auch in dieser Tabelle Notizen. Besonders wichtig sind hier beispielsweise Kostenregelungen, wenn in der Praxis etwas von der Ausschreibung abweicht. Das kann durch veränderte Wünsche, aber auch durch bauliche Gegebenheiten entstehen.

Pauschalpreis oder Stundenpreis?

In unserem Beispiel wurde der Pauschalpreis als Grundlage verwendet. Dies ist für den Auftraggeber die transparenteste Art, ein Gewerk zu beauftragen. Stimmt die Menge, dann stimmt auch der vorher kalkulierte Preis. Der Handwerker wird aber bei seiner Kalkulation eine gewisse Sicherheit berücksichtigen. Er möchte schließlich nicht draufzahlen. Deshalb kann die Abrechnung auf Stundenpreisbasis kostengünstiger sein. Das Risiko, dass dies nicht so ist, ist aber sehr groß. Beachten Sie unbedingt, dass der Handwerker über die im Pauschalangebot vereinbarten Leistungen hinaus oftmals seinen normalen Stundensatz als Grundlage nimmt.

Expertentipp

Den Preis verhandeln

Der Preis ist Verhandlungssache. Ein bisschen funktioniert dies wie auf dem Basar. Es wird gefeilscht, begründet und eine Abwendung hin zu einem anderen Handwerker vorgetäuscht. Je besser Sie verhandeln, desto besser wird der Preis. Bleiben Sie aber immer fair, und sorgen Sie unbedingt dafür, dass der Handwerker nicht enttäuscht ist. Er soll schließlich in erster Linie eines leisten: Arbeit in guter und zuverlässiger Qualität. Weichen Sie deshalb auch nicht von Ihren zuvor definierten Qualitätsanforderungen ab. Denn natürlich kann auch der Handwerker sagen: „Klar, ich lasse im Preis nach, aber dann gibt es den Heizkessel von Firma x und nicht von Firma y."

Die Planungsunterlagen kontrollieren

Als Bauherr ist die Kontrolle der Planungsunterlagen unterschiedlich wichtig: Beim Fertighaus und Bauträgermodell – etwa für den Bau eines Reihenhauses – geschieht dies schon vor der Vertragsunterschrift. Hier kaufen Sie also das Gesamtkonzept, das schlüsselfertige Haus, das auf erprobten Architektenplänen beruht. Anpassungen sind möglich, aber nur in gewissem Maße. Mit der Entscheidung für einen bestimmten Bauträger oder für ein bestimmtes Fertighaus legen Sie sich fest. Änderungen sind teuer und nur in Details möglich.

Anders sieht es beim Architektenhaus aus. Natürlich gibt es auch hier bestimmte Standardtypen. Aber der Architekt wird Ihnen ein Haus nach Ihren Wünschen ermöglichen – sofern dies vor den Baubehörden genehmigungsfähig ist. Und damit sind auch schon die beiden häufigsten Probleme benannt: Zum einen kann es sein, dass der Architekt in seinem Entwurf die Wünsche des Bauherren nicht berücksichtigt oder sein Entwurf nicht genehmigungsfähig ist.

Das Wichtigste aber ist, dass der Bauherr selbst weiß, was er will und dabei die Aufteilung der Räume und des Hauses funktional und zukunftsweisend plant. Dabei gilt es bei vielen Dingen, Wunsch und Nutzen abzuwägen.

Denken Sie bei der Planung Ihres Hauses nicht nur an Ihre gegenwärtige, sondern auch an Ihre zukünftige Lebenssituation.

Hobbyräume **Keller:** Dem Keller wird in Deutschland ein hoher Stellenwert eingeräumt. Eine unnötige Verteuerung des Baus tritt aber spätestens dann ein, wenn mehrere Kellerräume als „Hobbyräume" im Bauplan gekennzeichnet sind. Sie sollten sich deshalb gut überlegen, ob eine (komplette) Unterkellerung des Hauses wirklich notwendig ist oder Sie Funktionsräume billiger in oberen Geschossen unterbringen können.

Wohnetagen: Die Anzahl der Wohnetagen liegt nicht in der Hand des Bauherrn. Da Grundstücke teuer sind, wird hier auch aus ökonomischen Gründen das maximal Mögliche ausgenutzt. Zumal eine nachträgliche Aufstockung eines Hauses unrealistisch ist.

Sondermaße vermeiden **Fenster und Türen:** Die Anzahl und auch die Maße von Fenstern und Türen stellen in vielfacher Hinsicht einen wichtigen Kostenfaktor dar. Weichen Sie hier von Standardmaßen ab, müssen Sie deutlich höhere Kosten in Kauf nehmen. Dies ist aber nur selten empfehlenswert. Außerdem sind Fensterflächen immer deutlich teurer als Fassadenflächen. Nicht nur lichttechnisch, sondern auch ökonomisch sinnvoll ist die verstärkte Anordnung von Fenstern an der Südseite des Hauses. Durch die Sonneneinstrahlung kann hier im Winter bei guter Isolierung (Dreifach-Verglasung) sogar ein Wärmegewinn erreicht werden.

Dach: Ist ein Dachstuhl vorhanden, dann stellt sich für jeden Bauherren die Frage, ob dieser ausgebaut werden soll oder nicht. Die Entscheidung ist eine Frage des Portemonnaies. Sofern die notwendigen Versorgungsleitungen schon eingeplant und eingebaut werden, ist ein späterer Dachausbau kein Problem. Diese Maßnahmen aber nicht einzuplanen, schont andererseits das Budget. So ist der zusätzliche Wohnraum durch das ausgebaute Dach für ein junges Ehepaar zunächst nicht notwendig. Mit Kindern kann sich dies jedoch später schnell ändern.

Dach ausbauen oder nicht?

Küche und Bad: Ökonomisch ist es, diese in den Etagen direkt übereinander und nebeneinander anzusiedeln. Weniger ist in diesem Fall auch kostengünstiger. Gerade bei Bad und Küche sollte der Bauherr sehr stark auf eine besonnene Planung achten und sich hier auf das Notwendigste an Raum begrenzen.

Elektrische Versorgungsleitungen: Auch die Versorgungsleitungen sind immer wieder ein sensibles Thema. Hier gilt immer die Regel, lieber mehr als weniger. Dass wir alle in den letzten Jahren wesentlich stärkere Anforderungen an die Telekommunikation stellen, hängt mit dem aufkommenden Breitbandinternet zusammen. Hier kann es zu einer ähnlichen Entwicklung kommen wie beim Fernsehen, denn die Anschlüsse hierfür liegen heute längst nicht mehr nur im Wohnzimmer. Der Bauherr sollte dies durch eine ausreichende Anzahl an Leerrohren berücksichtigen, denn nachträglich ist das Anbringen meist sehr aufwendig.

Für die Zukunft planen

Wunschpläne und Alltagsleben

Früher waren in jedem Haus große Wohnküchen zu finden. Damit war die Wohnung ideal auf die Bedürfnisse einer Großfamilie der damaligen Zeit zugeschnitten. Dort gab es den einzigen Ofen, um den sich die Familie versammelt hat. Die Küche war der Gemeinschaftsraum, in den übrigen Räumen wurde geschlafen. Die Toilette oder auch das Bad waren ursprünglich auf dem Hofgrundstück außerhalb des Hauses und wurden erst nachträglich nach innen verlegt.

Erst viel später waren Toiletten und Bäder dann auf jeder Wohnetage vorhanden. Zwar waren sie möglichst klein, aber dafür funktional gehalten. Dies hatte auch einen ökonomischen Grund, da die Kosten niedrig gehalten wurden, indem Küche und Bad direkt nebeneinander angeordnet waren und so Leitungswege gespart wurden. Dem Wohnzimmer kam dagegen eine immer größere Bedeutung zu. Da nun alle Räume und nicht nur die Küche beheizt wurden, war dies auch kein Problem.

Moderne Wohnküchen

Heute ist die Wohnküche wieder „in". Die ehemals als altmodisch und wenig funktional abgelehnten Altbauwohnungen der Gründerzeit finden wieder viele Anhänger. Der gesellschaftliche Geschmack hat sich also erneut geändert.

Aber über einen so langen Zeitraum hinweg brauchen Sie die Entwicklung von Vorlieben gar nicht betrachten. Schon in wenigen Jahren können sich Anforderungen beispielsweise an Steckdosen oder Telefonkabelverbindungen grundlegend verändern, wenn das eigene Haus vom jungen und berufstätigen Ehepaar über die Familie mit mehreren Kindern bis hin zum Rentnerehepaar ganz unterschiedliche Situationen erlebt. Und all diesen Anforderungen sollte das Haus möglichst immer gerecht werden. Am besten gewährleisten Sie dies, indem Sie funktional planen und die innere Aufteilung des Hauses beispielsweise durch zusätzliche Wände einfach verändern können.

Den Vertrag richtig abschließen

Vertrag mit dem Architekten

Immer wenn vom Hausbau die Rede ist, denkt jeder sofort an den Architekten, der alles organisiert und plant. Sind Sie im Besitz eines eigenen Grundstücks oder planen den Kauf, dann werden Sie in der Regel einen Vertrag mit einem Architekten schließen, der dann fest definierte Leistungen rund um Ihren Hausbau übernehmen wird.

Häufig wird das Grundstück aber auch gleich inklusive eines Hauskonzepts angeboten, das heißt, dass Ihr Haus schlüsselfertig darauf errichtet wird. Hier arbeitet der Bauträger für Sie – und Sie werden mit ihm einen speziellen Bauherrenvertrag abschließen. Häufig kommt dieses Vertragsmodell bei Reihenhäusern zum Einsatz. Dem gleichen Prinzip folgt auch der Fertighaus-Vertrag.

Bevor Sie den Vertrag unterschreiben, sollten Sie ihn am besten von einem Fachmann prüfen lassen.

Expertentipp

Lassen Sie die Verträge kontrollieren

Ihr Vertragspartner verfolgt mit dem Hausbau ein wirtschaftliches Ziel. Er selbst oder seine Interessenvertretungen versuchen natürlich auch durch einen für ihn günstigen Vertrag Einfluss auf die tatsächlichen Kosten des Hausbaus und seine Marge auszuüben. Deshalb sollten Sie einen Vertrag immer von einem Experten kontrollieren lassen. Wählen Sie dazu z. B. einen auf Baurecht spezialisierten Rechtsanwalt aus. Behilflich sind auch die Verbraucherzentralen, die im Verbraucherzentralen Bundesverband zusammengeschlossen sind. Auf der Website *www.vzbv.de* finden Sie eine Beratungsstelle in Ihrer Nähe.

Kontrolle ist besser

Der Architektenvertrag

Das Grundstück ist vorhanden, nun soll das Haus gebaut werden. In vielen Fällen werden Bauherren dazu nun einen Architekten aufsuchen, der das Ganze dann durchführen soll. „Architekt" ist dabei ein geschützter Berufstitel, der von der Architektenkammer verliehen wird. Damit wird auch anerkannt, dass mit der Ausübung dieses Berufs bestimmte Sorgfaltspflichten verbunden sind. Das führt dazu, dass bei den deutschen Baugenehmigungsbehörden Bauzeichnungen ausschließlich von Bauvorlageberechtigten akzeptiert werden.

Text auf CD-ROM

In der Honorarordnung für Architekten und Ingenieure (HOAI) (→CD-ROM) sind für jede dieser Phasen Honorarregelungen getroffen worden, an die sich der Architekt halten muss. Relevant für den Hausbau ist hier Teil II der HOAI (Leistungen bei Gebäuden, Freianlagen und raumbildenden Ausbauten). Hier werden fünf Honorarzonen, die den unterschiedlichen Schwierigkeitsgraden einer Planungs- und Umsetzungsarbeit Rechnung tragen, gebildet. Und in den jeweiligen Zonen wird dann die Bandbreite eines möglichen Honorars dargestellt.

Sehr spannend für den Bauherrn ist dabei die prozentuale Aufteilung dieser Honorare auf die neun Leistungsphasen:

❶ Grundlagenermittlung: 3 Prozent,
❷ Vorplanung: 7 Prozent,
❸ Entwurfsplanung: 11 Prozent,
❹ Genehmigungsplanung: 6 Prozent,
❺ Ausführungsplanung: 25 Prozent,
❻ Vorbereitung der Vergabe: 10 Prozent,
❼ Mitwirkung bei der Vergabe: 4 Prozent,
❽ Objektüberwachung (Bauüberwachung): 31 Prozent,
❾ Objektbetreuung und Dokumentation: 3 Prozent.

Bezahlung nach Leistungsstand

Der Architekt wird spätestens nach dem Abschluss bestimmter Leistungsphasen auf seiner Bezahlung bestehen. Alternativ können Sie aber auch eine Bezahlung nach Leistungsstand vereinbaren.

In der Praxis werden diese neun Leistungsphasen in der Regel nicht gesondert an unterschiedliche Architekten vergeben. Allerdings kann es für Sie als privaten Bauherrn Sinn machen, nicht gleich zu Beginn über alle Leistungen einen Vertrag abzuschließen, damit Sie zunächst die Zusammenarbeit mit dem Architekten testen können.

Entwurfsphase: Hier beauftragen Sie den Architekten mit allen Aufgaben rund um die Vorplanung, die Bauzeichnungen und die Genehmigung durch die Behörden. Zusammengefasst sind hier die Punkte 1 bis 4 der HOAI.

Bauphase: Für die konkrete Bauumsetzung oder -kontrolle und die Dokumentation können Sie ebenfalls einen Architekten beauftragen. Hier würden Sie dann entweder die Punkte 5 bis 9 der HOAI oder Teile daraus beauftragen.

Ein wichtiger Punkt in Ihrem Budget sind die Nebenkosten. Für Sie am günstigsten ist es hier sicherlich, wenn Sie diese pauschal bereits mit den HOAI-Honoraren abgegolten haben. So können Sie eine zusätzliche Pauschalvergütung vereinbaren oder nach Einzelnachweisen abrechnen. Achten Sie aber darauf, dass in der Nebenkostenauflistung nicht Kosten enthalten sind, die bereits über die HOAI geregelt sind.

Nebenkosten abrechnen

Die Honorierung des Architekten ist nach der HOAI geregelt.

Der Architektenvertrag hält einige Tücken bereit (→CD-ROM). Besonders wichtig ist eine gute und ausführliche Bauleistungsbeschreibung, die Bestandteil des Vertrags ist. Damit legen Sie sich nach Möglichkeit detailliert fest und können somit auch die Gesamtkosten gut einschätzen. Jede Planungsänderung führt damit

Text auf CD-ROM

aber automatisch zu Mehrkosten. Auch den Ernstfall sollten Sie berücksichtigen: Ist der Architekt gut versichert? Zumindest zu einer Haftpflichtversicherung ist er gesetzlich verpflichtet. Lassen Sie sich diese vorlegen.

Regress-ansprüche Die Verjährung von Regressansprüchen aufgrund von fehlerhaften Leistungen des Architekten beginnt nach fünf Jahren, lassen Sie sich hier auf gar keinen Fall auf einen kürzeren Zeitraum ein. Auch mit der Frage, was passiert, wenn Sie einen Architektenvertrag vorzeitig kündigen, sollten Sie sich auseinandersetzen. In diesem Fall müssen Sie eine pauschale Aufwandsentschädigung nicht akzeptieren, sondern auf die Einhaltung der gesetzlichen Bestimmungen beharren.

Expertentipp

Den Architekten testen

Ein Bauvorhaben ist ein großes Projekt, deshalb ist es außerordentlich wichtig, dass die sogenannte „Chemie" stimmt und Sie sich von Ihrem Architekten gut beraten fühlen. Nutzen Sie am besten die Entwurfsphase dazu, dies zu testen. Sichern Sie sich aber die Fortsetzung des Hausbaus durch den Architekten zu, indem Sie sich im Bauvertrag das Recht einräumen lassen, weitere Leistungen des Architekten zu beauftragen. Setzen Sie eine Frist, bis zu der Sie sich dann zur weiteren Leistungsbeauftragung entschieden haben müssen.

Der Schlüsselfertigbau-Vertrag

Alles aus einer Hand Alles aus einer Hand bis zum Einzug – solche Schlüsselfertigbau-Verträge bieten in der Regel Bauträger an. Die Vertragsform wird sehr häufig bei Reihenhäusern gewählt. Der Bauträger selbst übernimmt dabei eine koordinierende Funktion, beschäftigt die verschiedenen Handwerker als Subunternehmer und bürgt gegenüber dem Bauherrn für die Qualität des Hauses. Ob Sie diese Qualität dann auch zufriedenstellt, steht auf einem anderen Blatt. Sie sollten deshalb alle Zwischenabnahmen und die Endabnahme sehr ernst nehmen und sich dabei von einem Fachmann begleiten lassen.

Grundlage für das Vertragswerk ist in der Regel die Vergabe- und Vertragsordnung für Bauleistungen (VOB) (→CD-ROM). Interessant für private Bauherren sind hier der Teil B (Ausführung von Bauleistungen) und der Teil C (Vertragsbedingungen für Bauleistungen). Alternativ kann auch ein normaler Werkvertrag nach dem Bürgerlichen Gesetzbuch (BGB) geschlossen werden. Grundsätzlich ist die VOB viel besser auf die Verhältnisse am Bau zugeschnitten, hat aber den Nachteil, dass hier Gewährleistungsfristen schon nach vier Jahren und nicht wie beim BGB nach fünf Jahren verjähren.

Text auf CD-ROM

Außerordentlich viel Wert sollten Sie auf die Bauleistungsbeschreibung legen. Alles, was hier nicht konkret vereinbart ist, kostet hinterher zusätzliches Geld. So bedeutet schlüsselfertig beispielsweise nicht unbedingt, dass auch die Erschließungskosten des Hauses abgedeckt sind. Viel Ärger gibt es aber auch im Detail: Wollen Sie nämlich anstelle der billigen Fliesen nun doch teurere, dann bezahlen Sie garantiert einen ordentlichen Aufpreis. Umgekehrt bringt der Verzicht auf ein Gewerk – beispielsweise das Tapezieren – meistens keine Ersparnis. Sie sollten also vor der Vertragsunterschrift wirklich bis ins Detail durchplanen, was Sie wie haben wollen. Das klappt beim Massivhausbau in der Realität erfahrungsgemäß leider nur sehr selten. Aber je besser Sie planen, desto besser können Sie die Kosten kalkulieren.

Neben den Vertragsunterlagen spielen auch die Allgemeinen Geschäftsbedingungen (AGB) der Baufirma eine Rolle. Lesen Sie sich diese genau durch. So könnte der Bauträger hier beispielsweise eine Regelung verstecken, dass sich der Bauherr selbst um eine Mängelbeseitigung durch den Subunternehmer kümmern muss. Das ist nur selten eine gute Lösung.

AGBs gut prüfen

Extrem wichtig auch beim Schlüsselfertigbau ist die Regelung der Zahlungen. Nach VOB müssen diese nach Baufortschritt in Form von Abschlagszahlungen beglichen werden. In Paragraf 14 der VOB/B heißt es: „Der Auftragnehmer hat seine Leistungen prüfbar abzurechnen." Und Paragraf 16 besagt: „Abschlagszahlungen sind (...) zu gewähren, und zwar in Höhe des Wertes der jeweils nachgewiesenen vertraglichen Leistungen, einschließlich des ausgewiesenen, darauf entfallenden Umsatzsteuerbetrags."

Regelung der Zahlungen

Schon viele Bauträger mussten Insolvenz anmelden, aber durch eine kluge Staffelung haben Sie in diesem Fall wenigstens keine überdimensionierten finanziellen Verluste. Aufgrund dieser Erfahrungen ist es auch extrem wichtig, dass Sie Wert auf einen lang etablierten Bauträger legen, der mit Referenzen seine gute Arbeit beweisen kann.

Der Fertighaus-Vertrag

Ein Fertighaus ist in vielerlei Hinsicht eine bequeme Art, ein Haus zu bauen. Große Teile des Hauses werden industriell in einem Werk vorgefertigt und dann auf der Baustelle einfach noch zusammengesetzt. Das geschieht nicht in Monaten – wie beim Schlüsselfertigbau oder Architektenhaus –, sondern binnen Tagen.

Verträge nach BGB In der Regel schlagen Fertighausanbieter Werkverträge auf der Grundlage des Bürgerlichen Gesetzbuches (BGB) vor. Die Verträge sind dabei alles andere als einheitlich geregelt, auch nicht durch die beiden Fachverbände Deutscher Fertighausverband und Bundesverband Deutscher Fertigbau. Einige Punkte sollten Sie dabei aber unbedingt beachten:

❶ Vereinbaren Sie einen definitiven Fertigstellungstermin.

❷ Tragen Sie Sorge für eine Bodenplatte oder einen Keller, in der Regel übernimmt das der Fertighausbauer nicht.

❸ Tragen Sie Sorge für die Baugenehmigung, und behalten Sie sich ein Rücktrittsrecht vom Werkvertrag vor, wenn diese nicht zustande kommt.

❹ Legen Sie Wert auf eine Preisgarantie für einen bestimmten Zeitraum.

Bauleistungsbeschreibung Auch als Käufer eines Fertighauses sollten Sie auf die Bauleistungsbeschreibung besonders viel Wert legen. Es gibt Anbieter, die selbst die Befliesung schon im Werk vornehmen. Nachträgliche Abweichungen sind hier besonders teuer. Ein Fertighaus muss nicht unbedingt „von der Stange" kommen, sondern kann auch mit Sonderwünschen gefertigt werden. Je höher allerdings die Standardisierung ist, desto höher ist die Ersparnis. Und genau deshalb spielen auch die Mustertypen und die Bauleistungsbeschreibung eine wichtige Rolle für den Vergleich verschiedener Anbieter.

Expertentipp

Die Bauleistungsbeschreibung kontrollieren

Die Bauleistungsbeschreibung ist der wichtigste Punkt im Vertrag. Je detaillierter sie ist, desto besser lassen sich die Kosten kalkulieren. Wichtig ist für Sie als Bauherr auch, dass Sie keinen Punkt vergessen. Dabei helfen Ihnen die „Mindestanforderungen an Bau- und Leistungsbeschreibungen für Ein- und Zweifamilienhäuser", herausgegeben vom Bundesministerium für Verkehr, Bau- und Wohnungswesen. Diese Beschreibung gibt es als PDF im Internet unter *www.bdf-ev.de*.

Die Vertragsunterschrift

Bedenken Sie, dass Sie sich mit der Vertragsunterschrift für die kommenden Monate sehr eng an einen Architekten oder an ein Bauunternehmen binden. Sie werden vermutlich nur einmal in Ihrem Leben die Last auf sich nehmen, ein eigenes Haus zu bauen. Und sicherlich haben Sie von den vielen Beispielen gehört, wo eben doch nicht alles so glattlief wie erhofft. Pfusch am Bau, Fehlplanung, nicht eingehaltene Umsetzungszeiten – und vor allem, deutlich höhere Kosten als ursprünglich angenommen. Die Liste der möglichen Fehlentwicklungen rund um den Bau ist lang. Und mit der Unterschrift unter dem Vertrag sind Sie ein Stück weit auf Gedeih und Verderb mit dem ausführenden Unternehmen verbunden. *(Die Unterschrift bindet)*

Gehen Sie deshalb unbedingt vor der Vertragsunterschrift noch einmal in sich. Kontaktieren Sie auch einen Experten, der für Sie die Vertragsdetails gründlich analysiert und auf Schwachstellen abklopft. Die schnelle Unterschrift ist nur selten eine gute Unterschrift. Lassen Sie sich dabei Zeit und auf gar keinen Fall durch die andere Vertragsseite unter Druck setzen. Fragen Sie im Zweifel lieber mehrfach nach, bis alle Unklarheiten beseitigt und schriftlich fixiert sind. *(Vertragsdetails prüfen)*

Lassen Sie sich bei der Vertragsunterschrift nicht unter Druck setzen. Ist etwas unklar, fragen Sie lieber nochmals nach.

Notarpflicht In einigen Fällen besteht für die Unterschrift Notarpflicht. Das ist immer dann der Fall, wenn die beauftragte Vertragspartei Ihnen auch ein Grundstück überlässt oder der Bauvertrag in unmittelbarem Zusammenhang mit dem Erwerb eines Grundstücks steht. Bestehen Sie hier unbedingt auf einen Notar Ihres Vertrauens, der örtliche Kenntnisse besitzt. Wenn der Notar aus Sachsen den Vertrag für das Grundstück und die Bauleistung in Brandenburg erstellt, dann kann das nur schwerlich mit der gleichen Kenntnis der örtlichen Vorschriften geschehen, wie es ein ortsansässiger Notar gewährleisten kann.

Wichtige Versicherungen für den Bauherrn

Haftung des Bauherrn Wer baut, der haftet: Und Haftungsschäden können richtig viel Geld kosten. Sogar so viel Geld, dass damit die eigene finanzielle Zukunft existenziell gefährdet wäre. Deshalb ist der Abschluss verschiedener Versicherungen sehr wichtig.

Konkret für das Bauvorhaben spielt dabei die Bauherrenversicherung eine wichtige Rolle. Sie deckt Schadensersatzansprüche von Dritten ab, für die Sie als Bauherr haften:

- Die Bauleistungsversicherung bezahlt Schäden, die während der Bauphase entstehen und die Arbeit zunichtemachen.
- Später – direkt nach der Bauphase – sollten Sie in jedem Fall die Hausbesitzerhaftpflichtversicherung abschließen, die ähnlich funktioniert, wie die Bauherrenversicherung.
- Die Wohngebäudeversicherung zahlt Schäden am fertiggestellten Haus, wenn durch Unglück oder Elementargewalten etwas zerstört wurde.

Nehmen Sie die Risiken nicht auf die leichte Schulter. Gerade als Hausbesitzer sind Sie hier in einer besonderen Verantwortung und sollten für sich und andere sicherstellen, dass Schäden finanziell ausgeglichen werden können.

Risiken ernst nehmen

| Expertentipp |

Angebote vergleichen

Eine große Anzahl an Versicherungsgesellschaften bietet Produkte für den Bauherrn und Hausbesitzer an. Diese können sich sowohl im Leistungsumfang als auch in den fälligen Versicherungsprämien sehr stark voneinander unterscheiden.
Prinzipiell sollten Sie dabei nicht den Worten des Bankberaters oder Versicherungsvertreters vertrauen, sondern sich über die Notwendigkeit verschiedener Policen lieber Ihr eigenes Bild machen. Dabei helfen Ihnen beispielsweise die Tests der Zeitschrift „Finanztest".
Sehr empfehlenswert ist auch eine Versicherungsberatung bei einer der Verbraucherzentralen. Hier müssen Sie zwar ein geringes Honorar bezahlen, der Berater verdient aber nicht an einem Policenabschluss, sondern berät Sie wirklich unabhängig. Eine Verbraucherzentrale in Ihrer Nähe können Sie im Internet unter *www.vzbv.de* recherchieren.
Vor der Unterschrift sollten Sie aber immer genau die Versicherungsbedingungen und die Vertragsunterlagen durchlesen.

Die Bauherrenversicherung

Die Baustelle ist ein gefährlicher Ort und die Baumaßnahme selbst alles andere als ein industriell genormter Vorgang. Damit Bauherren hier nicht auf hohen Reparaturkosten oder Schadensersatzansprüchen sitzen bleiben, sollten sie eine Bauherrenversicherung abschließen.

Personen-, Sach- und Vermögensschaden

Die Bauherrenversicherung zahlt, wenn Personen, Sachen oder Vermögen durch die Baustelle zu Schaden kommen. Besonders tragisch – und finanziell auch besonders teuer – ist es, wenn Menschen verunfallen. So schützt das Schild „Betreten der Baustelle verboten. Eltern haften für ihre Kinder" eben nicht vor der Haftung, wenn sich nun tatsächlich ein Kind beim Spielen auf der Baustelle verletzt. Als verantwortlicher Bauherr müssen Sie für den Schaden aufkommen. Und das kann im Extremfall die Zahlung einer lebenslangen Rente bedeuten.

Eine Reihe von Versicherungen schützen Sie bei möglichen Problemen oder Unfällen auf der Baustelle vor dem finanziellen Ruin.

Die Bauherrenversicherung, die in solchen Fällen zahlt, ist somit eine klassische Haftpflichtversicherung, die Schäden an Personen, Sachen oder Vermögen bezahlt oder aber unberechtigte

Forderungen abwehrt. Deshalb wird hier auch von einem „passiven Rechtsschutz" gesprochen.

Sie sollten dabei Wert auf eine möglichst hohe Deckungssumme legen, damit auch hohe Schäden wirklich umfassend finanziell reguliert werden können. Sollten Sie bei Ihrem Bau Eigenleistungen erbringen wollen, dann müssen Sie dies der Versicherung mitteilen, denn sie geht dann von einem höheren Risiko aus und die Prämie wird somit höher ausfallen. Ein Verschweigen führt zum Verlust des Versicherungsschutzes.

Die Bauleistungsversicherung

Neben den Schäden an anderen ist das Risiko der Schäden am eigenen Besitz während des Baus ebenfalls vorhanden. Die Bauleistungsversicherung, auch Bauwesensversicherung genannt, soll hierfür finanziell aufkommen.

Denkbar ist beispielsweise, dass eindringendes Wasser den gerade errichteten Keller zerstört. Das ist nicht nur ärgerlich, sondern verursacht in der Folge auch hohe zusätzliche Kosten. Ein anderes Beispiel ist, dass die gerade eingelegte Dämmmatte mutwillig herausgerissen und zerstört wird. So etwas kann passieren, und eigentlich haftet der jeweilige Handwerker für Schäden, die während seiner Arbeit entstehen. Aber hier sollten Sie als Bauherr auf Nummer sicher gehen und lieber selbst eine entsprechende Versicherung abschließen.

Schaden am eigenen Besitz

Die Bauleistungsversicherung beginnt normalerweise mit dem ersten Spatenstich und endet nach der Bauabnahme. Achten Sie darauf, dass Ihre Selbstbeteiligung an den Schäden mit einem Pauschalbetrag abgegolten wird und sich nicht prozentual an der Schadenshöhe orientiert.

Die Hausbesitzerhaftpflicht

Was für den Bau gilt, gilt natürlich auch für den Besitz: Auch hier gibt es eine Versicherung, die vor dem finanziellen Desaster schützt. Die Haus- oder Grundbesitzerhaftpflichtversicherung bezahlt beispielsweise, wenn auf glattem Gehweg ein Passant ausrutscht oder während des Sturms eine Dachpfanne auf das nagelneue Auto des Nachbarn fliegt. Im Extremfall können bei

Finanzieller Schaden

Personenschäden lebenslange Renten fällig werden. Sie als Hausbesitzer müssen auch dann zahlen, wenn sie diese nicht schuldhaft verursacht haben. So ist es gesetzlich geregelt.

Die Hausbesitzerhaftpflicht deckt nicht nur Schäden an Personen, sondern auch an Sachen oder Vermögen. Vereinbaren Sie dabei eine möglichst hohe Deckungssumme, denn die Schadenssummen können auch sehr hoch ausfallen.

Die Wohngebäudeversicherung

Zerstörte Immobilie

Wird die eigene Immobilie zerstört, dann ist das nicht nur sehr traurig, sondern auch sehr teuer. Die Wohngebäudeversicherung bezahlt in diesem Fall für den Schaden. Sie gehört so zu einer sehr wichtigen Versicherung für Immobilienbesitzer. Ihr Abschluss wird deshalb von der finanzierenden Bank auch vorgeschrieben.

Zu den Leistungen gehört der finanzielle Ausgleich etwa von Schäden durch Feuer, Wasser oder Sturm. Dazu zählen auch außerhalb des Hauses liegende Rohre, Überspannungsschäden, wie sie beispielsweise durch indirekten Blitzschlag in der Umgebung eintreten, oder auch eine Begleichung des Mietausfalls, der durch einen Schaden entsteht. Studieren Sie zu diesem Zweck genau die Vertragsbedingungen verschiedener Versicherungsgesellschaften, damit Sie optimal, aber günstig versichert sind.

Was sollte in einem Kauf- und Bauvertrag stehen?

Gesetzliche Vorgaben lassen beim Kaufvertrag nur wenig Spielraum für unterschiedliche Gestaltungen, Bauverträge hingegen werden oft von Fachverbänden herausgegeben und zugunsten der Auftragnehmer formuliert.

Formular
auf CD-ROM

1. Auf diese Punkte sollten Sie im Kaufvertrag achten:

Sind alle persönlichen Angaben von Käufer und Verkäufer vollständig aufgeführt (Name, Adresse usw.) und ist bei mehreren Käufern deren anteiliges Eigentum vermerkt?   ja ☐   nein ☐

Wurde eine exakte Grundstücks- und Objektbeschreibung vorgenommen? Sind Lage, Flurnummer, Größe, Bebauung und mögliche Belastungen aus dem Grundbuch eingetragen?   ja ☐   nein ☐

Werden bei Vertragsunterzeichnung alle zum Gebäude gehörenden Pläne, Baubeschreibungen, Baugenehmigungen usw. übergeben?   ja ☐   nein ☐

Ist der genaue Kaufpreis unter Angabe des Brutto- und Nettopreises angegeben? Zusätzlich müssen Angaben zum Zahlungstermin, zu den Zahlungsmodalitäten (mit einem entsprechenden Fristenplan incl. der Höhe der Raten) und einem evtl. vereinbarten Notaranderkonto gemacht sein.   ja ☐   nein ☐

Erwerben Sie ein noch nicht fertiggestelltes Haus, prüfen Sie, ob der vereinbarte Festpreis incl. Grundbuch- und Notargebühren sowie der Kosten für Kredite und Versicherungen, Hausanschlüsse, Außenanlagen, Vermessungsarbeiten und Grundstückserschließungen festgeschrieben wurde.   ja ☐   nein ☐

Sind alle Angaben zum Eigentumsübergang **ja** ☐ **nein** ☐
incl. aller Nutzen und Lasten vollständig aufgeführt (Grundbuchfreigabe, tatsächliche Übergabe des Objekts, Bezugsfertigkeit)? Wurden
Regelungen bezüglich einer Vertragsstrafe bei
nicht rechtzeitiger Übergabe und zu Sachbe-
schädigungen getroffen, die zwischen Objekt-
besichtigung und Übergabe eintreten?

Wurde festgehalten, dass der Verkäufer für **ja** ☐ **nein** ☐
Sachmängel haftet, das heißt, dass das Haus
keine ihm bekannten Mängel aufweist, die
Vorgaben zur EnEV eingehalten sind und sich
keine bekannten Altlasten auf dem Grundstück
befinden?

Wurden alle Schlussbestimmungen aufgeführt, **ja** ☐ **nein** ☐
also festgehalten, wem welche Vertragsunter-
lagen überlassen werden und welche Nebenabreden getroffen wurden? Achten Sie auch darauf, dass die salvatorische Klausel enthalten
ist!

2. Auf diese Punkte sollten Sie im Bauvertrag achten:

Wurde der Vertragsgegenstand genau be- **ja** ☐ **nein** ☐
schrieben und eindeutig bezeichnet?

Sind alle wichtigen Bestandteile des Vertrags **ja** ☐ **nein** ☐
wie die genaue Leistungsbeschreibung mit
Plänen und Berechnungen, alle Angebote des
Auftragnehmers sowie die Vertragsbasis nach
BGB oder VOB enthalten?

Ist festgelegt, ob es sich um einen Leistungs- **ja** ☐ **nein** ☐
oder einen Pauschalvertrag handelt? Prüfen
Sie den Vertrag auf evtl. enthaltene Preisgleit-
klauseln.

Wurde eine Ausführungsfrist festgelegt, in der   ja ☐   nein ☐
alle vom Auftragnehmer erbrachten Leistungen
mangelfrei abgeschlossen sein müssen? Sind
andernfalls Vertragsstrafen formuliert?

Sind alle Gewährleistungsfristen nach gelten-   ja ☐   nein ☐
dem Gesetz vereinbart? Achten Sie darauf,
dass diese Fristen nicht durch Sondervereinba-
rungen umgangen werden.

Wurde festgehalten, dass der Auftragnehmer   ja ☐   nein ☐
Zusatzleistungen nur nach vorheriger schriftlicher Absprache erbringt? Alle von den vereinbarten Leistungen abweichenden Maßnahmen
bedürfen so Ihrer schriftlichen Genehmigung.

Sind alle Modalitäten zu den Zahlungen ver-   ja ☐   nein ☐
bindlich geregelt? Erfolgen Abschlagszahlun-
gen gemäß der gesetzlichen Regelungen, und
werden diese entsprechend dem Baufortschritt
fällig?

Wurde ein Sicherheitseinbehalt vereinbart?   ja ☐   nein ☐
Sichern Sie sich durch die üblichen 5 Prozent
Einbehalt den Ausgleich möglicher Ansprüche
gegenüber dem Auftragnehmer.

Das müssen Sie tun:
Überprüfen Sie anhand dieser Checkliste Ihren Kauf- oder
Bauvertrag auf mögliche Unstimmigkeiten. Zur Sicherheit
sollten Sie den Entwurf einem auf diesem Gebiet erfahrenen
Rechtsanwalt zur Durchsicht vorlegen. Gehen Sie dabei lie-
ber auf Nummer sicher!

Die Bauphase

In diesem Abschnitt Ihres Bauvorhabens sehen Sie Ihr Eigenheit langsam wachsen, denn die Handwerker kommen und errichten das Haus. Die unterschiedlichen Handwerker sind für unterschiedliche Bereiche des Hausbaus zuständig – und Ihre Aufgabe ist es, alles zu koordinieren.

Beim Architektenhaus vergeben entweder Sie als Bauherr oder der von Ihnen beauftragte Architekt die einzelnen Gewerke, also die handwerklichen Leistungen. Beim Bauträgermodell übernimmt dies der Bauträger, allenfalls bei Sonderwünschen werden Sie, jedoch immer in Abstimmung mit ihm, zum Auftraggeber. Nur beim Fertighaus haben Sie aufgrund des Bauablaufs keine Möglichkeiten, Gewerke oder Sonderwünsche zu beauftragen.

Gut organisieren Das wichtigste Organisationsinstrument in dieser Phase ist die Bauzeitenplanung. Um terminlich alles im Griff zu behalten, müssen Sie diese ständig hinterfragen. Auch die Frage, wer wie viel auf der Baustelle zu sagen hat und wer die Bauüberwachung übernimmt, sollten Sie mit allen Beteiligten schon möglichst frühzeitig klären.

Der Bauabschnitt ist die wichtigste und teuerste Phase Ihres Hausbaus. Beim Architektenhaus und beim Reihenhaus dauert sie mehrere Monate, beim Fertighaus dagegen nur wenige Wochen. In jedem Fall aber eine spannende und nervenaufreibende Phase. Umso wichtiger sind daher eine gute Planung und eine sorgfältige Überwachung.

Wer ist bei der Bauüberwachung wofür zuständig?

Meistens ist die Bauzeitenplanung Bestandteil des zwischen Ihnen und dem Bauträger oder Architekten geschlossenen Vertrags. Sie ist das wichtigste Kontrollinstrument, das Ihnen zur Verfügung steht, denn es stellt den Soll- und den Istzustand gegenüber und muss daher ständig mit dem tatsächlichen Baufortschritt abgeglichen werden.

Der Architekt oder Bauleiter ist außerdem dazu verpflichtet, ein Bautagebuch mit durchnummerierten Seiten zu führen. Als Bauherr haben Sie ein Anrecht auf eine Kopie dieser Unterlage. Sie gibt Ihnen Aufschluss über Probleme und die Anwesenheit des Architekten auf der Baustelle. Natürlich steht es Ihnen frei, zusätzlich ein eigenes Bauherrentagebuch zu führen. Gerade in Streitfällen sind solche Aufzeichnungen eine wertvolle Hilfe und während der Bauphase auch eine gute Gedankenstütze.

Bautagebuch führen

Aufgaben des Bauherren

Die Aufgaben des Bauherren unterscheiden sich je nach gewähltem Vertragsmodell.

Architektenhaus: Hier sind Sie formal und rechtlich der Bauherr und somit gegenüber den von Ihnen beauftragten und direkt bezahlten Vertragsparteien weisungsbefugt. Ihre Vertragspartner sind neben dem Architekten die verschiedenen Handwerker und Baufirmen. Theoretisch müssen Sie für die Bauausführung keinen Baufachmann beauftragen, sondern können die Kontrolle selbst übernehmen. Da die Baubehörde für die gesamte Bauzeit die Benennung eines verantwortlichen Bauleiters verlangt, würden Sie diese Aufgabe beim Hausbau in Eigenleistung als Grundstückseigentümer und Bauherr selbst übernehmen. Eine spezielle

Formal und rechtlich Bauherr

Haftpflichtversicherung zu erhöhten Prämiensätzen ist hier unerlässlich, denn sie deckt Ihre Risiken ab. Allerdings bewährt sich dies in der Praxis nicht immer. Wenn Sie Ihr Haus fremd erstellen lassen, ist die Beauftragung eines Architekten eigentlich immer ratsam, denn es erspart Ihnen viel Ärger, Nerven und womöglich auch viel Geld.

Bauträgerhaus: Rein Formal betrachtet sind Sie beim Bauträgermodell nicht der Bauherr. Der Bauträger übernimmt diese Rolle und stellt deshalb auch den Bauleiter. Sie sind der Käufer des schlüsselfertigen Hauses, welches der Bauträger für Sie errichtet und Sie, nach entsprechenden Zwischen- und Endabnahmen, nur bezahlen müssen. Bei Fragen steht Ihnen nur der Bauleiter Rede und Antwort, nicht aber die einzelnen Baufirmen.

Fertighaus: Bei diesem Modell wird das Haus in der Fabrik vorgefertigt und vom Fertighausunternehmen vor Ort nur noch mit den eigenen Experten aufgebaut. Diese Dienstleistung unterscheidet sich auch hinsichtlich der Dauer massiv vom Architekten- und Bauträgerhaus, denn es nimmt nur wenige Tage in Anspruch. Anschließend wird Ihnen das Haus so wie vertraglich vereinbart übergeben. Der Fertighausbau ist somit ein Untertyp des Bauträgerhauses.

Durch die Vorfertigung im Werk kann die Montage auf der Baustelle innerhalb weniger Tage erfolgen.

Eines sollten Sie sich hinsichtlich Ihrer Rolle auf der Baustelle immer wieder bewusst machen: Beim Bauträgerhaus und Fertighaus ist es Ihnen untersagt, an die Handwerker eigene Anweisungen zu erteilen, beim Architektenhaus haben Sie hingegen das volle Bestimmungsrecht. Allerdings ist es auch hier nicht empfehlenswert, Entscheidungen ohne den beauftragten Architekten zu treffen.

Aufgaben der anderen Vertragsparteien

Entsprechend Ihrer eigenen Rechte und Pflichten gestaltet sich das Aufgabengebiet der möglichen Vertragsparteien und der Unternehmen, die am Bau Ihres Hauses mitwirken.

Architekt: Dieser handelt im Auftrag des Bauherren, berät ihn und übernimmt – je nach Aufgabe – die Bauüberwachung. In diesem Fall gibt er nicht nur fachliche Anweisungen an die beteiligten Baufirmen, sondern kontrolliert auch laufend die Qualität der

Ausführung. Sobald es jedoch ums Geld geht, kann er ohne Vollmacht nicht mehr selbst entscheiden und muss den Bauherren befragen und beraten.

Bauleiter des Bauträgers: Bei vielen Bauträgern werden Sie den Verkäufer des Modellhauses nach der Vertragsunterschrift nicht mehr auf der Baustelle sehen. An seine Stelle tritt der Bauleiter des Bauträgers. Aber Achtung, dieser verdient auch daran, Ausweitungen der Bauleistungsbeschreibung zu vereinbaren und Aufgaben anzubieten, die durch diese nicht abgedeckt werden. Entsprechend ist er nicht immer kooperativ. Die beauftragten Subunternehmen sind allein dem Bauträger gegenüber verpflichtet, der Bauleiter übernimmt die operative Bauüberwachung vor Ort.

Zusätzliche Angebote

Handwerker und Baufirmen: Die Handwerker und Baufirmen vor Ort sind ein Stück weit Erfüllungsgehilfen des Architekten und des Bauleiters. Sie folgen seinen Anweisungen mal mehr und mal weniger aufgeschlossen, müssen sich von ihnen kontrollieren lassen und sich strikt an Fristen halten, wenn sie keine Strafen riskieren wollen. Beim Architektenhaus stellt sich häufig noch das Problem, dass unkluge Bauherren ihnen hier zusätzlich ohne Abstimmung mit dem Architekten in die Arbeit hineinreden.

Erfüllungsgehilfen

Als Bauherr sollten Sie immer klug und mit Bedacht agieren. Dies ist meist leichter gesagt als getan. Aber nur, wenn Sie sich selbst strikt an Ihre Rolle halten, können Sie professionell an dem Bauvorhaben mitwirken.

Bauzeitenplanung und -kontrolle

Die Bauzeitenplanung ist während der Bauphase die wichtigste Kontrollinstanz. Schon über die eingereichten Angebote erhält der Architekt Informationen darüber, wie viele Arbeitstage der Handwerker für die Ausführung eingeplant hat, etwa bei den technischen Gewerken jeweils für die Roh- und Endmontage. Darüber hinaus werden arbeitsfreie Zeiten wie Bauferien oder Zeiten auf anderen Baustellen bekannt gegeben.

Kontrolle des Baufortschritts

Firmen – auch wenn sie der günstigste Anbieter sind – können nicht beauftragt werden, wenn sie während des im Bauzeitenplan vorgesehenen Zeitraum nicht zur Verfügung stehen. Vor Beginn der Bauarbeiten wird der Architekt dann den ursprünglichen Bauzeitenplan überarbeiten und Ihnen als Bauherr zur Genehmigung vorlegen.

Aufruf der Leistung
Der Bauzeitenplan gibt für alle Gewerke Zeitfenster an, in denen der die Handwerker ihre Arbeiten ausführen. Dabei wird immer in ganzen Wochen gerechnet. Der konkrete „Aufruf" der Handwerksleistungen geschieht dann wenige Wochen vorher, wobei die Dauer vor dem tatsächlichen Beginn der einzelnen Gewerke abhängt. Sie sollten als Bauherr aber darauf Wert legen, dass der Übergabetermin des Hauses an Sie verbindlich festgelegt wird. Eine Verschiebung ist nur durch Streiktage und höhere Gewalt gerechtfertigt.

Fortschreibung der Bauzeitenplanung
Der beste Bauzeitenplan ist alles andere als statisch und der Fachmann spricht in diesem Zusammenhang oft von „Fortschreibung der Bauzeitenplanung". Das bedeutet nichts anderes, als dass die Bauzeitenplanung den aktuellen Gegebenheiten ständig angepasst werden muss. Gerät ein Gewerk in Verzug, muss der Bauleiter – der beim Bauträgermodell beim Generalunternehmer angesiedelt und beim Architektenhaus in der Regel der Architekt selbst ist – auch darauf aufbauende Gewerke und ihre Einsatzzeiten neu planen. Dies ist gar nicht so leicht, denn die Handwerker müssen dazu selbst ihre eigene Arbeitsplanung verändern.

Gerade hieran wird klar, wie wichtig eine sorgfaltig und gut überlegte Planung ist. Denn wenn Sie als Bauherr oder Käufer in dieser Phase, nachdem sich das Traumhaus nun langsam bildet, doch noch Veränderungen vornehmen lassen möchten, kann dies zu massiven Problemen führen.

Die Realität zeigt immer wieder, dass nicht alles so läuft wie zuvor am grünen Tisch geplant. Auch deshalb muss der Bauleiter ständig den Stand der Dinge kontrollieren, also den Überblick behalten. Achten Sie als Bauherr penibel darauf, dass dies geschieht, und lassen Sie sich alle Veränderungen zeigen und mitteilen.

Gewerk/Monat	Rohbau	Einrichtung/Baugrube	KG inkl. Decke	EG inkl. Decke	OG inkl. Decke	Restarbeiten	Zimmerarbeiten	Dachdeckerarbeiten	Spenglerarbeiten	Fenster inkl. Glas
10	X	X								
9	X		X							
8	X			X						
7	X				X					
6	X					X				
5							X			
4								X		
3								X		
2									X	
1										X

Beispieltabelle:
Bauzeiten-
planung

Eine im Detail ausgearbeitete Bauzeitenplanung für ein Architektenhaus oder ein Haus im Bauträgermodell finden Sie ab Seite 140, für das Fertighaus im Kapitel ab Seite 198.

PRAXISBEISPIEL

Die Baudauer
Im Durchschnitt muss der Bauherr mit einer Dauer von neun Monaten zwischen erstem Spatenstich und Bezug des Hauses rechnen. Zumindest gilt diese Regel für das Architektenhaus und entsprechend auch für ein Reihen- oder Doppelhaus nach dem Bauträgermodell in Massivbauweise.
Der Fertighausbau hat da Vorteile: Hier muss der Bauherr für die Erdarbeiten inklusive Keller, Aufstellung der Elemente und Innenausbau etwa 15 Wochen einplanen.

Baukostenkontrolle

Steigende Kosten

Oftmals in Kombination mit der fortgeschriebenen Bauzeitenplanung wird auch die Baukostenkontrolle vorgenommen. Diese ist äußerst wichtig, denn selten ist am Bau auch in dieser Beziehung alles im Lot. Je besser hier die Vorplanung und somit die Bauleistungsbeschreibung ist, desto sicherer ist auch die Einhaltung des Budgets. Zu höheren Kosten führen:

* falsche Maße,
* neue Anforderungen durch den Bauherren oder durch geänderte gesetzliche Rahmenbedingungen,
* Bauverzögerungen.

Unwägbarkeiten eingrenzen

Durch eine gute und professionelle Vorplanung, die auch Spiel für Unwägbarkeiten während des Baus lässt, können Sie also massiv Kosten sparen. Unabdingbar ist dabei aber die ständige Kontrolle der Vorgaben. Die Kalkulation des Budgets wird Ihnen Ihr Architekt oder Bauträger mithilfe einer speziellen Software erstellen. Aber auch als Bauherr können Sie durch eine einfache Berechnung folgende Punkte gegenüberstellen:

- Losnummer,
- Gewerk,
- kalkuliert,
- vergeben,
- abgerechnet,
- Differenz.

Eigene Be-
rechnungen
anstellen

Behalten Sie Ihre Kostenplanung immer im Auge, denn Überschreitungen können schnell zu Problemen führen.

Die Tabelle daraus sieht wie folgt aus (sie ist auch für alle Gewerke durchdekliniert auf der dem Buch beiliegenden CD-ROM vorhanden):

Tabelle
auf CD-ROM

Nr.	Gewerk	Kalkuliert (Soll 1)	Vergeben (Soll 2)	Abge- rechnet (Ist)	Differenz (Soll – Ist)
1	Baustellen- einrichtung				
2	Erd- arbeiten				
..					

Es ist mit ein wenig Arbeit verbunden, alle kalkulierten Posten in die Tabelle zu übertragen, aber es lohnt sich. Sinnvoll ist eine wöchentliche Kontrolle der Kosten. Bei dieser Gelegenheit fragen Sie Ihren Architekten oder den beauftragten Bauunternehmer immer genau, wie viele Mehrkosten durch eine Bauverzögerung oder eine Planungsänderung entstehen. Ab Seite 140 und Seite 198 finden Sie eine Baukostenschätzung anhand von konkreten Beispielen.

Bauzahlungsplan

Baukosten-
kontrolle
Wenn es ums Geld geht, sind der Bauzeitenplan und die Baukostenkontrolle hilfreiche Instrumente, um den Zahlungsplan zu erstellen. Schon bei der Beantragung des Kredits möchte die Bank wissen, welche Summen zu welchem Zeitpunkt abgerufen werden. Sie wird dazu nur einige wenige Termine zulassen, beispielsweise Fertigstellung des Rohbaus, Fertigstellung der Fassade inklusive Fenster (sogenannter „veredelter Rohbau") und Ausführung der Ausbaugewerke bis zu den Putzarbeiten. Zusätzlich knüpft sie die Auszahlung an die Vorlage des Übergabeprotokolls und die schriftliche Bestätigung des Architekten, dass die Leistung erbracht wurde.
Da Sie als Bauherr zwischen den Zahlungsterminen Ihr Eigenkapital einsetzen oder bei der Bank weitere, dann aber kostenpflichtige Auszahlungen beantragen müssen, ist es für Sie wichtig, dass die Arbeiten geregelt ablaufen.

Führen Sie Tagebuch

Text
auf CD-ROM
Vertrauen ist gut, Kontrolle ist besser. Als Bauherr oder zukünftiger Eigentümer – der Sie formal beim Bauträgermodell sind – möchten Sie sehen, wie sich das Werk entwickelt, und sicherstellen, dass die Qualität am Ende auch stimmt. Ein Bauherrentagebuch (→CD-ROM) hilft dabei. Es sollte folgende Punkte beinhalten:

❶ Datum und Zeitpunkt des Besuchs,
❷ begleitende Personen,
❸ Temperaturen mit Angabe der Messuhrzeit,

❹ Wetter,
❺ Bemerkungen,
❻ Anwesenheit des Architekten bzw. Bauleiters,
❼ anwesende Firmen und Anzahl Ihrer Beschäftigten,
❽ festgestellte Mängel und Besonderheiten,
❾ erteilte Anweisungen,
❿ Punkte, für die Rücksprachen erforderlich sind,
⓫ Verweis auf Fotos.

Beachten Sie aber, dass Sie beispielsweise beim Bauträgermodell gar nicht berechtigt sind, Anweisungen an die Subunternehmer zu erteilen. Beim Architektenhaus sollten Sie dies auch lieber dem Fachmann – also dem beauftragten Architekten – überlassen. Denn falsche Anweisungen führen zu falschen Arbeiten und diese müssen Sie im Zweifelsfall vertreten. *Anweisungen gut überlegen*

Die Baufirmen werden sicherlich nicht begeistert sein, wenn ihnen ständig auf die Finger geschaut wird. Davon sollten Sie sich aber nicht abschrecken lassen. Besuchen Sie Ihre Baustelle am besten täglich und immer zu unterschiedlichen Uhrzeiten.

Übrigens: Sie sollten auch Ihren Architekten und die Baufirmen zur Führung eines Bautagebuchs verpflichten, das von den Vertragsparteien abgezeichnet wird. Im Streitfall können Sie dies gut zur Beweissicherung verwenden.

Bauteilabnahmen

Üblicherweise erfolgen während einer Bauphase immer wieder Teilabnahmen. Beispielsweise wenn der Keller fertiggestellt oder der Dachstuhl errichtet ist. So ist es beispielsweise sinnvoll, die Qualität der Kellerabdichtung zu überprüfen, bevor die Grube wieder zugeschüttet wird. Kontrollieren Sie auch die Verarbeitung der Dämmwolle, bevor die Fassade verputzt oder verklinkert wird. In der Regel gilt: Immer wenn die Ausführung einer Baumaßnahme später nicht mehr überprüfbar ist, sollte eine Teilabnahme durchgeführt werden. *Teilabnahmen*

Wie eine Bauabnahme genau durchgeführt wird, können Sie ab Seite 220 nachlesen.

Die verschiedenen Gewerke am Bau

Ihr Architekt oder Bauleiter wird während der Bauphase immer wieder von den anstehenden Gewerken sprechen. Schon in der Ausschreibung und später in der Bauzeitenplanung hat er diese genau geplant, nun wird er sie beaufsichtigen. Im folgenden Abschnitt lernen Sie nun die wichtigsten Gewerke, beispielsweise die verschiedenen Ausführungsformen eines Daches, einer Fassade oder des Kellers, kennen. Außerdem erhalten Sie viele Tipps und Beschreibungen rund um dieses Thema.

Expertentipp

Webkatalog mit Adressen

In diesem Buch werden immer wieder Handwerker-Dachverbände oder andere nützliche Internetadressen rund ums Haus genannt. Auf der Website des Buchautors erhalten Sie alle diese Linktipps auch noch einmal gesammelt im Bereich „Immobilien" unter *www.stroisch.com/katalog/*.

Die Gewerke im Überblick

Der Bau Ihres Traumhauses wird in viele unterschiedliche Gewerke unterteilt wie beispielsweise:

Einzelne Gewerke

- Abbruch und Rodung,
- Erdarbeiten,
- Baugrube,
- Unterfangungsarbeiten,
- Wasserhaltungsarbeiten,
- Rohbau – vom Fundament bis zum Kamin,
- Dach,
- Fenster und Rollladen,
- Haustechnik,
- Putz- und Fassadenarbeiten,
- Estrich,
- Außen- und Innentüren,
- Malerarbeiten,
- Bodenbeläge.

Die Gewerke werden vom Bauleiter oder Architekten vor Ort überwacht. Sie können zum Teil parallel stattfinden.

Abbruch und Rodung

Bevor der Abbruch eines Altgebäudes begonnen wird, müssen die Versorgungsunternehmen informiert werden, damit Leitungen abgetrennt werden können. Zudem müssen Sie alle erforderlichen Abbruch- und eventuell Fällgenehmigungen einholen. Unter Umständen wird man Ihnen dabei eine Ersatzbepflanzung für die gerodeten Bäume vorschreiben.

Abbruch- und Fällgenehmigungen

Bevor Sie ein altes Haus abreißen dürfen, müssen Sie die entsprechenden Genehmigungen einholen und die Versorgungsunternehmen informieren.

Erdarbeiten, Baugrube und Unterfangungsarbeiten

Bei Erdarbeiten werden manchmal Nachbargrundstücke in Mitleidenschaft gezogen. Um im Streitfall hilfreiches Beweismaterial zu haben, sollten Sie alle Schritte durch Fotos dokumentieren.
Achten Sie darauf, dass die Erdgrube gesichert ist und nicht einstürzen kann. Berücksichtigen Sie auch, dass der Erdaushub möglicherweise entsorgt oder abtransportiert und Leitungen verlegt

Fotos zur Dokumentation

werden müssen. Vielfach stellen diese Leistungen einen zusätzlichen Kostenfaktor dar.

Unterfangung Sollten andere Gebäude an die Baugrube angrenzen und diese dadurch beeinträchtigt sein, dann muss eine sogenannte Unterfangung durchgeführt werden. Diese sorgt dafür, dass das andere Gebäude nicht absackt.

Wasserhaltungsarbeiten

Die Wasserhaltungsarbeiten fallen an, wenn Wasser die Arbeiten behindern würde. Dies ist beispielsweise immer dann der Fall, wenn der Keller unter dem Grundwasserspiegel liegt.

Rohbau

Gründungs- Den Großteil der Kosten verursacht der Rohbau. Hierzu gehören
arbeiten die Gründungsarbeiten (Fundamente und Bodenplatte), das aufsteigende Mauerwerk und die Decken.

Vielfach ist das Erstellen einer Drainage vor dem Kellermauerwerk erforderlich, um anfallendes Wasser abzuleiten. Bei drückendem Wasser kommt die sogenannte weiße Wanne (wasserdichter Betonkeller) zum Einsatz, die wiederum mit erhöhten Kosten verbunden ist.

Dämmmatten Die Decken der einzelnen Etagen werden heute meistens betoniert. Eine Alternative stellen hier – wie bei vielen anderen Baubereichen auch – Fertigbauelemente dar. Die Außenwände müssen heute aufgrund der Vorschriften der EnEV wärmedämmend gestaltet werden. Dies wird durch Wärmeverbundsysteme gewährleistet. Beim Fertighaus sind die Dämmmatten übrigens in den Wandtafeln untergebracht. Auch die nicht tragenden Innenwände – soweit sie massiv sind – gehören zum Rohbau.

Für Treppen im Haus gibt es spezielle Sicherheitsvorschriften, die einen Unfall verhindern sollen. Ohne Geländer ist jede Treppe gefährlich, daher sollten Sie das Haus so lange nicht betreten, bis diese angebracht sind.

Dach

Die Dachstuhlkonstruktion setzt sich aus Pfetten, Sparren und Diagonalverstrebungen, welche Zimmerleute errichten, zusammen. Der Aufbau geschieht innerhalb weniger Tage.

Die Dachhaut besteht aus Unterspannbahn, Lattung und Ziegel. Beim ausgebauten Dach wird diese noch durch die Wärmedämmung – in der Regel zwischen den Sparren – die Dampfsperre und die innere Verkleidung ergänzt. Hinzu kommen mögliche Dachgauben und die sogenannten Spenglerarbeiten wie Zinkabschlüsse, Dachrinnen und Fallrohre.

Dachhaut

Fenster und Rollladen

Fenster haben nicht nur die Funktion, Licht ins Haus zu bringen. Beim Passivhaus dienen die Glasfronten auch zur Aufnahme von Wärme. Aber nicht nur bei diesem Haustyp bietet es sich an, die großen Fenster zur sonnigen Südseite auszurichten.

Außen angebrachte Rollläden sind in jedem Fall ein besserer Schutz vor Sonne, Kälte und Lärm als innen liegende Jalousien. Sie machen deshalb nicht nur im Erdgeschoss Sinn.

Sonnen- und Kälteschutz

Haustechnik

Zur Haustechnik gehören beispielsweise die Sanitärinstallation wie die Wasserversorgung, die Heizungstechnik mit Energieerzeuger und Heizkörpern, aber auch die Warmwasseraufbereitung sowie die Elektroinstallation.

Bei der Elektroinstallation sollten Sie an eine zeitgemäße Ausstattung mit Steckdosen und Lichtschaltern denken. Vergessen Sie auch nicht, eine ausreichende Versorgung mit Fernseh- und Telefonkabeln einzuplanen. Durch Leerrohre halten Sie Ihre Immobilie flexibel für veränderte Anforderungen, etwa wenn die Kinder ausziehen und die dann Räume anders genutzt werden sollen.

Elektroinstallation

Putz- und Fassadenarbeiten

An die Außenwand eines Hauses wird in der Regel ein Wärmeverbundsystem angebracht und dieses nach einer Armierung, ebenso wie die Innenwände, verputzt. Alternativ gibt es andere Formen der Fassade wie etwa Schiefer oder Naturstein. Mehr dazu erfahren Sie im folgenden Abschnitt.

Estrich

Auf saubere
Verarbeitung
achten Bevor der Teppich oder das Parkett verlegt wird, muss in den Zimmern Estrich eingebracht werden, wobei darunter zuvor Trenn- und Dämmschichten verlegt werden. Achten Sie darauf, dass der Estrich buckelfrei ist und vor dem Verlegen der Oberböden ausreichend Zeit zum Austrocknen hatte. Ansonsten können die Oberböden Blasen bilden, was sehr ärgerlich und wiederum mit Mehraufwand verbunden ist.

Außen- und Innentüren

Außen- und Innentüren bestehen aus Zarge und Türblatt, sie erfüllen je nach Wunsch Anforderungen an den Schall-, Klima-, Einbruchs- und Brandschutz. Legen Sie hier von Anfang an Wert auf Einbruchsschutz, denn nachträgliche Anpassungen sind immer wesentlich teurer.

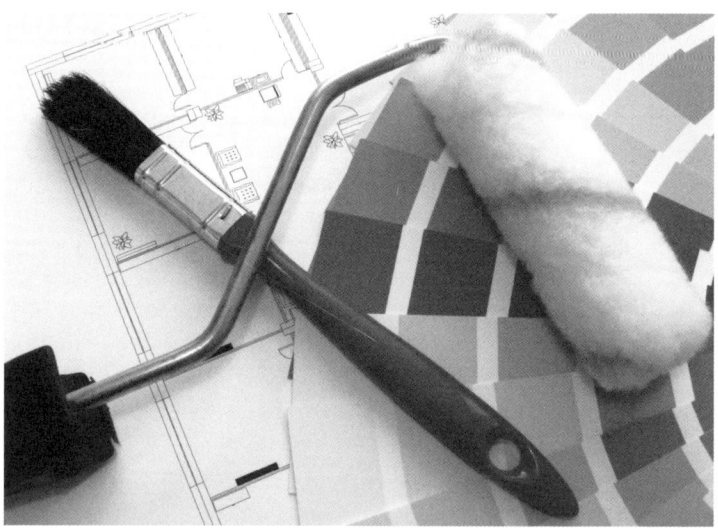

Erst wenn der Innenputz gründlich ausgetrocknet ist, können Sie mit den Malerarbeiten beginnen.

Malerarbeiten

Erst zu einem relativ späten Zeitpunkt der Bauphase kommt dann der Maler oder Tapezierer ins Spiel. Zuvor müssen alle Innenputzarbeiten abgeschlossen und das Haus vollständig trocken sein. Maler und Tapezierer sorgen für die individuelle Note Ihres Traumhauses. Farben und Formen sind hier fast keine Grenzen gesetzt.

Bodenbeläge

Gleiches gilt für die Bodenbeläge. Hier stehen viele unterschiedliche Materialien und Farben zur Auswahl. Von Teppich bis Marmor ist hier alles möglich.

Eine Frage der Kreativität

Viele praktische Tipps zur konkreten Ausführung und zu Materialien finden Sie im Folgenden.

Praxistipps zum Keller

Wer ein Haus baut, wird sich immer eine Frage stellen: Keller oder nicht? Ein Keller kostet viel Geld. Es gibt deshalb mehrere Möglichkeiten:

- Vollkeller,
- Teilunterkellerung,
- Bodenplatte.

Die günstigste Variante ist natürlich die Bodenplatte. Die Teilunterkellerung ist nur in seltenen Fällen empfehlenswert, weil der Einspareffekt gegenüber einem Vollkeller bei normalen Grundstücken nicht sonderlich hoch ist. Ob sich ein Keller lohnt, ist aber nicht nur eine Frage des Geldbeutels, sondern auch der geplanten Verwendung:

Wie wird der Keller verwendet?

- Ist der Kellerraum durch die Hanglage als vollwertiges Zimmer nutzbar?
- Möchten Sie Sauna- oder Fitnessräume im Haus unterbringen?
- Gibt es für den Hobbyraum andere Plätze der Unterbringung? Die Erfahrung zeigt, dass „Hobby" einfach eine Alternativbezeichnung für unnötigen Raum ist. Überlegen Sie sich also gut,

welches Hobby Sie tatsächlich im Keller pflegen wollen, sodass daraus beispielsweise Ihr „Modelleisenbahnraum" wird.

- Müssen Heizungsanlagen im Keller untergebracht werden? Alternativen sind beispielsweise Etagenheizungen oder die Unterbringung unter der Treppe.

Notwendig oder nicht? Ob ein Keller wirklich notwendig ist oder nicht, darüber lässt sich diskutieren. Tatsache ist aber, dass er unmöglich nachträglich eingebaut werden kann und dass ein Haus mit Keller mehr wert ist als eines ohne. Aber entscheidender als diese Fakten ist das eigene Budget, weshalb Sie diese Frage pragmatisch entscheiden sollten. Haben Sie sich für einen Keller entschieden, gibt es wieder zwei Möglichkeiten:

- beheizter und gedämmter Keller,
- unbeheizter Keller.

Text auf CD-ROM Diese Frage lässt sich im Zuge der EnEV (→CD-ROM) einfach beantworten: immer gedämmt, und zwar unter der Kellersohle und an den Außenwänden, aber niemals unter der Kellerdecke. Ansonsten besteht im Keller die Gefahr der Tauwasserbildung, was wiederum zu Feuchtigkeit und Schimmelbildung führen kann. Die Dämmung sollte im Keller ganzjährig eine Temperatur über dem Taupunkt garantieren.

Ein Keller besteht aus mehreren Elementen:

- Fundamente, Bodenplatte, Decke,
- Wände,
- Fenster,
- Lichtschächte aus Beton oder glasfaserverstärktem Polyester,
- Perimeterdämmung,
- Bitumenisolierung zur Abdichtung als Bahnen oder Spachtelmasse,
- (ab-)wassertechnische Einrichtung wie beispielsweise ein Rückstauschutz oder eine Hebeanlage,
- Erschließungsanschlüsse für Abwasser und Wasser, Strom, Gas- oder Telefonanbindung.

Die Außenwände können unterschiedlich ausgeführt werden. Es wird dabei im Prinzip zwischen zwei Typen unterschieden:

- Mauerung aus allen Steinarten ab Steinfestigkeitsklasse 2 (etwa Ziegel oder Kalksandsteine) mit einer Regeldicke zwischen 30 und 36,5 Zentimetern,
- (wasserundurchlässiger) Beton mit Wanddicken je nach den statischen Erfordernissen.

Beide konventionellen Bauweisen können auch durch einen Keller aus Fertigteilen ersetzt werden, was unter Umständen kostengünstiger ist.

Praxistipps zur Heizungsanlage

Natürlich möchten Sie als Hausbesitzer warme Zimmer und fließend warmes Wasser. Für den Neubau werden dabei klare Standards durch die EnEV formuliert sowie eine Bewertung der Energieträger Öl, Gas, Kohle, Strom oder auch regenerative Quellen vorgenommen. Details dazu finden Sie ab Seite 240.

Den richtigen Energieträger wählen

Überlegen Sie sich im Vorfeld gut, welches Heizsystem, wie etwa die oben abgebildete Fußbodenheizung, am besten zu Ihrem Haus und Ihren Bedürfnissen passt.

Bei der Anlagentechnik rund um die konventionellen Energieträger Öl und Gas haben sich zwei von der EnEV geforderte Methoden durchgesetzt:

- Brennwertkessel,
- Niedrigtemperaturkessel.

Brennwertkessel

Beim Brennwertkessel wird das entstehende Kondensat der Abwärme erneut in den Heizkreislauf eingeführt, wodurch der Normnutzungsgrad 100 Prozent und mehr betragen kann. Durch die Kondensierung der Abwärme entstehen weniger Abgase. Die Abgasrohre müssen deshalb auch säurebeständig sein, da sonst Wasserdampfsäuren entstehen. Da sich gerade bei Gas als Energieträger durch die Brennwerttechnik der Nutzungsgrad um 15 Prozent steigern lässt, hat sie sich hier als Standard durchgesetzt.

Niedertemperaturkessel

Von der Technik her sind Brennwertkessel eine Weiterentwicklung der Niedrigtemperaturkessel. Bei diesem wird die Kondensation vermieden oder nicht genutzt. Deshalb liegt hier der Normnutzungsgrad bezogen auf den Heizwert auch nur bei etwa 95 Prozent. Die Technik ist Standard bei Ölheizanlagen, da Öl bei der Verbrennung wesentlich weniger Wasserdampf abgibt als Gas und somit die Brennwerttechnik ökonomisch weniger sinnvoll erscheint. Niedrigtemperaturkessel werden so genannt, weil die Kesseltemperatur mit steigender Außenlufttemperatur abgesenkt wird. Bei herkömmlicher Standardtechnik wird sie konstant auf einer Temperatur gehalten, wodurch sich dort hohe Wärmeverluste ergeben. Die Brennwerttechnik als Weiterentwicklung der Niedrigtemperaturtechnik setzt natürlich auch auf die Regelung der Temperatur.

Aus diesem Grund hat die Regeltechnik einen hohen Stellenwert bei diesen beiden von der EnEV vorgeschriebenen Systemen. Intelligente Technik reagiert auf die Außentemperatur, auf den Bedarf und berücksichtigt auch die Tageszeiten. Dabei ist es wichtig, dass der Brenner nicht zu häufig anspringt, weil dies viel Energie kostet. Beide Systeme werden mit einer Vorlauftemperatur zwischen Zimmertemperatur und etwa 80° C geregelt.

Die EnEV schreibt zusätzlich vor, Warmwasser- und Heizungswärmeleitungen in nicht beheizten Räumen – also etwa dem

Keller – ordentlich zu dämmen. Die Rohrwärmedämmung wird in verschiedenen Materialien angeboten. Als Faustformel gilt, dass sie mindestens so dick sein sollte wie der Rohrinnendurchmesser.

Für die Warmwasserversorgung kann der zentrale Heizkessel im Keller verwendet werden. Durchaus sinnvoll sind hier aber auch dezentrale Durchlauferhitzer, da die Wärme so sehr nahe am Verbrauch erzeugt und die Wärmeverluste durch den Leitungsweg minimiert werden.

Warmwasserversorgung

| Expertentipp |

Die richtige Heizanlage auswählen

In Deutschland gibt es eine Reihe namhafter Hersteller von Brennwert- und Niedrigenergiekessel für die Energieträger Öl und Gas. Interessant kann es übrigens sein, die Heiz- und Warmwasserenergie komplett oder teilweise durch weitere regenerative Energiequellen zu erzeugen: Dabei bieten sich lang erprobte Systeme wie die Solarkollektoren für das Dach oder die Erdwärmepumpe an. Details zu Solarkollektor, Pelletofen und Erdwärmesonde können Sie ab Seite 240 nachlesen.

Dämmtipps zur Fassade

Natürlich gibt die EnEV auch für die Dämmung der Fassade Richtlinien vor. Dabei haben es drei unterschiedliche Systeme bewährt:

- Innendämmung,
- aufgesetzte Außendämmung,
- hinterlüftete Fassade.

Systeme zur Dämmung

Die Innendämmung spielt eigentlich nur beim Altbau eine Rolle, wenn dort etwa denkmalgeschützte Fassaden eine Außendämmung verhindern. Deshalb werden an dieser Stelle nur die beiden verschiedenen Formen der Außenfassadendämmung vorgestellt. In beiden Fällen darf der Dämmstoff einen U-Wert von 0,35 nicht überschreiten. Außenfassadensysteme erwärmen auch das Mau-

Innendämmung

erwerk, wodurch auch die Bausubstanz und die innen liegenden Rohre geschont werden. Im Sommer wiederum hält die Dämmung die Wärme von der Wohnung fern.

Aufgesetzte Außendämmung

Bei der aufgesetzten Außendämmung wird die Dämmung direkt auf der Außenmauer aufgebracht. Nach einer Mörtelschicht mit Kunststoffgewebe als Armierung wird die Wand dann verputzt.

Die hinterlüftete Fassade hingegen arbeitet mit einem Aluminium- oder Holzriegelsystem, auf dem die abgesetzte Fassade in unterschiedlichsten Ausführungsformen angebracht ist. Denkbar sind hier beispielsweise Klinker, Putz oder Schieferplatten. Zwischen der an der Hauswand angebrachten Dämmwolle und der Fassade zirkuliert Luft. So kann Feuchtigkeit aus den Hauswänden abtransportiert werden.

Hinterlüftete Fassade

Praxistipps zu den Fenstern

Eine wichtige Bedeutung für die Wärmedämmung eines Hauses spielen auch die Fenster. Hier darf heute laut EnEV ein U-Wert von 1,7 nicht überschritten werden. Üblich sind aber inzwischen deutlich geringere U-Werte. Vom Dachverband empfohlen wird die Auswahl von Fenstern von mindestens 1,5 W/ m^{2}K.

Wärmedämmfenster bestehen aus einer Zweifach- oder Dreifachverglasung, die mit Edelgas gefüllt und einer hauchdünnen, unsichtbaren Metallschicht überzogen sind.

Praxistipps zum Dach

Die EnEV schreibt vor, dass ein festgelegter sogenannter Wärmedurchgangskoeffizient beim neu gebauten Dach nicht mehr überschritten werden darf (mehr dazu ab Seite 240).

Dämmung und Dachform

Für Sie als Bauherr spielt beim Dach vor allem die Form und die Dämmart eine Rolle. Dabei sind Sie in Ihrer Entscheidung nicht immer frei, denn im Bebauungsplan sind oft bestimmte Dachformen verbindlich vorgeschrieben. Heute übliche Dachformen sind beispielsweise:

- Beim Satteldach lehnen die zwei Dachflächen mittig aneinander und verbinden sich an der höchsten Stelle, dem Dachfirst.

Die Verbindung der beiden Traufen untereinander und mit dem First bildet ein Dreieck.

- Bei frei stehenden Häusern kommen Walmdächer vor. Hier lehnen an allen vier Seiten die Dachflächen am Dachfirst. Die heruntergezogenen Dachflächen nennen sich Walme. Walmdächer gibt es in verschiedenen Ausführungen.
- Ein Pultdach bietet nur eine mehr oder minder stark geneigte Dachfläche.
- Ein Zeltdach setzt dem rechteckigen Haus sozusagen die Krone auf. Es besitzt keine Dachfirstlinie, sondern nur einen Firstpunkt, an dem sich alle vier Dachflächen mit gleicher Neigung anlehnen.
- Beim Flachdach, egal aus welcher Konstruktion und aus welchem Material, bildet in der Regel die oberste Geschossdecke den Gebäudeabschluss. Es liegt waagerecht bzw. hat zur Wasserableitung ein sehr geringes Gefälle, welches durch einen Gefälleestrich oder Gefälledämmplatten hergestellt wird. Die Ableitung erfolgt überwiegend durch die Innenentwässerung. Diese Dachform ist wegen der in der Vergangenheit aufgetretenen Mängel wie Risse in den Dichtungsbahnen mit eindringender Feuchtigkeit auf dem Rückzug.

Das Walmdach wird häufig bei frei stehenden Häusern realisiert.

Die häufigste Dachform ist in Deutschland bei Ein- oder Zwei-Familienhäusern das Satteldach. Die gängigsten Formen der Dämmung können bei allen diesen Dachformen angewandt werden:

Häufigste Dämmarten

- Zwischensparrendämmung,
- Aufsparrendämmung,
- Geschossdeckendämmung.

Zwischen-sparren-dämmung

Bei der Zwischensparrendämmung wird eine Folie – die sogenannte Dampfsperre – zwischen und auf die Sparren gelegt. Anschließend werden die Folienstöße sowie die Wand- bzw. Deckenanschlüsse luftdicht verklebt. Zwischen die Sparren kommt nun die Wärmedämmung (Dicke = Sparrenhöhe). Darüber wird waagerecht die Unterspannbahn zur Abführung von Regen und Schnee angebracht. Auf die Sparren wird nun eine drei Zentimeter dicke Dachlatte genagelt. Es entsteht somit ein drei Zentimeter hoher Luftraum. Um den erlaubten Maximalwert von U = 0,30 nicht zu überschreiten, müssen hier zwischen 12 und 16 Zentimeter dicke Wärmedämmplatten beispielsweise aus Steinwolle oder auch organischen Materialien eingesetzt werden. Probleme können durch Kältebrücken aufgrund einer nicht lückenlosen Dämmung entstehen. Eine schlecht angebrachte Dampfsperre kann zu Tauwasserbildung und somit zu einer Durchfeuchtung der Wärmedämmung und des Holzdachstuhls führen.

Aufsparren-dämmung

Bei der Aufsparrendämmung ist der Aufbau identisch mit der Zwischensparrendämmung, jedoch wird auf die Sparren als Tragschicht zuerst eine Schalung aufgebracht. Dies führt zu einer Erhöhung der Traufe. Deshalb muss beim Bauamt geklärt werden, ob dies zulässig ist. Diese Ausführung ist auf jeden Fall wesentlich teurer als die Zwischensparrenlösung.

Geschoss-decke dämmen

Am billigsten und einfachsten ist eine Lösung, die die Nutzung des Dachstuhls anschließend verbietet, denn die Dämmung wird dabei auf die Geschossdecke über der letzten bewohnten Etage gelegt. Sollten Sie also das Dachgeschoss nicht nutzen wollen, ist dies auf jeden Fall die bestmögliche Lösung. Da die Dämmung aber lose aufgelegt wird, kann sie jederzeit problemlos entfernt und das Dachgeschoss nachträglich doch noch ausgebaut werden.

Praxistipps zur Sanitärinstallation

Das Bad gilt als Aushängeschild eines jeden Hauses. Aber gerade dieser Raum sowie das Gäste-WC können sehr teuer werden, da sie aus vielen verschiedenen Details bestehen wie beispielsweise:

- Waschbecken,
- WC-Schüssel,
- Dusche,
- Badewanne,
- Waschbecken.

Ausstattung
von Bad
und WC

Waschbecken gibt es in fast allen Formen, Farben und in vielen unterschiedlichen Materialien. Unterschiedliche Größen ermöglichen die Anbringung auch in kleinen Räumen. Am günstigsten und bekanntesten ist das an der Wand hängende Waschbecken. Andere Typen sind auf einer Platte aufgebracht oder eingelassen. Die Armaturen gibt es ebenfalls in sehr vielen Designs und Ausführungen, vom vergoldeten Exklusivmodell bis zum einfachen Metallhahn. Gängig sind heute Einhandarmaturen.

Bei der Gestaltung des Badezimmers können Sie problemlos ein kleines Vermögen ausgeben.

Das in Deutschland üblichste Modell der WC-Schüssel steht fest auf dem Boden, allerdings gibt es auch wandhängende Ausfüh-

Die Ausstattung eines Badezimmers kann sehr teuer sein.

rungen. Unterschieden wird hier nach Tiefspül- und Flachspül-WC. Der WC-Spülkassen, der heute eine Wassersparfunktion besitzen sollte, ist entweder auf die Wand aufgesetzt oder in sie eingelassen. Das Material der WC-Schüssel besteht üblicherweise aus Porzellan. Die WC-Brille kann je nach Geschmack aus ganz unterschiedlichen Materialien gefertigt sein.

Besonders teuer kann die Badewanne werden. Wer den gängigen Klassiker aus Stahl oder Sanitäracryl im PUR-Wannenträger will, kommt relativ günstig davon. Darüber hinaus gibt es Eckwannen, frei stehende Wannen, Sitzwannen und natürlich Whirl-Wannen zur Entspannung. Interessant gerade für kleine Badezimmer ist eine Badewanne, in der man auch duschen kann.

Die Duschtasse wird heute häufig ebenerdig gebaut, es gibt sie aber auch mit einem kleinen Podest. Die Fläche sollte mindestens 75 x 75 Zentimeter betragen. Besonders schön sind Duschen mit Schiebewänden aus Glas oder aus Kunststoff. Die günstigste Lösung aber ist ein einfacher Duschvorhang.

Praxistipps zum Innenausbau

Je nach Verwendungszweck kann der Boden im Haus ganz unterschiedlich gestaltet werden: Fliesen im Bad, PVC in der Küche, Naturstein im Flur und Teppichboden im Wohnzimmer. Eine Auswahl:

- Teppichboden,
- Laminatboden,
- Parkettboden,
- Natursteinboden,
- keramische Fliesen,
- Korkplattenboden,
- Teppichböden.

Teppichböden   Teppichböden gibt es in unterschiedlicher Qualität sowie in vielen Farben und Materialien. Sie bringen Wärme auf den Boden, sammeln aber auch Staub. Erhältlich sind sie gewebt, gepresst oder ein- bzw. mehrschichtig aus synthetischen Fasern, Pflanzenfasern und Wolle. Teppichboden wird meistens in Bahnen ausgelegt.

Die Paneele des Laminats setzt sich aus einer Dekoschicht und dem Verlegematerial auf der Unterseite zusammen. Es besteht aus mindestens zwei verklebten Lagen, wobei gute Produkte zusätzlich eine schalldämmende Unterschicht besitzen. Die Verlegung von Klicklaminat ist recht einfach, da es über Nut und Feder zusammengefügt wird. Die Modelle gibt es in unterschiedlichen Abriebklassen und sind somit unterschiedlich beständig gegen Kratzer, beispielsweise verursacht durch Schreibtischstühle. Die einzelnen Paneele sind mindestens sechs Millimeter dick.

Im Gegensatz zum Laminat ist Parkett kein Schichtholz, sondern wird aus Harthölzern hergestellt. Es ist daher deutlich teurer. Auch die Art der Verlegung unterscheidet sich, zudem gibt es eine Reihe unterschiedlicher Muster wie Flechtmuster oder Intarsien. Als Fertigparkett kann es ebenfalls im einfachen Klick-System leimfrei verlegt werden. Es ist ein sehr langlebiger Bodenbelag, denn es kann geschliffen werden. Typischerweise ist der Boden 10 bis 15 Millimeter dick. Fertigparkett ist dabei auf eine Trägerschicht aufgeklebt und nennt sich deshalb auch Mehrschichtparkett.

PVC (Polyvinylchlorid) wird aus Erdöl und Steinsalz gewonnen. Die Kunststoffbeläge lassen sich leicht reinigen und bieten sich daher gut für eine Verlegung in der Küche an. Die Böden gibt es in sehr unterschiedlichen Farben und Musterungen. In der Regel wird PVC in Platten oder Bahnen verlegt und ist zwischen 1,5 und 3 Millimeter dick.

Korkbodenplatten oder Korkparkett werden aus der Schale der Korkeiche gewonnen. Die Platten sind vier bis acht Millimeter dick und werden als Fläche, entweder direkt auf Estrich oder auf Holz oder Spanplatten als Trägerschicht, verklebt. Kork kann bei entsprechender Vorbearbeitung auch in feuchten Räumen ausgelegt werden. Es ist in unterschiedlichen Designs und Oberflächen erhältlich.

Gerade im Hygienebereich wie Bad und Küche kommen häufig keramische Fliesen zum Einsatz. Sie sind sehr lange haltbar und in unterschiedlichen Größen, Farben und Mustern erhältlich. Sie werden in einem Mörtelbett verlegt oder auf den Estrich aufgeklebt und anschießend ausgefugt. Fliesen aus Steingut eignen sich besonders gut für den Innenbereich.

Laminat-boden

Parkett-boden

PVC-Belag

Korkplatten

Fliesen

Naturstein-
belag

Marmor ist nur einer von vielen Natursteinen, die im Hausinnen-
bereich zum Einsatz kommen können. Es gibt sehr viele unterschiedliche Sorten, mit unterschiedlichen Farben, Mustern und
Oberflächen. Verlegt wird der Naturstein in einem Mörtelbett.
Naturstein ist in der Regel teurer als andere Materialien, aber
auch ein sehr beständiger Boden.

Tapeten sind ein Produkt mit langer Tradition. Industriell werden
sie in langen Bahnen gefertigt, meist in der Standardbreite von
53 Zentimetern. Es gibt viele verschiedene Tapetensorten. Meist
ist es eine Frage der Mode und des Geschmacks, welche gerade
besonders gut verkäuflich ist. Am häufigsten sind:

Tapeten **Mustertapete:** Jede Zeit hat ihre Mode. Ob Blümchen oder andere
Motive, für jeden Geschmack ist etwas dabei. Die Muster werden
entweder so auf die Tapete aufgebracht, dass sie ohne Versatz
aneinander geklebt werden können. Oder aber mit Versatz, dann
fällt jedoch zum Teil erheblicher Verschnitt an.
Raufasertapete: Dies ist sicherlich die häufigste Tapetenform in
Deutschland. Sie hat den Vorteil, dass sie sogar mehrfach über-
strichen werden kann. Raufaser besteht aus mehreren Schichten,
in die Holzfasern eingearbeitet sind.
Vliestapete: Sie kann gut zur Überdeckung von Rissen verwendet
werden. Vliestapeten bestehen nicht ausschließlich aus Zellulose,
sondern ihr ist Kunststoff beigemischt. Sie verzieht sich dadurch
nicht und lässt sich deshalb besonders leicht verlegen.
Fototapete: Hier sind Grafiken und Fotos abgebildet, selbst individuelle Fototapeten gibt es mittlerweile.
Bortentapeten: Gerade wieder „in" sind Bortentapeten. Dies sind
farbige Tapeten, die passend zur Tapete eine Borte als Tapeten-
abschluss an der Decke oder als umlaufendes Band in beliebiger
Raumhöhe erhalten.

Bei der Tapete oder dem Farbanstrich dürfen Sie ruhig ein wenig
mit der Mode gehen, denn sie lassen sich recht schnell ersetzen.
So kann sich das Kinderzimmer in der Gestaltung recht schnell in
ein Jugendzimmer und später in ein Arbeitszimmer verwandeln.

Eine sehr große Auswahl gibt es bei Küchen und Küchengeräten. Hier haben Sie die Qual der Wahl. Günstige Einbauküchen gibt es schon ab ein paar Hundert Euro, teure Markenküchen gehen hingegen in die Tausende. Zunächst müssen Sie sich für eine Anordnung entscheiden:

Küchen und Küchengeräte

- Einzeilig – die Küche ist komplett an einer Seitenwand angebracht,
- zweizeilig – die Küche ist an zwei gegenüberliegenden Seitenwänden angebracht,
- Eckküche – die Küche bildet ein L, verbindet meist eine kurze mit einer langen Seite,
- Raumküchen – sie decken drei Seiten oder sogar die vierte Seite eines Zimmers teilweise ab,
- Inselküchen – besonders schön bei großen Küchen ist die Herdplatte mit Abzug in der Mitte des Raumes, um die sich dann an den Seiten Spüle und Schränke gruppieren.

Inselküchen wirken besonders schön, wenn Sie eine ausreichende Raumgröße zur Verfügung haben.

Grenzen bei der Gestaltung sind nur durch den Raum selbst gesetzt. Versatze, Vorsprünge, Fensterbänke, Leitungsanschlüsse,

125

Türen – eine Einbauküche muss immer individuell geplant werden, damit am Ende alles stimmig ist.
Auch bei der Materialwahl und dem Design können Sie Ihre Kreativität freien Lauf lassen – besonders gebräuchlich sind:

Material
und Design

- Küchenschränke und Arbeitsplatten aus Holzfurnier und Spanplatten, aus lackiertem oder geöltem Massivholz, aus Metall
  und mit Naturstein oder Glaselementen,
- Spülen aus Edelstahl, Keramik, Granit, Emaille oder Kunststoff
  von einfach bis ausgefallen, von eingelassen bis aufgesetzt,
- Auszieh- und Rondellschubladen, offene („südländischer Stil")
  Ablagen und Hängekörbe für Pfannen und Töpfe, geschlossene
  Hochschränke mit Tür oder Auszieheelement,
- „klassische" und ausgefallene Farben und Zierelemente.

Expertentipp

Ergonomie und Anschlüsse beachten

Küchen sind Arbeitsorte, die leider häufig auf Standardmaße
getrimmt sind. Dabei sollten Sie die Höhe und die Anordnung
besser nach Ihrer eigenen Größe und nach Ihrer Arbeitshand
ausrichten, das spart Kraft und verhindert Rückenprobleme.
Beim Neubau eines Hauses sind Sie in der glücklichen Lage,
die Anordnung von Wasser-, Strom- sowie Lüftungsanschlüs-
sen schon vor dem Küchenkauf bestimmen zu können. Deshalb sollten Sie sich in der Planungsphase intensiv mit dem
Thema Küche auseinandersetzen, mögliche Pläne zeichnen
und mit diesen in verschiedenen Küchenstudios die Chancen
und Probleme – und natürlich auch Preise – diskutieren. So
können Sie die Leitungsanschlüsse gleich optimal im neuen
Haus anordnen lassen.
Beachten Sie auch, dass eine Küche nicht innerhalb von zwei
Tagen, sondern vielmehr innerhalb von zwei Monaten geliefert und installiert wird. Auch deshalb sollten Sie sich schon
frühzeitig mit diesem planungsintensiven und teuren Thema
beschäftigen.

Achten Sie darauf, dass Sie vermutlich lange Jahre mit dieser Küche leben müssen. Aus diesem Grund sollten Sie besser nicht auf ein zu modisches Design und eine zu knallige Modefarbe setzen, denn an dieser haben Sie sich vielleicht nach wenigen Jahren sattgesehen. Eine Küche lässt sich nicht so schnell verändern wie eine Tapete!

Keine kurzlebigen Trends

Ein weiterer wichtiger Faktor sind die Küchengeräte. Hier sollten Sie auf eine hohe Energieeffizienzklasse achten, denn Strom wird immer teurer. Die Regel lautet: immer mindestens Klasse A. Planen Sie auch eine Spülmaschine mit ein. Diese verbraucht weniger Wasser als die tägliche Handwäsche. Durch eine geschickte Leitungsplanung können Sie das zentral erzeugte Warmwasser auch gleich für die Spül- und Waschmaschine verwenden. Das spart sehr viel Energie. Allerdings ist dies nicht bei jeder Maschine möglich, erkundigen Sie sich dazu am besten beim Hersteller.

Kleine Materialienkunde für das Haus

Die Wahl der konkreten Materialien ist eine Frage des Geschmacks und des Geldbeutels. Aber beachten Sie, dass sie sich auch in Haltbarkeit, Aufwand für die Verarbeitung, Wärme- und Luftdurchlässigkeit, Gewicht und nicht zuletzt auch in ihrer Gestaltungsfähigkeit und im Design unterscheiden.

Eine kleine Materialkunde zu verschiedenen, typischen Einsatzstoffen in wichtigen Bereichen des Hausbaus soll Ihnen einen ersten Überblick verschaffen. In der konkreten Hausplanung ist es aber empfehlenswert, die Vor- und Nachteile der Stoffe mit Ihrem Architekten abzusprechen.

Welches Material wofür?

Materialien für Mauern und Wände

Die Mauer muss nicht immer gemauert werden. In diesem Bereich können neben den klassischen viele weitere Materialien eingesetzt werden.

Kalksandsteine gibt es in vielen unterschiedlichen Sorten und Formaten. Da sich die Rohrdichte und Druckfestigkeit unterscheiden, sind die Einsatzgebiete vom Keller bis zum Dach sehr vielfältig. Wichtige Kalksandsteine sind etwa:

Kalksandstein

- kleinformatige Kalksandsteine zur Vermauerung (Kalksand-stein-Vollsteine und Kalksandstein-Lochsteine),
- Steine mit Nut-und-Feder-System (Kalksandstein-R-Steine),
- Kalksandstein-Bauplatten zur Erstellung von schlanken, nicht tragenden Wänden.

Beton ist das am Bau am vielseitigsten einsetzbare Material.

Traditioneller Ziegelstein
Der traditionelle Ziegelstein wurde durch den durchlöcherten Lochziegel als wichtiger Baustoff von Wänden abgelöst. Die Baustoffindustrie hat eine breite Palette von Formaten, Tönungen und Oberflächenstrukturen für Verblendmauerwerk entwickelt.

Beton
Beton ist eine Mischung aus Zement, verschiedenen Zuschlagsstoffen und Wasser. Die Besonderheit ist, dass Beton nach der Mischung erst durch das Wachstum von Kristallen, die im Zement enthalten sind, seine Festigkeit erhält. Der Endzustand ist also nicht sofort mit dem Guss erreicht. Beton wird in vielfältiger Weise produziert. Erhältlich ist er mit und ohne Armierung wie beispielsweise aus Stahl. In verschiedenen Formen taucht der Beton so auch beim privaten Hausbau auf und ist hier nicht mehr wegzudenken.

Baustoff Holz
Ein sehr klassischer Baustoff mit hervorragenden Eigenschaften ist Holz. Es kann in allen Bereichen des Hausbaus eingesetzt werden. So ist der Systembau – besser bekannt unter Fertighaus – zu

großen Teilen aus diesem Werkstoff gefertigt. Bekannte Formen sind beispielsweise:

- Massivholz,
- Spanplatten,
- Sperrholzplatten.

Achten Sie darauf, dass das Holz gut getrocknet ist und den Vorschriften für den vorgesehenen Einsatz entspricht, also beispielsweise gegen Schädlingsbefall imprägniert wurde.

Materialien für die Wärmeverbundsysteme

Die Wärmeverbundsysteme setzen sich aus mehreren Elementen zusammen:

- Dämmstoff,
- Mörtel, der auf dem Dämmstoff aufgebracht und in dem ein Armierungsgewebe eingelegt wird,
- Fassade,
- Halterung durch Klebstoff, Dübel oder Schienen zur Fixierung der Dämmstoffe.

Wärmeverbundsystem

Es wird dabei dringend empfohlen, nicht unterschiedliche Dämmstoffe unterschiedlicher Hersteller miteinander zu kombinieren und auch Halterung und Armierung darauf abgestimmt zu erwerben. Je geringer dabei die Wärmeleitfähigkeit ist, desto besser dämmt der Stoff. Allerdings nimmt mit steigender Wärmeleitfähigkeit auch die Dicke der Dämmstoffe zu. Vom Prinzip her ist es so, dass der Dämmstoff umso teurer wird, je dünner er bei höherer Leitfähigkeit ist.

Kein Produktmix!

In der Wahl des Dämmstoffes ist der Bauherr relativ frei. Sie richtet sich nach dem vorhandenen Platz, dem Anwendungsbereich und dem Preis. So kann die weiche Dämmwolle natürlich hinter einer Klinkerfassade angebracht werden, bei einer Putzfassade kommt allerdings nur ein Hartschaumstoff infrage. Der Bauherr muss hier also immer eine ganze Reihe von Faktoren beachten. Durchgesetzt hat sich bei der Dachdämmung die Dämmwolle, als

Isolierung von Decken hingegen Hartschaum. Folgende Dämmstoffe sind gebräuchlich:

- EPS-Hartschaum,
- Polyurethan/ PIR- bzw. PUR-Hartschaum,
- Polystyro-Extruderschaum/ XPS,
- Mineralwolle.

Ökologische Dämmstoffe

Darüber hinaus gibt es viele weitere Dämmstoffe, die beispielsweise aus ökologisch angebauten Produkten wie Hanf, Schafswolle oder Holzwolle hergestellt werden. Mehr Infos dazu finden Sie ab Seite 240. Festzuhalten ist, dass Dämmstoffe im Hausbau – ob Chemie oder Öko – immer einen wichtigen Beitrag zum Umweltschutz leisten, weil sie helfen, viel Energie zu sparen.

EPS-Hartschaum/Styropor: Der weiße EPS-Hartschaum (auch Styropor genannt) wird aus Rohstoffpartikeln, unter Zusatz von Pentan als Treibmittel und Wasserdampf hergestellt. Nach der Zwischenlagerung und dem Ausschäumen können sie in Platten geschnitten und dann zur Wärmedämmung eingesetzt werden. Sie sind mit Wärmeleitfähigkeitsstufen von 035 bis 045 erhältlich und haben eine Dicke von bis zu 20 Zentimetern.
PUR- bzw. PIR-Hartschaum/Polyurethan: Polyurethan kommt als Baudämmstoff in Form von PUR- oder PIR-Hartschäumen vor. Daneben gibt es auch Sandwichelemente, auf denen Platten und Folien zur besseren Einarbeitung aufgebracht sind. Die Hartschäume entstehen durch chemische Reaktion flüssiger Grundstoffe unter Zusatz von niedrig siedenden Treibmitteln wie Pentan oder CO_2. Das Gemisch schäumt auf und es bildet sich Polyurethan-Hartschaum. Das Aufschäumvolumen und damit die gewünschte Rohdichte wird durch die zugesetzte Treibmittelmenge gesteuert. Die Platten werden in den Wärmeleitfähigkeitsstufen 024, 028 und 030 hergestellt und haben dabei Dicken zwischen 20 und 120 Millimetern – bei aufgesetzten Folien und anderen Materialien entsprechend dicker.
XPS/Polystyro-Extruderschaum: XPS (auch Polystyrol-Extruderschaum genannt) sind Schaumstoffzellen, in denen sich ein Schwergas befindet wie beispielsweise HFKW. Dazu wird Polystyrol-Granulat geschmolzen und ein Treibmittel beigesetzt, danach

über eine Düse aufgetragen und zu Platten verarbeitet. XPS ist auch als Sandwichplatte erhältlich. Mit den Farben Blau, Rosa oder Grün kennzeichnen die Hersteller die unterschiedlichen Einsatzgebiete. Hergestellt werden Dicken von 20 bis 200 Millimetern mit Wärmeleitzahlen von 026 bis 045.

Mineralwolle: Mineralwollematten sind ein sehr häufig verwendeter Dämmstoff. Sie sind weich und lassen sich deshalb gut in der Dachisolierung oder hinter festen Fassaden einsetzen. Die Dämmwolle wird aus Glas-, Stein- oder seltener auch aus Schlackenwollen hergestellt. Bei der Fabrikation werden diese Rohstoffe um Recyclingmaterial und Kunstharz ergänzt und dann durch Zuführung von etwa 1300 bis 1500° C heißer Luft erzeugt. Mineralwolle lässt sich recht einfach zuschneiden. Sie ist üblicherweise in den Wärmeleitstufen 035 bis 040 erhältlich und besitzt Dicken bis zu 240 Millimetern.

| Expertentipp |

Wärmeverbundsysteme im Web

Viele Websites informieren über die unterschiedlichen Wärmeverbundsysteme. Gute Adressen sind dabei die offiziellen Verbände: Fachverband Wärmedämmverbundsysteme e. V., *www.heizkosten-einsparen.de*; Gesamtverband Dämmstoffindustrie, *www.gdi-daemmstoffe.de.*

Materialien für die Fassadenverblendung

Die Außenfassade ist seit jeher die Visitenkarte eines Hauses. Zu allen Zeiten wollten Menschen ihre Umgebung mit einer besonders schönen oder ausgefallenen Gestaltung ihres Hauses beeindrucken. Deshalb sind keine Grenzen gesetzt. Verschiedene Materialien sind dabei – je nach Budget – am gängigsten:

Die Visitenkarte des Hauses

- Klinkerfassade,
- Schieferfassade,
- Natursteinfassade,
- Putzfassade,

- Holzfassade,
- Metallfassade.

Klinkerfassade: Die Klinkerfassade besteht aus gebranntem Stein, der bei 900° C oder mehr gebrannt wird und in vielen Größen und Formen erhältlich ist. Das typische Rot ist dabei am weitesten verbreitet. Aber die Verblendsteine werden heute auch in vielen anderen Farben angeboten, etwa in Schwarz-, Weiß- oder Gelbtönen. Hergestellt werden die Klinker im Strangpressverfahren mit glatten oder als Handformstein mit rauer, robuster Oberfläche. Durch eine unterschiedliche Anordnung und verschiedene Formen kann die Fassade abwechslungsreich gestaltet werden. Aber auch durch die Auswahl eines farbigen Fugenmörtels können Sie bewusste Akzente setzen. Klinkerfassaden sind extrem witterungsbeständig.

Mit Klinkersteinen in unterschiedlichen Formen kann eine Fassade sehr reizvoll und interessant gestaltet werden.

Schieferfassade: Durch den jahrhundertelangen Verwitterungsprozess von Steinen, die zuerst durch Gletscher und Flüsse zerkleinert bzw. zerrieben und dann in Schlämmen abgelagert wurden, bildete sich der Naturschiefer. Dieser wird heute in Steinbrüchen gewonnen. Er kann aufgrund der guten Spaltbarkeit millimeterdünn hergestellt werden. Je nach Ablagerungsort ist die Farbe und Gestaltung dieses Natursteins sehr unterschiedlich. Deshalb sollten Sie als Bauherr darauf achten, dass der Schiefer für Ihre Hausfassade aus dem gleichen Steinbruch kommt, es sei denn, Sie wollen den Stilbruch als Effekt erzielen. Die Form kann ganz unterschiedlich sein. Da Schiefer ein Naturstein ist, kann er durch Verzerrungen in der Fassadenkonstruktion brechen. Er muss dann durch eine neue Schieferplatte ersetzt werden.

Eine kostengünstige Kopie des Originals sind kunstharzgebundene Platten oder zementgebundene Platten – besser bekannt unter dem Begriff Kunstschiefer. Sie werden wie Schieferplatten an der Fassadenkonstruktion angebracht. Sie sind in allen erdenklichen Farben und mit unterschiedlichen Oberflächen erhältlich und je nach Gestaltung unterschiedlich teuer.

Natursteinfassade: Naturstein hat immer schon seinen ganz eigenen Reiz ausgeübt. Alte Burgen sind damit gebaut, aber auch bei modernen Wohnhäusern wird er in unterschiedlicher Weise eingesetzt, heutzutage aus Kostengründen meist nur noch als Zierde. Glänzende und matte, gesprungene und durchgezogene Bänder, ebene oder wellige Oberflächen in vielen unterschiedlichen Farben und Schattierungen – die Auswahl ist eine Frage des Geschmacks und des Budgets.

Putzfassade: Außenputz ist sicherlich die kostengünstige Möglichkeit der Gestaltung. Hier können Sie Farbe und Stil in jeder beliebigen Form kombinieren. Putz ist bei regelmäßiger Pflege lange beständig, sofern Risse immer gleich ausgebessert werden.

Holzfassade: Holz ist auch für die Fassade ein klassischer Werkstoff. Oftmals wird es in Kombination mit anderen Materialien – etwa Putz – eingesetzt und verleiht so dem Haus eine individuelle Note. Holz verändert seine Farbe durch die Witterung, was aber durchaus auch ein erwünschter Effekt ist.

Metallfassade: Ein besonderes Aussehen erhalten Wohnhäuser durch eine Metallfassade, die oft ebenfalls in Kombination mit anderen Materialien eingesetzt wird. Die unterschiedlichen Metallarten wie Aluminium, Edelstahl, Kupfer, Titan, Titanzink oder Stahl können jedoch sehr teuer sein.

Verschiedene Dachziegelsysteme

Das Dach ist für den Wetterschutz äußerst wichtig, da es Regen-wasser und Schneemassen rasch ableitet. Dabei spielen die Dachpfannen eine sehr wichtige Rolle. Sie blicken auf eine jahr-tausendealte Entwicklungsgeschichte zurück und es gibt sie in vielen unterschiedlichen Formen. Die Gebräuchlichsten davon sind:

- Hohlpfanne – diese Dachziegel werden auch holländische Pfan-ne genannt, da sie in den Niederlanden erfunden wurden. Die Pfannen formen eine Welle bzw. ein S und werden an dem lan-gen Eckanschnitt aufeinandergelegt. Sie bilden ein wellenför-mig-geschlossenes Bild, schützen gut gegen Wassereintritt und benötigen eine Mindestdachneigung von 30 Grad.

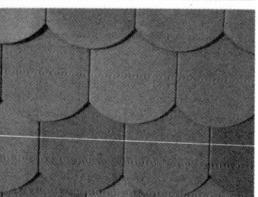

- Biberschwanzziegel – sie werden als der deutsche Ziegel schlechthin betrachtet und kommen vor allem in Süd- bzw. Ost-deutschland vor. Dabei haben sie schon eine über 3.000-jährige Tradition. Es handelt sich um flache Ziegel, die an ei-nem Vorsprung nahe der Oberkante eingehängt werden. Die Unterkante ist oft ein Halbrund, wodurch der Eindruck von Fischschuppen entsteht. Zum Teil sind aber auch flache Unter-kanten üblich.

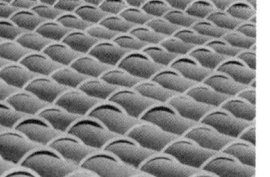

- Doppelmuldenfalzziegel – diese Ziegel weisen eine über hun-dert Jahre alte Industriegeschichte auf. Sie gelten als beson-ders sturmsicher, denn sie bilden mit einer Doppelpfalz sozu-sagen eine halbe Umrahmung des Dachziegels und bieten da-durch einen besonders guten Halt.

Bei der Gestaltung Ihres Daches haben Sie die Wahl zwischen den unterschiedlichsten Ziegelformen.

Der klassische Ziegelstein wird aus Ton oder Lehm hergestellt. Betondachsteine hingegen bestehen aus Sand, Wasser, Zement und einer Färbung. Dachziegel sollten vom Fachmann verlegt werden, damit sie problemlos Wind und Wetter trotzen.

Mängel erkennen und rügen

Wenn Sie während der Bauphase die Teilabnahmen für die einzelnen Gewerke vornehmen, sollten Sie besonders gewissenhaft vorgehen und nichts außer Acht lassen. Für einen Laien ist ein Mangel oft nur schwer zu erkennen. Wird er übersehen, kann er nach der Abnahme zu Problemen führen. Sichern Sie sich deshalb für diesen wichtigen Schritt die Unterstützung eines Experten. Die schlimmsten Mängel können Sie selbst bereits im Vorfeld prüfen.

Formular
auf CD-ROM

Achten Sie insbesondere auf die häufigsten Mängel

❶ Außenarbeiten

Ist die Putzschicht ordnungsgemäß aufgebracht worden?

Bemerkung: ja ☐   nein ☐

....

Sind keine Risse oder abblätternde Stellen im Putz sichtbar?

Bemerkung: ja ☐   nein ☐

....

Wurde die vereinbarte Dämmung aufgebracht?

Bemerkung: ja ☐   nein ☐

....

Wurde die Dämmung fachmännisch verarbeitet?

Bemerkung: ja ☐   nein ☐

....

Entspricht sie den Vorgaben der EnEV?

Bemerkung: ja ☐   nein ☐

....

Sind an den Balkonen keine Risse zu entdecken?

Bemerkung: ja ☐ nein ☐

....

Zieht sich keine Feuchtigkeit am Außenputz nach oben?

Bemerkung: ja ☐ nein ☐

....

❷ **Dacharbeiten**

Wurde die Dämmung fachmännisch verarbeitet?

Bemerkung: ja ☐ nein ☐

....

Entspricht sie den Vorschriften der EnEV?

Bemerkung: ja ☐ nein ☐

....

Ist die Dampfsperre ordnungsgemäß angebracht?

Bemerkung: ja ☐ nein ☐

....

Ist die Dacheindeckung dicht und ist an den Holzbalken
keine Feuchtigkeit zu sehen?

Bemerkung: ja ☐ nein ☐

....

Sind nur komplette Dachziegel verarbeitet worden?

Bemerkung: ja ☐ nein ☐

....

Sind die Dachrinnen dicht oder können Sie ein Leck entdecken?

Bemerkung: ja ☐ nein ☐

....

❸ Fenster und Türen

Entspricht der U-Wert der Fensterscheiben den Vorgaben
der EnEV?

Bemerkung: ja ☐   nein ☐

....

Schließen alle Fenster und Außentüren dicht ab oder
ist Zugluft zu spüren?

Bemerkung: ja ☐   nein ☐

....

Sind an den Rollladenkästen Wärmebrücken vermieden worden?

Bemerkung: ja ☐   nein ☐

....

Lassen sich Fenster und Türen problemlos öffnen und schließen?

Bemerkung: ja ☐   nein ☐

....

❹ Haustechnik

Sind alle Leitungen fachmännisch verlegt?

Bemerkung: ja ☐   nein ☐

....

Sind alle elektrischen Anschlüsse, Antennendosen und Telefonan-
schlüsse gemäß dem Bauplan angebracht worden?

Bemerkung: ja ☐   nein ☐

....

Funktionieren alle Dosen bzw. Lichtschalter?

Bemerkung: ja ☐   nein ☐

....

Funktioniert die Heizungsanlage sowie alle Heizkörper?

Bemerkung: ja ☐   nein ☐

....

Ist sie richtig eingestellt?

Bemerkung: ja ☐   nein ☐

....

Sind alle Heizungs- und Warmwasserrohre in unbeheizten Keller-
räumen gemäß den Vorschriften gedämmt?

Bemerkung: ja ☐   nein ☐

....

❺ Musterbrief Mängelrüge

An
(Firma)
(Straße/ Hausnr.)
(PLZ Ort)

                                     (Ort, Datum)

Bauvertrag vom (Datum)
Auftrag-Nr.

Betreff: Mängelrüge

Sehr geehrte Damen und Herren,

ich habe Sie mit der Erbringung von (genaue Bezeichnung der
Werkleistung) beauftragt und dies/ diese am (Datum) von Ihnen
übergeben bekommen. Leider musste ich folgende Mängel feststellen:

(genaue Beschreibung des Mangels/ der Mängel mit Bezeichnung
der Lage und des Umfangs)

Ich fordere Sie daher auf, den/ die gerügten Mangel/ Mängel bis spätestens (Datum) ordnungsgemäß zu beheben.

Um einen Termin für die Arbeiten vereinbaren zu können, bitte ich Sie mich unter (Telefonnummer) anzurufen.

Mit freundlichen Grüßen
(Auftraggeber)

Das müssen Sie tun:
Notieren Sie sich auf Ihrem Abnahmeprotokoll etwaige Mängel, die Sie und Ihr Architekt gefunden haben. Fordern Sie den Handwerker oder Bauträger dann mithilfe einer schriftlichen Mängelrüge zur Nachbesserung auf. Lassen Sie sich bei der Beschreibung der einzelnen Mängel von Ihrem Architekten helfen.

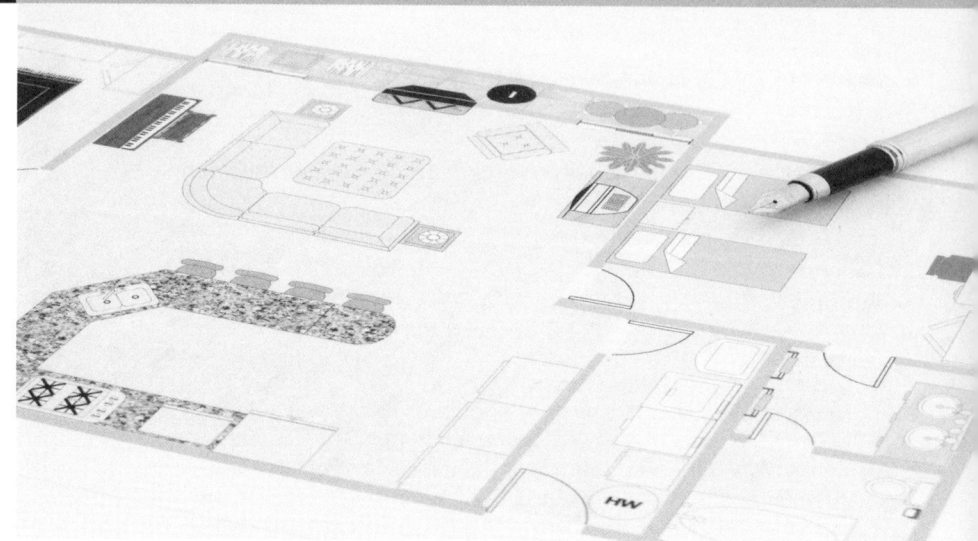

Das Architektenhaus

Wer zahlreiche Wünsche bei seinem Eigenheim verwirklichen möchte und sein Haus ganz individuell plant, der
lässt sich die eigenen vier Wände vom Architekten ent-
werfen und realisieren.

Beim Architektenhaus zeichnet der Architekt die Pläne, kümmert
sich um die Baugenehmigung und überwacht auf Wunsch auch
die Bauausführung bis hin zur Endabnahme.

Beispiel Bungalow-Doppelhaus

Anhand einer zweigeschossigen Bungalow-Doppelhaushälfte
stellt dieses Kapitel nun exemplarisch die Bauzeiten- und Kostenkalkulation des Architekten dar. Das Budget wird dabei auf
unterschiedlichen Wegen kalkuliert und gegenübergestellt.
Zunächst werden die Normalherstellungskosten 2000 herangezogen.

Am Ende des Kapitels werden alle Werte gegenübergestellt und
zusätzlich mit denen eines Passivhauses verglichen. So erhalten
Sie einen guten Eindruck davon, wie viel teurer ein hoher energe-
tischer Standard ist.

Massivbauweise – Stein auf Stein

Die Massivbauweise ist in Deutschland die häufigste Art, ein Haus zu bauen. Sie wird im Bauträgermodell oder eben als individuelles Architektenhaus verwirklicht.

Meist wird hier noch Stein auf Stein gelegt oder Beton auf der Baustelle gegossen. In der Realität findet jedoch meist eine Kombination von beidem statt, indem Mauer- oder Betonwandteile in großen Stücken mit einem Kleinkran auf der Baustelle aufgestellt werden. Massiv bezeichnet heute also nur noch Baustoffe wie Beton oder Stein – im Gegensatz zum Fertighaus, wo überwiegend die Holzständerbauweise eingesetzt wird. Als Argumente für die Massivbauweise wird häufig Folgendes genannt:

Klassische Bauweise

- hohe Lebensdauer,
- geringe Instandhaltungskosten,
- hohe Werthaltigkeit,
- gute Schalldämmung,
- gute Wärmedämmeigenschaften,
- hohe Belastbarkeit und guter Brandschutz.

Gute Argumente dafür

Das wichtigste Argument ist dabei sicherlich die Werthaltigkeit. Der Markt für diese Bauweise ist lang etabliert und die Banken bewerten bei der Finanzierungsanfrage den Massivbau besser als den Fertighausbau. Auch in Sachen Schalldämmung hat er gegenüber dem Fertighausbau die Nase vorn.

Expertentipp

Maß einhalten

Das Standardausführungsmaß beim Massivbau richtet sich nach den Abmessungen eines Ziegelsteines (Länge/ Breite – 24,0/ 11,5 Zentimeter). Da der Arbeitsaufwand geringer wird, lässt sich das Eigenheim so kostengünstiger realisieren. Generell senken Standardmaße die Baukosten. Auch bei Fenster- und Türformaten sollten Sie deshalb keine Experimente eingehen. Sonderanfertigungen können hier sehr teuer werden.

Den Architekten auswählen

Die Wahl des Architekten ist die wichtigste Entscheidung im Rahmen des eigenen Bauprojekts. Die Zusammenarbeit muss stimmen und sich der Bauherr gut durch den Architekten beraten fühlen.

Fachliche Qualifikation Dabei sollten Sie bei Ihrer Entscheidung nicht nur persönliche Kriterien anlegen, sondern vor allem Wert auf seine Qualifikation legen. Im Verlauf der Bauphase müssen Sie schließlich seine Arbeiten kontrollieren und wissen, wie Sie die gestellten Rechnungen prüfen müssen.

Qualitätsanforderungen an den Architekten

Architekt ist ein geschützter Berufstitel in Deutschland, der von den Landesarchitektenkammern vergeben wird. Aber nicht jeder Architekt passt auch zu Ihren Bedürfnissen als Bauherr. Analysieren Sie einige Punkte, bevor Sie sich entscheiden:

Titel: Überzeugen Sie sich zunächst, dass der Architekt den Architektentitel trägt und somit die Bauvorlageberechtigung besitzt, um bei den Baubehörden Bauunterlagen einreichen zu dürfen.

Dienstleister: Der Architekt sollte eine ausgesprochene Dienstleistermentalität besitzen, also Ihre Wünsche respektieren und aktiv verwirklichen.

Anforderungen an den Architekten **Durchsetzungskraft:** Der Architekt sollte in der Bauphase gegenüber den Handwerkern durchsetzungsfähig sein, ein echter „Bauleiter" eben.

Spezialwissen: Der Architekt sollte Spezialist für Familienhäuser sein und auf diesem Gebiet Erfahrung besitzen. Wer in der Regel nur Hochhäuser baut, ist nicht unbedingt in der Lage, auch ein Einfamilienhaus effizient und strikt zu planen.

Haftpflicht: Der Architekt muss eine ausreichend hohe Vermögensschadenshaftpflicht besitzen. Dies ist in den jeweiligen Landesarchitektengesetzen vorgeschrieben.

Transparenz: Der Architekt sollte mit Zahlen und Rechnungen – auch den eigenen – transparent und korrekt umgehen. Dazu gehört auch, dass er eine korrekte Kostenplanung und -kontrolle durchführt.

Nähe: Es ist besser, wenn der Architekt in der Nähe des Bauortes tätig ist. Wer in einem anderen Bundesland eine Baustelle plant, kennt sich nicht gut mit kommunalen Gepflogenheiten aus und ist meist weniger mit regional gültigen Verordnungen vertraut. Außerdem soll der Architekt die Baustelle häufig kontrollieren. Zudem kennt er so auch die Arbeitsweise und Preise der Handwerker vor Ort besser.

Referenzen: Welches Haus hat Ihr Architekt schon gebaut? Lassen Sie sich nachprüfbare Referenzen vorlegen. Suchen Sie zudem den Kontakt mit früheren Kunden, und überlegen Sie sich, ob der Baustil tatsächlich zu Ihren eigenen Wünschen passt.

Am einfachsten ist es für Sie, gleich bei mehreren Architekten Angebote einzuholen und sich nach Arbeitsweise und Konditionen zu erkundigen. Klären Sie aber unbedingt am Anfang des Gesprächs ab, inwiefern die gegebene Information für Sie kostenfrei ist. Der Arbeitsmarkt für Architekten ist zwar staatlich reguliert – das bedeutet aber auch, dass schon aus einer kleinen Anfrage eine Honorarforderung erwachsen kann.

Mehrere Angebote einholen

Die Haftung des Architekten

Der Architekt ist Ihr persönlicher Sachverwalter in der Planungsphase und auf der Baustelle. Gemäß den Landesarchitektengesetzen sind Architekten verpflichtet, eine Berufshaftpflichtversicherung abzuschließen. Sie sollten deshalb feste Rahmenbedingungen im Vertrag vereinbaren, um den Architekten bei Problemen haftbar zu machen. Bauphasen, in denen Schwierigkeiten auftreten können, sind:

Persönlicher Sachverwalter

- Bausummenüberschreitung/ Baukostengarantie,
- fehlerhafte Ausschreibung,
- Angebotseinholung und -prüfung,
- Kostenermittlung,
- laufende Kostenkontrolle,
- Prüfung von Nachträgen,
- Rechnungsprüfung.

Architektenrechnungen prüfen

Die gleichen Kriterien, die für die Handwerkerschlussrechnung gelten, sind auch bei der Abrechnung des Architekten anzulegen: Es muss eine prüffähige Teil- oder Abschlussrechnung vorliegen. Sollte dies nicht der Fall sein, haben Sie als Bauherr zwei Monate Zeit, dem Architekten die fehlende Prüffähigkeit mitzuteilen. Für Sie ist es von Vorteil, nach der HOAI abzurechnen, denn diese macht dem Architekten einige Vorgaben.

Abrechnung nach HOAI **Honorarsätze:** Die hier festgelegten Vorgaben dürfen nicht überschritten werden und richten sich nach der HOAI. Für Architekten gelten also staatlich regulierte Honorare in Deutschland.

Leistungen als Ersatz der Grundleistungen: Diese dürfen in ihrer Höhe nicht die eigentliche Grundleistung übersteigen.

Leistungen zusätzlich zur Grundleistung: Sofern diese nicht zuvor konkret schriftlich vereinbart wurden, dürfen sie vom Architekten auch nicht in Rechnung gestellt werden.

Isolierte Leistungen: Diese ersetzen nicht die Grundleistung des Architekten, daher kann für sie eine freie Honorarvereinbarung getroffen werden.

Nebenkosten: Diese dürfen nur pauschal angesetzt werden, wenn dies zuvor schriftlich vereinbart wurde. Ansonsten muss der Architekt inklusive Beleg nachweisen, welche tatsächlichen Kosten er etwa für Post und Telefon hat.

Besser nachfragen Wenn Sie bestimmte Punkte der Rechnung nicht nachvollziehen können oder unlogisch finden, sollten Sie Ihren Architekten darauf ansprechen. Im Zweifel fragen Sie bei Ihrer Landesarchitektenkammer nach, wie eine Rechnung einzuordnen ist.

Praxisbeispiel: ein Bungalowhaus vom Architekten

In der Theorie klingen alle Angaben zum Thema Baukostenschätzung immer ganz plausibel. Aber in der Praxis ist alles meist etwas schwieriger. Deshalb können Sie nun im Folgenden die Überlegungen und Berechnungen eines Architekten am Beispiel eines zweigeschossigen Bungalowhauses detailliert mitverfolgen.

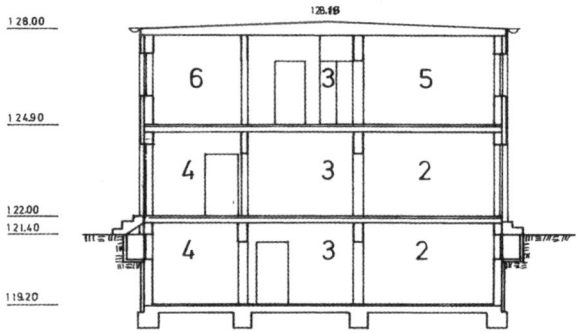

Ein Familienhaus in Bungalowbauweise

Die Beschreibung des Grundstücks

Zunächst muss sich der Architekt erkundigen, was vor Ort vorgeschrieben ist. Eingangs haben Sie schon viel über die Art der baulichen Nutzung und über die Geschossflächenzahl erfahren. Auf
der nachfolgenden Skizze sehen Sie nun konkret, wie das Bei-
spielgrundstück aussieht. Es handelt sich hierbei um einen Baugrund einer großen Ruhrgebietsstadt. Der Architekt vermerkt in
einer Liste die Vorgaben, die ihm für den Entwurf des Hauses
gemacht werden. Hält er sich nicht an diese Vorgaben, wird ihm
die Baugenehmigung verweigert.

* Art der baulichen Nutzung: WR (reines Wohngebiet),
* Maß der baulichen Nutzung: GRZ (Grundflächenzahl) 0,3;
  GFZ (Geschossflächenzahl) 0,6; Zahl der Vollgeschosse II,
* Höhe baulicher Anlagen in Metern über Normalnull: Oberkante
  First 128,18 m; Oberkante Traufe 128,00 m; Oberkante EG-
  Fußboden 122,00 m; Oberkante Gelände/ Weg: 121,40 m,
* Bauweise: Doppelhäuser; Satteldächer mit 3 Prozent Neigung
  zur Traufe; keine Dachüberstände; keine Klinker-, Natur- und
  Betonwerkstein- sowie Steinzeugfassaden,
* Belastungsflächen: Geh- und Fahrrecht für Anlieger (A); Fahr-
  und Leitungsrohre für Erschließungsträger (B),

Vorgaben zur
Bebauung

145

- sonstige Festsetzungen: Keine Stellplätze auf dem Grundstück; Stellplätze sind auf einem gemeinsamen Parkplatz im Neubaugebiet nachzuweisen; Vorgärten ohne Hecken, Zäune oder Ähnliches; Hausgärten mit 0,80 m hohen Jägerzäunen.

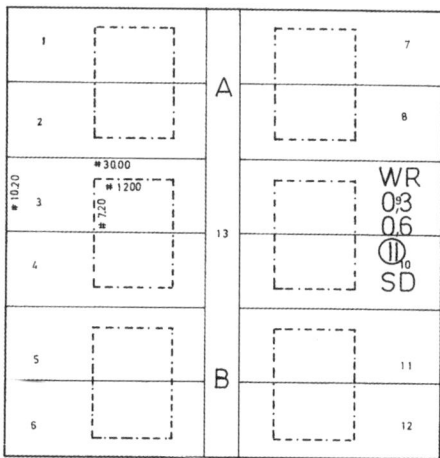

Ein Bebauungsplan schreibt exakt vor, was auf einem Grundstück erlaubt ist.

Expertentipp

Viele Ämter sprechen mit

Wichtige Ämter

Natürlich ist die Baubehörde der Kommune die wichtigste Stelle, mit der Sie und Ihr Architekt sich auseinandersetzen müssen. Aber daneben mischen noch viele weitere Ämter mit. So können Bestimmungen zum Gewässerschutz eine Rolle spielen oder das Grünflächenamt fordert eine bestimmte Art und Anzahl an Bäumen im Garten als Ersatzbepflanzung für ein gefälltes Exemplar.

Baubeschreibung

Nun macht sich der Architekt – nach Absprache mit seinem Kunden – Gedanken zum Haus. Ziel ist es, einerseits den Baubestim-
mungen Rechnung zu tragen und andererseits einen möglichst
hohen Kosten-Nutzen-Effekt zu erzielen. Dies bedeutet: Grundstücksflächen sind teuer und entsprechend soll der Platz optimal
ausgenutzt werden.

Hoher Kosten-Nutzen-Effekt

In unserem Beispiel ist eine Doppelhaushälfte in Bungalowbauweise – mit Flachdach bzw. Satteldach mit sehr wenig Neigung –
geplant. Es wird vier Wohnräume, eine Wohnküche, ein Bad und
ein Gäste-WC haben – ideal für eine vierköpfige Familie.

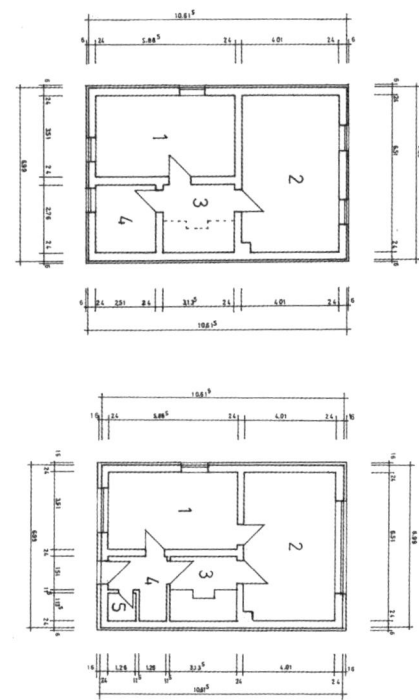

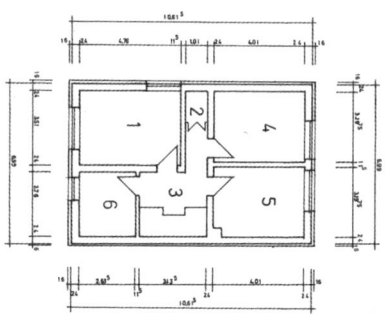

So sehen Keller-, Erd- und Obergeschoss im Grundriss aus.

Konkret listet der Architekt in der Baubeschreibung auf:

Auflistung in der Baube-schreibung

- Allgemein: Doppelhaushälfte mit KG, EG, OG und Satteldach mit 3 Prozent Neigung.
- Konstruktion: Außen- und Innenwände in Mauerwerk, KG- und EG-Decke als Filigrandecke; OG-Decke in Holz.
- Fassade: Holzriegelkonstruktion (senkrecht 6/10 cm) auf Mauerwerk gedübelt; 8 cm Wärmedämmung (WLG 035) zwischen Riegel eingebaut; verbleibende 2 cm dienen der Belüftung; Profilholzbretter auf waagerechter Lattung befestigt.
- Dachaufbau: 3 Lagen Bitumenbahnen (oberste Lage als Abstrahlschicht), wasserfest verleimte Spanplatte, tragende Holzbalken mit Keil zur Neigungsherstellung: 18 cm Wärmedämmung (WLG 035) zwischen den Balken, wasserfest verleimte Spanplatte, Dampfsperre, zwei Lagen Gipskartonplatten (Feuerschutz), Tapete bzw. Anstrich.
- Wände: Außenwände KG-Treppenhaus, EG und OG innenseitig verputzt; Haustrennwand außenseitig mit 6 cm Wärmedämmung (WLG 035); Innenwände verputzt.
- Treppen: gewendelte Innentreppen in Stahlkonstruktion mit Holzstufen, Hauseingangs- und Terrassentreppe in feuerverzinkter Stahlkonstruktion.
- Fenster: Kunststofffenster mit Isolierverglasung.
- Haustür: Kunststoff mit Paneelen; wärmegedämmt.

- Fliesen: Wohnküche Fliesenspiegel; Bad bzw. WC umlaufend türhoch bzw. 1,50 m hoch.
- Bodenbeläge: Eingangsdiele, WC und Bad mit Steinzeugfliesen, Wohnküche PVC, sonst Teppichboden.
- Innentüren: kunststoffbeschichtete Türblätter in Stahlumfassungszargen.
- Tapeten: Raufaser gestrichen.
- Heizung: Gas-Brennwert-Wandtherme mit einbrennlackierten Heizkörpern.
- Sanitär: Waschbecken, Badewanne, Duschtasse und WC-Töpfe in Weiß.
- Elektro: Elektrische Durchlauferhitzer, im Bad elektronisch geregelt; FI-Absicherung für das ganze Haus; Telefon- und Kabelanschluss.
- Sonstiges: Kellerdeckenunterseite mit 6 cm Wärmedämmung (WLG 035), Kelleraußenwände mit 6 cm Wärmedämmung (WLG 035), vorgehängte Kellerlichtschächte, Abstellschrankabschluss im OG, Hauszugangsweg und Terrasse mit Waschbetonplatten, restliche Grundstücksfläche planiert ohne Einsaat und Sträucher/Bäume, Einfriedung mit Jägerzaun.

Expertentipp

Je konkreter, desto kostensicherer

Die Baubeschreibung ist Grundlage des Bauvertrags und der Ausschreibungsunterlagen für die Handwerker. Dabei gilt: Je genauer Sie sich festlegen, desto besser lassen sich die Kosten kalkulieren.

1: Profilholz
2: Traglattung
3: Lüftschicht
4: Dämmung
5: Mauerwerk
6: Putz

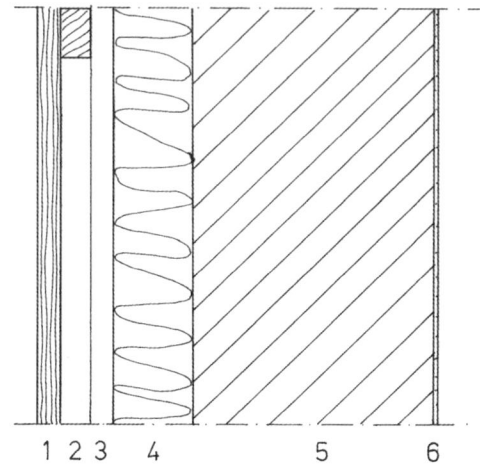

1 2 3   4   5   6

Diese Skizze veranschaulicht, wie die Fassade beim Massivhaus aufgebaut ist.

Berechnungen zum Bebauungsplan

Vorgaben der
Baubehörde

Als Nächstes gilt es, die vorgegebenen Zahlen der Baubehörden möglichst optimal auszunutzen. Der Architekt hat anhand seiner Planung in Abstimmung mit dem Bebauungsplan eine Grundfläche von 78,59 m^2 ermittelt. Dann berechnet er zunächst die Grundstücksgröße durch Vermessung und rechnet hinterher die Grundflächenzahl und die Geschossflächenzahl aus:

• Grundstücksgröße: 10,20 m x 30,00 m = 306 m^2
• Grundflächenzahl-Berechnung: 78,59 m^2 : 306 m^2 = 0,26
• Geschossflächenzahl-Berechnung: (78,59 m^2 x 2) : 306 m^2 = 0,52

Das Ergebnis: Der Bebauungsplan hat eine maximale Grundflächenzahl von 0,30 und eine maximale Geschossflächenzahl von 0,6 vorgesehen. Der Architekt hat also den vorhandenen Platz des Grundstücks im Rahmen der Vorgaben durch die Baubehörden nahezu optimal ausgenutzt.

Technische Berechnung

Nun geht es an das genaue Maß. Auf seiner Bauzeichnung hat der Architekt die Räume des Hauses geplant. Nun möchte er genau errechnen, was am Ende an Fläche und Volumen dabei herauskommt. Zunächst ermittelt der Architekt die Grunddaten: Er überlegt genau, wie sich das Haus in Höhe und Fläche gestaltet. Das ist beim Bungalowhaus recht einfach, denn das Obergeschoss ist eine vollwertige Etage und nicht etwa in der Wohnfläche aufgrund von Dachschrägen zu korrigieren.

Grundfläche KG unterhalb Sockel	7,11 m x 10,915 m	77,61 m^2	Grunddaten
Grundfläche KG im Sockelbereich	7,20 m x 10,915 m	78,59 m^2	
Grundfläche EG	wie vor	78,59 m^2	
Grundfläche OG	wie vor	78,59 m^2	
Bruttogrundfläche KG, EG, OG		rd. 238 m^2	
Geschosshöhe KG		2,80 m	
Geschosshöhe EG		2,90 m	
Geschosshöhe OG im Mittel		3,19 m	

Anschließend ermittelt der Architekt aus diesen zeichnerischen Daten den Bruttorauminhalt. Als Ergebnis erhält er ein Volumen von 700 m^3.

KG unterhalb Sockel	77,61 m^2 x 2,20 m	171 m^3	Brutto-rauminhalt
KG im Sockelbereich	78,59 m^2 x 0,60 m	47 m^3	
EG	78,59 m^2 x 2,90 m	228 m^3	
OG	78,59 m^2 x 3,19 m	251 m^3	
		697 m^3	
Gesamt Bruttorauminhalt		**~ 700 m^3**	

Die Grundfläche ergibt sich aus den Außenwandflächen des Hauses. Viel wichtiger für Sie ist allerdings, wie viel Nutz- und Wohnfläche Ihnen hinterher im fertigen Haus zur Verfügung steht. Auch für einige anschließende Gewerke ist die Berechnung wichtig, etwa für den Teppichleger. Die Flächen errechnet der Architekt nun anhand der Zeichnung ebenfalls exakt.

Nutz- und Wohnfläche

Nutzfläche			
KG	1 Keller	3,51 m x 5,885 m	20,66 m^2
	2 Keller	6,51 m x 4,01 m	26,11 m^2
	– Abzug für Kamin	– 0,40 m x 0,40 m	– 0,16 m^2
	3 Treppenhaus	1,50 m x 3,135 m	4,70 m^2
	+ Vorsprung	0,26 m x 1,135 m	0,30 m^2
	4 Hausanschlussraum	2,76 m x 2,51 m	6,93 m^2
Nutzfläche gesamt			58,54 m^2
Wohnfläche			
EG	1 Wohnküche	3,51 m x 5,885 m	20,66 m^2
	2 Wohnzimmer	6,51 m x 4,01 m	26,11 m^2
	– Abzug für Kamin	– 0,40 m x 0,40 m	– 0,16 m^2
	3 Treppenhaus	1,50 m x 3,135 m	4,70 m^2
	+ Vorsprung	0,26 m x 1,135 m	0,30 m^2
	4 Diele	1,51 m x 2,635 m	3,98 m^2
	+ Dielenerweiterung	1,26 m x 1,26 m	1,59 m^2
	5 Gäste-WC	1,135 m x 1,26 m	1,43 m^2
			58,61 m^2
OG	1 Schlafzimmer	3,51 m x 4,76 m	16,71 m^2
	2 Abstellraum	1,375 m x 1,01 m	1,38 m^2
	3 Flur am Treppenhaus	2,375 m x 1,01 m	2,40 m^2
	Treppenhaus	1,50 m x 3,135 m	4,70 m^2
	Vorsprung	0,26 m x 1,135 m	0,30 m^2
	4 Kinderzimmer	3,1975 m x 4,01 m	12,82 m^2
	5 Kinderzimmer	3,1975 m x 4,01 m	12,82 m^2
	– Abzug für Kamin	– 040 m x 0,40 m	– 0,16 m^2
	6 Bad	2,76 m x 2,635 m	7,27 m^2
			58,24 m^2
EG/ OG	Bruttowohnfläche		116,85 m^2
	abzgl. 3 Prozent für Putz		– 3,51 m^2
Wohnfläche gesamt (gerundet)			113 m^2

Als Ergebnis stehen 113 m² Wohnfläche, ein mehr als akzeptabler Wert für eine vierköpfige Familie.

Bauzeitenplanung

Darauf aufbauend erarbeitet der Architekt eine realistische Bauzeitenplanung. Er überlegt sich anhand von Erfahrungswerten und Grenzen, die ihm durch die Bauphysik und die Logistik auferlegt sind, wann welcher Handwerker auf der Baustelle arbeiten muss. Zwar können auch Gewerke parallel tätig werden. Es gibt aber auch Tätigkeiten, die zwingend den Abschluss der Arbeit eines Vorgängers erfordern.

Der Architekt plant in diesem Fall eine Bauzeit von 38 Wochen ein und rechnet immer in ganzen Wochen. Die Bauzeit bewegt sich im mittleren Rahmen des Möglichen.

Einzelne Gewerke planen

Ein reibungsloser Ablauf der Bauphase setzt eine gute und sorgfältige Bauzeitenplanung voraus. Greifen die Gewerke nicht nahtlos ineinander, kann es zu unnötigen Verzögerungen kommen.

153

Woche	Außenanlage: Planieren, Plattieren, Zaun	Außenanlage: Strom, Tel., Antenne	Außenanlage: Wasser- und Gasanschluss	Außenanlage: Abwasseranschluss	Sonstiges: Baureinigung	Sonstiges: Abstellraumabschluss	Sonstiges: KG-Deckenunterschicht	Sanitär: Endmontage	Elektro: Endmontage	Heizung: Endmontage	Sanitär: Rohrinstallation
20											
											X
											X
							X				X
							X				X
15											X
	X	X									X
10											
5											
			X								
1											

Woche	Elektro: Rohrinstallation	Heizung: Rohrinstallation	Trockenbauarbeiten	Maler-, Lackier- und Tapezierarbeiten	Innentür: Türblätter	Innentüren: Stahltüren, StUZ	Bodenbeläge: Überböden	Bodenbeläge: Estrich	Fliesenarbeiten	Putzarbeiten	Fenster: außen
20										X	
	X	X								X	
	X	X									
	X	X									
	X	X									
15	X	X									
	X	X									
	X	X									
	X										
	X					X					
10	X					X					
	X					X					
	X					X					
	X					X					
	X					X					
5	X					X					
	X										
	X										
1											

155

Woche	Treppen: innen	Fenster und Haustür	Natursteinarbeiten	Klempnerarbeiten	Dachaufbau	Fassade	Konstruktion	Abwasserkanalarbeiten	Gerüstbauarbeiten	Baustelleneinrichtung
20										
			X	X					X	
			X			X			X	
	X	X				X			X	
15	X	X				X			X	
	X	X				X			X	
		X			X				X	
		X			X				X	
		X			X				X	
10							X		X	
							X		X	
							X		X	
							X		X	
							X			
5							X			
							X			
							X			
							X	X		
1										X

Woche	Außenanlage: Planieren, Plattieren, Zaun	Außenanlage: Strom, Tel., Antenne	Außenanlage: Wasser-, Gasanschluss	Außenanlage: Abwasseranschluss	Sonstiges: Baureinigung	Sonstiges: Abstellraumabschluss	Sonstiges: KG-Deckenunterschicht	Sanitär: Endmontage	Elektro: Endmontage	Heizung: Endmontage	Sanitär: Rohrinstallation
40											
	x										
35	x				x						
						x					
								x	x	x	
30								x	x	x	
								x	x	x	
25											
21											

157

Woche	Elektro: Rohrinstallation	Heizung: Rohrinstallation	Trockenbauarbeiten	Maler-, Lackier- und Tapezierarbeiten	Innentür: Türblätter	Innentüren: Stahltüren, StUZ	Bodenbeläge: Überböden	Bodenbeläge: Estrich	Fliesenarbeiten	Putzarbeiten	Fenster: außen
40											
35					X						
							X				
							X				
											X
30											X
				X							
				X							
				X							
				X					X		
25				X					X		
			X					X			
			X					X			
								X		X	
21											X	

Baukostenkalkulation

Die Baukostenkalkulation ist für den Bauherren und den Architekten sehr wichtig, denn sie dient für die komplette Bauphase als Richtwert. Übersteigt ein Gewerk die veranschlagten Kosten, muss der Architekt nach der Ursache suchen und generell darauf achten, dass die Kosten nicht völlig aus dem Ruder laufen.

In Ihrem eigenen Interesse sollten Sie die Überprüfung der Kosten nicht ausschließlich dem Architekten überlassen, sondern diese ebenfalls im Blick behalten. Dazu stellen Sie die Rechnungen den tatsächlichen Kosten gegen bzw. ordnen sie den einzelnen Buchungsposten der Liste zu. Kontrollieren Sie diese mindestens einmal in der Woche genau. *Kosten selbst überprüfen*

Im Folgenden werden unterschiedliche Baukostenkalkulationen gegenübergestellt: Die Baukostenschätzung nach NHK 2000 haben Sie schon kennengelernt. Im Anschluss berechnet der Architekt aufgrund eigener Recherche die Baukosten. Und zu guter Letzt werden alle Zahlen noch einmal den Werten des BKI Baukostenatlas gegenübergestellt. Hier können Sie auch feststellen, um wie viel teurer ein Haus in Passivhausbauweise wäre. *Gegenüberstellung*

Expertentipp

BKI-Baukostenatlas

Das Baukosteninformationszentrum Deutscher Architektenkammern (*www.bki.de*) gibt die Grundlage professioneller Baukostenkalkulationen heraus, die BKI Baukosten. Mit ihrer Hilfe können die einzelnen Kostenfaktoren, nach Gewerken aufgelistet, ermittelt werden. Damit sind die BKI-Daten deutlich umfassender als etwa die Normalherstellungskosten nach NHK. Die BKI-Baukosten bestehen aus drei Teilen mit einer Karte für Korrekturfaktoren und sind für Sie als Bauherr und Ihren Architekten eine unentbehrliche Arbeitsgrundlage.

Baukostenschätzung nach Normalherstellungskosten 2000

Formular
auf CD-ROM

Die Wertermittlungsrichtlinie (WertR) (→CD-ROM) listet in ihrem Anhang die Normalherstellungskosten von Immobilien für das Jahr 2000 (NHK 2000) (→CD-ROM) auf. Im Kapitel „Die Vorbereitungsphase" (ab Seite 22) wurde über diese Form der Kostenermittlung berichtet, die nun als eine von vielen Möglichkeiten aufgegriffen werden soll. Die NHK 2000 haben den Nachteil, dass sie nicht die Kosten für die einzelnen Gewerke auflisten, sondern ausschließlich auf Basis der Bruttogrundfläche einen durchschnittlichen Kostenfaktor mitteilen.

Entscheidend für die Doppelhaushälfte in Bungalowbauweise mit Flachdach ist der Abschnitt 2.13. Für das komplette Kapitel 2 der NHK 2000 werden folgende Ausstattungsmerkmale zugrunde gelegt:

Ausstattungs-
merkmale

Kosten-gruppe	Einfach	Mittel
Fassade	Mauerwerk mit Putz- oder Fugenglattstrich und Anstrich	Wärmedämmputz, Wärmedämm-verbundsystem, mittlerer Wärme-dämmstandard
Fenster	Holz, Einfachverglasung	Kunststoff, Rollladen, Isolierverglasung
Dächer	Betondachpfannen (untere Preisklasse), Bitumen-, Kunststoff-folienabdichtung	Betondachpfannen (gehobene Preis-klasse), mittlerer Wärmedämmstandard
Sanitär	1 Bad mit WC, Gäste-WC, Installation teilweise auf Putz	1–2 Bäder, Gäste-WC, Installation unter Putz
Innenwand-bekleidung der Nass-räume	Ölfarbenanstrich, Fliesensockel (1,50 m)	Fliesen (2,00 m)

Bodenbeläge	Holzdielen, Nadelfilz, Linoleum, PVC (unterer Preisklasse); Nassräume: PVC, Fliesen	Teppich, PVC, Fliesen, Parkett, Linoleum (mittlere Preisklasse); Nassräume: Fliesen
Innentüren	Füllungstüren, Türblätter und Zargen gestrichen, Stahlzargen	Kunststoff-/ Holztürblätter, Holzzargen, Glastürausschnitte
Heizung	Einzelöfen, elektrische Speicherheizung, Boiler für Warmwasser	Zentralheizung, Warmwasserbereitung (zentral)
Elektroinstallation	Je Raum 1 Lichtanlass und 1–2 Steckdosen, Installation teilweise auf Putz	Je Raum 1–2 Lichtanlässe und 2–3 Steckdosen, Installation unter Putz

Quelle: NHK 2000, Anlage 7 zur WertR

Als Lebensdauer des Gebäudes werden 60 bis 100 Jahre angegeben, der Baunebenkostenanteil beträgt 14 Prozent.

Es ist schnell ersichtlich, dass der einfache Standard heute nicht mehr gebräuchlich ist. Insbesondere an die Wärmeschutzmaßnahmen stellen sich inzwischen bei einem Neubau mindestens Anforderungen der mittleren Kategorie. Die Unterschiede werden gemacht, weil die NHK 2000 auch als Wertermittlungstabelle für Altbauten verwendet werden, die durchaus einen einfachen Standard haben können.

Mittlere und einfache Kategorie

Bei dem geplanten Bungalowhaus handelt es sich um eine Doppelhaushälfte mit aktuellem Baujahr. Es ist ein Kopfhaus entsprechend der Kategorie 2.13 „Keller, Erd-, Obergeschoss, Flachdach" mit einer durchschnittlichen Geschosshöhe von 2,95 Metern. Entsprechend werden auf die Bruttogrundfläche in €/ m^2 folgende Preise pro m^2 errechnet:

- Einfacher Standard 2000: 735 €,
- mittlerer Standard 2000: 770 €.

161

Um nun den Wert der Immobilie korrekt darzustellen, muss er noch um die Preissteigerung seit 2000 bereinigt werden. Regionale Faktoren spielen bei der NHK 2000 keine Rolle. Der Baupreisindex ist recherchierbar beim Statistischen Bundesamt unter *www.destatis.de* (Kategorie Preise/Baupreise, Kaufwerte für Grundstücke/Tabellen – Link „Wohngebäude, Nichtwohngebäude"). Als Basisjahr wird hier – der Einfachheit halber – das Jahr 2000 angegeben. Demnach hat der Baupreisindex zum Stichtag 31.12.2007 einen Wert von exakt 112,8. Daraus ergibt sich folgender korrigierter Wert für die Bruttogrundfläche in €/m²:

- Einfacher Standard 2008: 735 € x 112,8 : 100 = rund 830 €,
- mittlerer Standard 2008: 770 € x 112,8 : 100 = rund 870 €.

Das Beispielobjekt hat eine Bruttogrundfläche von rund 238 m². Daraus ergibt sich folgende Baukostenschätzung:

- Einfacher Standard 2008: 830 € x 238 m² = rund 197.500 €,
- mittlerer Standard 2008: 870 € x 238 m² = rund 207.000 €.

Baukostenschätzung erstellen

Der Architekt hat ähnliche Objekte wie das geplante schon mehrfach gebaut und ist nicht nur ortskundig, sondern kennt sich auch sehr gut mit den örtlichen Marktpreisen der Handwerker aus. Jetzt geht für ihn die Arbeit ins Detail. Die Grundlage sind dazu die oben skizzierten Grundzahlen, anhand derer er überschlägig (Öffnungen in der Wand werden dabei einfach übermessen) die Hauptpositionen der einzelnen Gewerke ermittelt und mit den ortsüblichen Bruttodurchschnittspreisen multipliziert.

Formular
auf CD-ROM

Dies sollte mithilfe entsprechender Software zu einem ersten Ergebnis führen, bei dem 200.000 € unterstellt werden. Damit Sie als Bauherr aber mitreden können, sollten Sie sich intensiv mit dem Thema beschäftigen. Die nachstehende Tabelle (interaktive Tabelle →CD-ROM) soll Ihnen dabei helfen. Die Grundlage ermitteln Sie wie der Architekt. Für die Einzelpreise fragen Sie bei Handwerkern nach, recherchieren im Internet und ziehen Fachbücher zurate. Fragen Sie auch Freunde oder Bekannte, die kürzlich selbst ein Haus gebaut haben.

Position	Bezeichnung	Lage	Massenermittlung				Preisermittlung	
			Länge in m	Höhe/Breite in m	Fläche in m²	Stück oder Dicke	Einzelpreis in €	Gesamtpreis in €
A) Baustelleneinrichtung								
1*	Baustrom-/ Wasseranschluss					1	1.259,00	1.259,00
2*	Bauschild, Baubude, Miet-WC						pau- schal	1.500,00
								2.759,00
B) Gerüstbauarbeiten								
1	Fassadengerüst	KG	37,00	0,60	22,20		7,00	155,00
2	Fassadengerüst	EG	37,00	2,90	107,30		7,00	751,00
3	Fassadengerüst	OG	37,00	4,00	148,00		7,00	1.036,00
								1.943,00
C) Abwasserkanalarbeiten								
1*	Steinzeugrohr	KG	15,00				40,00	600,00
2*	Bodeneinlauf	KG				1	220,00	220,00
3*	Revisionsschacht	KG				1	700,00	700,00
								1.520,00
D) Konstruktion								
1*	Mutterbodenabtrag d=30 cm	KG	11,60	15,01	174,12		1,00	174,00
2*	Baugrubenaushub	KG	10,40	14,01	145,70	1,90	5,00	1.384,00
3*	Fundamentaushub	KG	53,00	0,50	26,50	0,60	30,00	477,00
4*	Tragschicht	KG	TB		77,61		12,00	931,00
5*	Arbeitsraum- verfüllung	KG	48,82	2,20	107,40	1,60	10,00	1.718,00
6*	Fundamentbeton bewehrt	KG	53,00	0,5	26,5	0,6	145,00	2.306,00
7*	Bodenplatte	KG	TB		77,61	0,12	150,00	1.397
8*	Filigrandecke	KG	TB		78,59		60,00	4.715

163

Position	Bezeichnung	Lage	Massenermittlung				Preisermittlung	
			Länge in m	Höhe/Breite in m	Fläche in m^2	Stück oder Dicke	Einzelpreis in €	Gesamtpreis in €
8a	Filigrandecke	EG	TB		78,59		60,00	4.715,00
9	Nicht tragendes Mauerwerk, 11,5 cm Kalksandvollstein	EG	5,39	2,90	15,63		50,00	782,00
10	Nicht tragendes Mauerwerk, 11,5 cm Kalksandvollstein	OG	2,76	3,19	8,80		50,00	440,00
11	Tragendes Mauerwerk, 24 cm Hochlochziegel	KG	61,00	2,80	170,80		70,00	11.956,00
12	Tragendes Mauerwerk, 24 cm Hochlochziegel	EG	55,00	2,90	159,50		70,00	11.165,00
13	Tragendes Mauerwerk, 24 cm Hochlochziegel	OG	53,00	3,19	169,07		70,00	11.835,00
								53.996,00
E) Natursteinarbeiten								
1	Innere Fensterbank, Naturstein	EG/ OG	12,00				55,00	660,00
2	Wie vor, jedoch außen	EG/ OG	12,00				55,00	660,00
								1.320,00
F) Fassade								
1*	2-lagige Abdichtung	KG	35,21	2,80	98,59		15,00	1.479,00
2*	60-mm-Perimeterdämmung	KG	35,21	2,20	77,46		25,00	1.937,00
3*	Unterkonstruktion aus Kanthölzern	KG	24,59	0,60	14,75		20,00	295,00

| Position | Bezeichnung | Lage | Massenermittlung | | | | Preisermittlung | |
			Länge in m	Höhe/Breite in m	Fläche in m^2	Stück oder Dicke	Einzelpreis in €	Gesamtpreis in €
4*	Traglattung	KG	24,59	0,60	14,75		10,00	148,00
5*	80-mm-Dämmung WLG 035	KG	24,59	0,60	14,75		15,00	221,00
6*	Profilholzbretter	KG	24,59	0,60	14,75		60,00	885,00
7	Wie vor	EG	24,59	2,90	71,31		105,00	7.488,00
8	Wie vor	OG	24,59	3,19	78,44		105,00	8.236,00
								20.689,00
G) Dachaufbau								
1	3 Lagen Bitumenbahnen	OG	7,20	11,91	85,75		35,00	3.001,00
2	Wasserfeste Spanplatte	OG	7,20	11,91	85,75		20,00	1.715,00
3	Balkenlage; Abstand 60 cm; Länge 10,91 m; Breite 12 cm; Höhe im Mittel 27 cm; 13 Stück bei Gebäudebreite 7,20 m	OG	142,00	0,12	17,04	0,27	700,00	3.221,00
4	Wärmedämmung	OG	7,20	11,91	85,75		20,00	1.715,00
5	Wasserfeste Spanplatte	OG	7,20	11,91	85,75		20,00	1.715,00
6	Dampfsperre	OG	7,20	11,91	85,75		5,00	429,00
								11.796,00
H) Klempnerarbeiten								
1	2 Rinnen mit Traufstreifen	OG	14,40				50,00	720,00

Position	Bezeichnung	Lage	Massenermittlung				Preisermittlung	
			Länge in m	Höhe/Breite in m	Fläche in m^2	Stück oder Dicke	Einzelpreis in €	Gesamtpreis in €
2	Fallrohr	EG/ OG	8,00				20,00	160,00
2a*	Fallrohr	KG	5,00				20,00	100,00
3*	Gussstandrohr	KG	5,00				50,00	250,00
								1.230,00
I) Treppen								
1*	Hauseingangstreppe inklusive Handlauf	EG				1	600,00	600,00
2*	Geschosstreppe	KG				1	1.800,00	1.800,00
2a*	Geschosstreppe	EG				1	1.800,00	1.800,00
3	Wohnzimmerausgangstreppe	EG				1	800,00	800,00
								5.000,00
J) Putz- und Stuckarbeiten, Gipskartonarbeiten								
1*	Wandputz (Treppenhaus)	KG	11,79	2,55	30,06		15,00	451,00
2	Wandputz	EG	60,00	2,65	159,00		15,00	2.385,00
3	Wandputz	OG	80,00	2,87	229,60		15,00	3.444,00
4	2 Lagen Gipskarton	OG	TB		58,24		35,00	2.038,00
								8.318,00
K) Fenster, Haustür und Verglasung								
1*	Kunststofffenster	KG				5	220,00	1.100,00
2	Kunststofffenster unter 1,7 m	OG				1	450,00	450,00
3	Kunststofffenster über 1,7 m	EG/ OG				6	900,00	5.400,00

Position	Bezeichnung	Lage	Massenermittlung				Preisermittlung	
			Länge in m	Höhe/Breite in m	Fläche in m^2	Stück oder Dicke	Einzelpreis in €	Gesamtpreis in €
4	Wohnzimmer-fenster	EG				1	3.500,00	3.500,00
5	Hauseingangstür	EG				1	2.500,00	2.500,00
6	Isolierglas U=1,3W/m^{2}K	EG	1,90	1,35	2,57		60,00	154,00
7	Isolierglas U=1,3W/m^{2}K	EG	1,10	1,35	1,49		60,00	89,00
8	Isolierglas U=1,3W/m^{2}K	EG	4,00	2,20	8,80		60,00	528,00
9	Isolierglas U=1,3W/m^{2}K	OG	1,70	1,35	2,30	3	60,00	413,00
10	Isolierglas U=1,3W/m^{2}K	OG	1,50	1,35	2,03		60,00	122,00
11	Isolierglas U=1,3W/m^{2}K	OG	1,10	1,35	1,49		60,00	89,00
								14.345,00
L) Fliesen								
1	Fliesenspiegel Küche	EG			5,00		58,00	290,00
2	WC	EG	4,78	1,50	7,17		58,00	416,00
3	Bad	OG	10,79	2,05	22,12		58,00	1.283,00
								1.989,00
M) Bodenbeläge								
1*	Estrich mit Abdichtung gegen aufsteigende Feuchtigkeit	KG	TB		59,00		30,00	1.770,00
2*	50-mm-Wärmedämmung	KG	TB		59,00		10,00	590,00

Position	Bezeichnung	Lage	Massenermittlung					Preisermittlung	
			Länge in m	Höhe/Breite in m	Fläche in m^2	Stück oder Dicke	Einzelpreis in €	Gesamtpreis in €
3	Estrich mit Tritt-schalldämmung	EG/OG	TB		114,00		25,00	2.850,00
4	Fliesen WC und Bad	EG/OG	TB		12,98		55,00	714,00
5	PVC Wohnküche	EG	TB		20,66		25,00	517,00
6	Velours in restli-chen Räumen	EG/OG	TB		79,75		30,00	2.393,00
								8.833,00
N) Innentüren								
1*	Stahltür	KG				3	500,00	1.500,00
2	Kunststoffbe-schichtet mit Stahl-umfassungszargen	EG/OG				9	350,00	3.150,00
								4.650,00
O) Maler-, Lackier- und Tapezierarbeiten								
1*	Raufaser kleben	KG	11,77	2,55	30,01		5,00	150,00
2	Raufaser kleben	EG	78,96	2,65	209,24		5,00	1.046,00
3	Raufaser kleben	EG	TB		58,60		5,00	293,00
4	Raufaser kleben	OG	70,16	2,87	201,36		5,00	1.007,00
5	Raufaser kleben	OG	TB		58,24		5,00	291,00
6*	Raufaser streichen	KG	11,77	2,55	30,01		7,00	210,00
6a	Raufaser streichen (siehe Position 2 bis 5)	EG/OG			527,44		7,00	3.692,00
								6.689,00
P) Heizung (hier wird mittlerer Standard zugrunde gelegt, um den Energie-verbrauch niedrig zu halten)								
1	EFH unterkellert, Kessel				238		20,00	4.760,00

Position	Bezeichnung	Lage	Länge in m	Höhe/Breite in m	Fläche in m^2	Stück oder Dicke	Einzelpreis in €	Gesamtpreis in €
			Massenermittlung				Preisermittlung	
2	EFH unterkellert, Rohre				238		5,00	1.190,00
3	EFH unterkellert, Heizkörper				238		20,00	4.760,00
								10.710,00
Q) Elektro (EFH und ZFH; unterkellert; einfacher bis mittlerer Standard)								
1*	Erdung/ Blitzschutz Telefon/ Antenne Schalter/ Steckdosen Unterverteilung mit FI-Schalter Durchlauferhitzer Verbindungskabel Klingelanlage Licht/ Schalter/ Steckdosen (pauschal)	EG/ OG/ KG			238		25,00	5.950,00
*	Licht/ Schalter/ Steckdosen (pauschal)					1	500,00	500,00
								6.450,00
R) Sanitär (EFH und ZFH; unterkellert; einfacher Standard)								
1	Abwasseranlagen				238		15,00	3.570,00
2	Wasseranlagen				238		25,00	5.950,00
								9.520,00
S) Sonstiges								
1*	Deckenunterseite mit 6 cm Wärmedämmung	KG	TB		58,54		15,00	878,00

| Position | Bezeichnung | Lage | Massenermittlung | | | | Preisermittlung | |
			Länge in m	Höhe/Breite in m	Fläche in m²	Stück oder Dicke	Einzelpreis in €	Gesamtpreis in €
2*	Vorgehängte Licht-schächte	KG				5	160,00	800,00
3	Abstellraum-abschluss	OG					pau-schal	500,00
4	Baureinigung	EG OG					pau-schal	500,00
								2.678

Außenanlagen (pauschal, Anfrage bei örtlichem Versorgungsunternehmen oder Gartenbaufirma)

*	Abwasser-anschlusss Wasseranschluss Stromanschluss Gasanschluss Telefonanschluss Fernsehanschluss						pau-schal	5.500,00
*	Grundstück planieren						pau-schal	500,00
*	Zugangswege und Terrasse plattiert mit Untergrund						pau-schal	3.000,00
*	Jägerzaun						pau-schal	1.000,00
								10.000,00

Kostenkalkulation der Gebäudekosten und Außenanlagen
TB = Grundlage ist hierfür die technische Berechnung einige Seiten zuvor.
* Die so gekennzeichneten Positionen tauchen ab Seite 198 als Grundlage
für die Kostenermittlung des Fertighauses noch einmal auf.

Der Architekt listet noch einmal alle Gewerke auf. In seiner Tabellenkalkulation werden die Werte hier automatisiert ermittelt.

A	Baustelleneinrichtung	2.759 €
B	Gerüstbauarbeiten	1.943 €
C	Abwasserkanalarbeiten	1.520 €
D	Konstruktion	53.996 €
F	Fassade	20.689 €
G	Dachaufbau	11.796 €
H	Klempnerarbeiten	1.230 €
Rohbau		93.933 €
E	Natursteinarbeiten	1.320 €
I	Treppen	5.000 €
J	Putz- und Stuckarbeiten, Gipskartonarbeiten	8.318 €
K	Fenster und Haustür inkl. Verglasung	14.345 €
L	Fliesenarbeiten	1.989 €
M	Bodenbeläge	8.833 €
N	Innentüren	4.650 €
O	Maler-, Lackier- und Tapezierarbeiten	6.689 €
S	Sonstiges	2.678 €
Ausbau		53.822 €
P	Heizung	10.710 €
Q	Elektro	6.450 €
R	Sanitär	9.520 €
Technik		26.680 €
Gebäudekosten		174.435 €
Außenanlagen		10.000 €

Zusammenfassung: Kosten für Gebäude und Außenanlagen

Das Ergebnis ist wenig überraschend: Ein Großteil der Kosten wird für den Rohbau veranschlagt. Interessant sind aber auch gerade aus Bauherrensicht die Posten für den Ausbau. Erstens ließe sich hier durch Eigenleistung zum Teil Geld sparen. Zweitens ist das genau der Bereich, in dem die Verlockung besonders groß ist, doch die etwas bessere Ausstattung zu wählen.

Berechnung der Baunebenkosten

Die Baunebenkosten setzen sich aus Genehmigungsgebühren, Versicherungsprämien und den Honoraren für Architekten und Ingenieure zusammen. Die Genehmigungsgebühren erfragen Sie beim Bauamt, über die Versicherungsgebühren gibt Ihre Haftpflicht- und Wohngebäudeversicherung Auskunft.

Die Honorare für den Architekten und die Ingenieure können Sie aus der HOAI selbst ermitteln. Hierzu wählen Sie für Ihr Objekt den Schwierigkeitsgrad mit durchschnittlich aus. Achten Sie darauf, dass es sich bei den Honoraren um Nettopreise handelt, die auch nur von Nettogebäudekosten und Netto-Außenanlagekosten ermittelt werden dürfen.

Die Baunebenkosten
können einen Bau
verteuern.

Genehmigungen und Versicherungen	1.400 €
Architekt gem. HOAI § 10; Honorarzone III durchschn. Planungsanforderungen Honorar lt. Tabelle bei 150.000 € anrechenbaren Nettokosten von 16.578 € bis 20.818 € Honorar lt. Tabelle bei 200.000 € anrechenbaren Nettokosten von 21.586 € bis 26.792 EUR 184.435 € : 1,19 (MwSt.) = rund 155.000 € anrechenbare Nettobaukosten Honorar lt. Tabelle bei 155.000 € anrechenbaren Nettobaukosten von 17.078 € bis 21.415 € (ermittelt durch lineare Interpolation) Festgesetzt: 17.078 € zzgl. 19 Prozent MwSt.	20.300 €
Statiker gem. HOAI § 62; Honorarzone III; durchschnittl. Schwierigkeitsgrad Honorar lt. Tabelle bei 75.000 € anrechenbaren Nettorohbaukosten von 7.770 € bis 9.941 € Honorar lt. Tabelle bei 100.000 € anrechenbaren Nettorohbaukosten von 9.761 € bis 12.450 € 93.933 € : 1,19 (MwSt.) = rund 79.000 € anrechenbare Nettorohbaukosten	9.600 €

Honorar lt. Tabelle bei 79.000 € anrechenbaren Nettorohbaukosten von 8.090 € bis 10.342 € (ermittelt durch lineare Interpolation) Festgesetzt: 8.090 € zzgl. 19 Prozent MwSt.	
Fachingenieure gem. HOAI § 68; Honorarzone II Honorar lt. Tabelle bei 20.000 € anrechenbaren Nettorohbaukosten von 5.693 € bis 6.914 € Honorar lt. Tabelle bei 25.000 € anrechenbaren Techniknettokosten von 6.808 € bis 8.273 € 26.680 € : 1,19 (MwSt.) = rund 23.000 € anrechenbare Technikkosten Honorar lt. Tabelle bei 23.000 € anrechenbaren Nettorohbaukosten von 6.362 € bis 7.669 € (ermittelt durch lineare Interpolation) Festgesetzt: 6.362 € zzgl. 19 Prozent MwSt.	7.600 €
Baunebenkosten	38.900 €

Berechnung der Gesamtkosten

Am Ende fasst der Architekt alle Kosten zusammen und kalkuliert noch einen Rundungsbetrag für mögliche Unwägbarkeiten hinzu. So sind die Gesamtkosten kalkuliert:

Gebäudekosten	174.500 €	Zusammen-fassung der Kosten
Rund 4 Prozent Zuschlag auf Baukosten wegen Unwägbarkeiten	6.600 €	
Baunebenkosten	38.900 €	
Außenanlagen	10.000 €	
Gesamtkosten	230.000 €	

Die eigenen Ermittlungen des Architekten haben also einen Gesamtbaupreis von 230.000 € ergeben.

Gegenüberstellung von Vergleichswerten

Abschließend werden nun noch einmal allen ermittelten Werten diejenigen der NHK gegenübergestellt. Ergänzend dazu erfahren Sie hier auch, was die – deutlich detaillierteren BKI Baukosten –

für unser Beispiel ermitteln. Deshalb werden diese auch zum normierten Faktor für die errechneten Abweichungen verwendet.

Kostenermitt-lung	€/ m³ Brutto-rauminhalt (BRI)			€/ m² Bruttoge-schossfläche (BGF)			€/ m² Nutzfläche (NF)			Abw. *
	Min.	Med	Max	Min.	Med	Max	Min.	Med	Max	
Kosten gemäß eigener Baukos-tenermittlung		260			760			1210		84
Kosten gemäß Normalherstel-lungskosten 2000					870					96
Kosten gemäß BKI Baukosten	265	310	335	750	910	1100	1130	1340	1630	100
Kosten gemäß BKI Baukosten Niedrigenergie-haus	280	330	385	800	980	1230	1120	1430	1820	108
Kosten gemäß BKI Baukosten Passivhauses	310	375	420	920	1100	1230	1270	1600	1830	122

* Abweichung vom mittleren Wert der Bruttogeschossfläche (BGF) in Pro-zent, Basis für die eigene Kostenermittlung sind 181.000 €.

Vorstehende Wertgegenüberstellung zeigt, dass Sie bei Ihren Kosten zwar im Rahmen des mittleren Standards liegen, aber an der unteren Grenze.

Bewertung des Ergebnisses

Die Gegenüberstellung der drei Ergebnisse

Ergebnisse vergleichen
- Baukosten gemäß BKI: 216.000 €,
- Baukosten gemäß Architektenprogramm: 200.000 €,
- Baukosten gemäß Ihrer vorstehenden Ermittlung: 181.000 €,

wirft einige Fragen auf. Beim Vergleich der einzelnen Gewerke wird sich vielleicht herausstellen, dass etwa die Baubeschreibung zu ungenau ist oder Sie oder der Architekt einen Multiplikations- oder Additionsfehler begangen haben.

Außerdem zeigt die Vergleichswertgegenüberstellung, dass ein Niedrigenergie- oder Passivhausstandard teurer ist. Konkret bedeutet dies für die reinen Baukosten (ohne Baunebenkosten) überschlägig:

Vergleichswertgegenüberstellung

- Normal: rund 181.000 € (eigene Recherche) bzw. rund 216.000 € (BKI),
- Niedrigenergiestandard (nach BKI): rund 233.000 €,
- Passivhausstandard (nach BKI): 253.000 €.

Die Werbesprüche mancher Hausvermarkter, dass es kaum Preisunterschiede gäbe, lassen sich also eindeutig nicht bestätigen. Nichtsdestotrotz ist eine Investition in Energiesparmaßnahmen dauerhaft betrachtet lohnend, da sich potenziell steigende Energiekosten verhältnismäßig schnell amortisieren. Beim Neubau bietet es sich daneben natürlich auch an, hier gleich auf den höchsten Standard zu setzen, denn dies ist auf jeden Fall günstiger als eine spätere Modernisierung.

Die Realität zeigt, ob alles stimmt

Alle vorstehenden Zahlen hat der Architekt ausgiebig mit dem Bauherrn abgestimmt und sie sind nun Grundlage seiner weiteren Planung. Natürlich geben die Kalkulationen mitnichten die tatsächlichen Endkosten wider. Sie sind aber eine gute Arbeitsgrundlage für Architekt, Bauherr und auch die finanzierende Bank.

Nun reicht der Architekt seinen Entwurf zur Genehmigung bei den Baubehörden ein und beginnt, einen Ausschreibungstext zu verfassen und verschiedene Handwerker um die Zusendung von Angeboten zu bitten.

Später wird er auf der Baustelle und während der Bauphase ständig die Einhaltung der Zeiten und Kosten kontrollieren. Geht alles glatt, dann steht das versprochene Bungalowhaus innerhalb von 38 Wochen und hat etwa das geplante Budget gekostet.

Erst am Ende zeigt sich, ob die Planung stimmt.

Baukosten und Einsparmöglichkeiten

Formular
auf CD-ROM

1. Baukosten richtig schätzen
Ein wichtiger Punkt Ihrer Vorbereitungen ist die Schätzung von Baukosten. Gerade hier können Sie durch eine gründliche Vorgehensweise sehr viele Kosten sparen. Immer sinnvoll ist zudem das Ausschreiben bestimmter Gewerke am Markt. Verfassen Sie die Ausschreibung möglichst detailliert und holen Sie immer mehrere Angebote ein.

Normalherstellungskosten ☐
Anhand des gewünschten Ausstattungsstandards können Sie mit dem Anhang 7 der Wertermittlungsrichtlinie die Normalherstellungskosten Ihres Traumhauses ermitteln.
Normalherstellungskosten: ....€

Korrektur durchführen ☐
Fügen Sie noch pauschal 15 Prozent für die Baunebenkosten hinzu und korrigieren Sie den Wert außerdem um die Preissteigerung, die Sie beim Statistischen Bundesamt erfragen können. Vergessen Sie auch die Außenanlagen nicht! Sie haben nun exemplarisch die Herstellungskosten berechnet.
Herstellungskosten nach Korrektur: ....€

Ausstattung recherchieren ☐
Beim Baumarkt, Fachhandel oder auch per Katalog können Sie nun weitere Details genauer recherchieren. Sie sollten sich dabei beispielsweise für bestimmte Fliesen festlegen und die Preise dann in einer Liste notieren.
Ausstattung: ....€

Möbel nicht vergessen ☐
Ein Bauträger übergibt Ihnen ein Haus natürlich nicht möbliert, deshalb wird dieser immense Kostenblock bei der Kalkulation von Bauherren oft vergessen. Das Gleiche gilt für die Einbauküche. Auch Lampen können ganz schön teuer sein. Informieren Sie sich hier rechtzeitig.
Kosten für Möbel: ....€

2. Kostensparmöglichkeiten bei Rohbau und Ausbau
Übersteigen die Baukosten Ihr geplantes Budget, können Sie in
einigen Bereichen Einsparungen überlegen, ohne Abstriche bei
Qualität und Komfort zu machen.

Diese Positionen sollten Sie überprüfen:

Grundsätzliche Vorüberlegungen
Haben Sie die Grundstücksgröße optimal auf die
Hausgröße abgestimmt?   ja ☐   nein ☐

Ist eine kompakte Hausform geplant?   ja ☐   nein ☐

Lassen sich die vermutlichen Energieverluste und
der Materialaufwand durch den Verzicht auf Erker
oder unregelmäßige Gestaltungselemente in Gren-
zen halten?   ja ☐   nein ☐

Ist eine vollständige Unterkellerung notwendig?   ja ☐   nein ☐

Haben Sie bei der Planung des Dachs auf eine ein-
fache Form geachtet?   ja ☐   nein ☐

Ist der Einsatz von regenerativen Energien geplant,
um die laufenden Energiekosten zu minimieren?   ja ☐   nein ☐

Überlegungen zum Rohbau
Ist der Einsatz von Fertigteilelementen beim Keller-
bau möglich?   ja ☐   nein ☐

Verwenden Sie standardisierte Dachziegel?   ja ☐   nein ☐

Lassen sich bei der Errichtung der Decken Fertig-
teile einsetzen?   ja ☐   nein ☐

Verwenden Sie standardisierte Fenstermaße?   ja ☐   nein ☐

Beschränken Sie sich im gesamten Haus auf ein-
heitliche Fenstermaße?   ja ☐   nein ☐

Verzichten Sie bei den Fenstern auf aufwendige
Ausführungen (z. B. mit Oberlichten)?   ja ☐   nein ☐

Setzen Sie vorgefertigte Kellerschächte ein?   ja ☐   nein ☐

Verwenden Sie normierte Kellerfenster?   ja ☐   nein ☐

Planen Sie statt einer teuren Garage den Bau eines
Carports?   ja ☐   nein ☐

Verzichten Sie auf „extravagante" Baumaterialien
mit langen Lieferzeiten oder Transportwegen und
verwenden Sie ortsübliche Materialien?   ja ☐   nein ☐

Überlegungen zum Innenausbau
Planen Sie eine standardisierte Ausstattung Ihres
Hauses?   ja ☐   nein ☐

Verzichten Sie auf ausgefallene Materialien oder
exklusive Sonderwünsche?   ja ☐   nein ☐

Lassen sich nicht tragende Innenwände in Leicht-
bauweise errichten?   ja ☐   nein ☐

Verwenden Sie Mehrfachsteckdosen statt einer
Vielzahl von Einfachdosen? Lässt sich so der
Stromkreis vereinfachen?   ja ☐   nein ☐

Sind die Räume optimal angeordnet, um die Versorgungsleitungen effizient zu planen (Badezim-
mer, Toiletten und Küche auf einer Linie)?   ja ☐   nein ☐

Sind die Räume hinsichtlich ihrer Funktion optimal
– also alle Wohnräume nach Süden – angeordnet?
Ist hier durch große Fensterflächen eine passive
Wärmenutzung möglich?   ja ☐   nein ☐

Lassen sich Teile des Innenausbaus in Eigenleis-
tung erbringen?   ja ☐   nein ☐

3. Erstellen einer Materialliste

Wollen Sie einen Überblick über die Kosten der einzelnen Gewerke
erhalten, stellen Sie die Arbeiten und Materialien detailliert auf:

Gewerk	Materialien	Einzelpreis/Menge	Gesamt-kosten
1.	....	.... /	.... €
	....	.... /	.... €

2.			
....	....	.... /	.... €
	....	.... /	.... €
3.			
....	....	.... /	.... €
	....	.... /	.... €
4.			
....	....	.... /	.... €
	....	.... /	.... €
5.			
....	....	.... /	.... €
	....	.... /	.... €

usw.

Das müssen Sie tun:
Je intensiver Sie recherchieren, desto genauer können Sie die Kosten schätzen und mögliche Einsparpotenziale erkennen. Dabei sollten Sie sich für die Kostenschätzung ruhig Zeit lassen und gründlich durchrechnen, denn das bedeutet für Sie am Ende eine bares Geld.

Schlüsselfertig bauen

Bauen ohne Stress und alles aus einer Hand: Was kann man sich als Käufer Schöneres wünschen, als sich um nichts kümmern zu müssen und trotzdem das selbst geplante Haus zu verwirklichen. Das versprechen Bauträger, wenn sie in schönen Broschüren ihre Objekte offerieren. Doch die Tücke liegt im Detail.

Nicht kalkulierte Zusatzkosten

Bauträger sind Generalunternehmer, die von der Marge zwischen Einkaufspreis und Endpreis ein Stück weit leben. Sie bieten zwar ein schlüsselfertiges Haus zum Festpreis an, im Verlauf des Baus kann sich aber immer wieder herausstellen, dass Zusatzkosten anfallen. Schlüsselfertighaus, Ausbauhaus oder Bausatzhaus – der Bauherr hat verschiedene Möglichkeiten, an seine eigenen vier Wände zu gelangen. Gerade handwerklich nicht so begabte Personen sollten aber besser auf zu viel Eigenleistung verzichten.

Das Haus vom Bauträger

Für Bauherren ist der häufigste Weg zum eigenen Haus der Einsatz eines Bauträgers. Ein Grund ist darin begründet, dass viele freie Grundstücke in der Hand eines Bauträgers liegen. Dieser baut als Generalunternehmer das komplette Objekt und verkauft es hinterher an Sie. Dafür beschäftigt er wiederum Subunternehmer. Die Marge liegt in der Differenz zwischen günstigen Einkaufspreisen und Ihrem Kaufpreis. Und hier ist auch das Problem: je schlechter die Qualität, desto günstiger die Einkaufspreise. Und je undeutlicher der vereinbarte Leistungsumfang, desto mehr Leistungen müssen Sie extra bezahlen.

Baubetreuer beschäftigen

Das Bauträgermodell birgt für Sie als Bauherr viele Tücken, denn als Laie sind Sie oft nicht in der Lage, die Klauseln im Bauvertrag oder die Bauleistungsbeschreibung richtig zu beurteilen. Unter dem Stichwort „Baubegleitende Qualitätskontrolle" (BBQ) oder „Baubegleitende Qualitätsüberwachung" (BQÜ) etabliert sich immer mehr ein Service, der Sie auf der Baustelle vor Fehlern bewahren soll. Der Baubetreuer berät Sie in unterschiedlichen Phasen des Baus. Das Honorar hat sich schnell wieder amortisiert, denn

Tücken beim Bauträgermodell

- der Baubetreuer erkennt Kostenfallen, in die Sie unbedarft hineintappen.
- der Bauträger weiß, dass er fachlich kontrolliert wird. Das gefällt ihm nicht, dadurch wird er aber mehr Wert auf die Qualität legen.
- der Baubetreuer kann Mängel beurteilen und Vorbehalte formulieren.
- ein guter Baubetreuer berät Sie auch in Bezug auf die Kostenkontrolle während des Baus.

Baubetreuer ist kein geschützter Berufstitel. Deshalb gibt es auch einige Reihe weniger kompetenter Personen, die sich einfach Baubetreuer nennen. Achten Sie vor Beginn der Zusammenarbeit deshalb auf folgende Punkte:

Schwarze Schafe meiden

Ausbildung: Inwiefern ist der Baubetreuer ein ausgebildeter Fachmann? Lassen Sie sich seine Qualifikationen zeigen und überprüfen Sie diese.

Expertenwissen: Ein Architekt ist kein Jurist und auch nicht unbedingt ein Spezialist für Baumängel. Achten Sie deshalb neben der Ausbildung auch darauf, dass Ihr Betreuer eine gewisse nachweisbare Erfahrung in der Baubetreuung besitzt. Im Zweifel sollten Sie lieber für unterschiedliche Tätigkeiten unterschiedliche Experten einsetzen.

Haftung: Da Sie auf den kompetenten Rat des Baubetreuers angewiesen sind, ist es äußerst ärgerlich, wenn er Sie falsch berät. Legen Sie deshalb Wert auf eine Haftungsregelung bei Fehlberatung und lassen Sie sich eine entsprechende Haftpflichtversicherung nachweisen. Ein Architekt ist dazu verpflichtet, sich entsprechend zu versichern.

Infos einholen Es gibt viele Verbraucherschutzverbände, die sich auf die Baubetreuung spezialisiert haben:

Verbraucherzentralen: Die im Verbraucherzentralen Bundesverband (VZBV) zusammengeschlossenen Verbraucherzentralen bieten direkt vor Ort einen Sachverständigenservice rund um den Hausbau an (*www.vzbv.de*).

Verband Privater Bauherren (VPB): Im Internet wirbt der VPB mit viel nutzwertiger Information rund um das Bauen eines Hauses. Und natürlich stellt er dem Bauherren auch einen Baubetreuer zur Seite (*www.vbp.de*).

Bauherren-Schutzbund (BSB): Auch der BSB stellt sehr viele kostenlose Informationen auf seiner Website bereit und bietet die Begleitung bei Ihrem Bauvorhaben an (*www.bsp-ev.de*).

Die Auswahl eines Bauträgers

Grundstück nur vom Bauträger Wenn Sie ein besonders attraktives Grundstück gefunden haben, kommt es leider nicht selten vor, dass Sie als Bauherr auf einen ganz bestimmten Bauträger angewiesen sind. Allerdings sollten Sie die Firma dennoch äußerst gründlich kontrollieren und sich im Zweifelsfall lieber von dem Baugrund verabschieden, denn auch diese Branche ist nicht frei von schwarzen Schafen:

Liquidität: Bei einer Auskunftei können Sie sich über die Geschäftsverhältnisse des Bauträgers in der Vergangenheit informieren. Hier können Sie auch die Vermögensverhältnisse einsehen und die Vita des Besitzers recherchieren. Dies ist relativ wichtig, denn schließlich wollen Sie ja nicht von einem Unternehmer kaufen, der unter Umständen schon mehrere Insolvenzen hinter sich hat.

Bürgschaft: Lassen Sie sich vom Bauträger eine Bankbürgschaft vorlegen, die sicherstellt, dass er den Bau Ihres Hauses auch tatsächlich finanziell schultern kann. Ohne diese Bürgschaft sollten Sie keinen Vertrag mit dem Bauträger abschließen.

Geschäftstätigkeit: Damit einhergehend ist auch die Frage, wie lange der Bauträger schon am Markt etabliert ist. Bevorzugen Sie in jedem Fall seriöse und erfahrene örtliche Bauträger anstelle von Billiganbietern im Internet.

Konten: Vereinbaren Sie im Zweifel Einbehalte, die auf ein Notaranderkonto gezahlt werden. Diese werden dort treuhänderisch und „mündelsicher" verwaltet und Sie können aus berechtigten Gründen – etwa bei offensichtlichen Mängeln – eine Rückzahlung dieser Beträge verlangen. Außerdem sollten Sie vereinbarte Raten nach Möglichkeit direkt an die finanzierende Bank des Bauträgers bezahlen. <!-- margin: Kontrolle des Anbieters -->

Referenzen: Zwei bis drei positive Referenzen wird Ihnen jeder Bauträger vorlegen können. Diese reichen aber keinesfalls für eine wirklich gute Aussagekraft aus. Verlangen Sie deshalb einen repräsentativen Querschnitt an Referenzen. Und vor allem: Befragen Sie die Kunden über ihre tatsächlichen Erfahrungen mit dem Bauträger!

Gründliche Vorbereitung

Beim Bauträger gilt besonders: Was nicht bis ins Detail schriftlich vereinbart wurde, kostet hinterher extra Geld. Deshalb sollten Sie sich schon im Vorfeld der Vertragsunterschrift intensiv und gründlich mit allen Details Ihres Hauses auseinandersetzen. <!-- margin: Nur schriftliche Vereinbarungen -->

Dazu gehört beispielsweise, dass Sie die konkrete Bemusterung der später verwendeten Fliesen, Tapeten und anderen Einrichtungsdetails bereits vor der Vertragsunterschrift vornehmen. So können Sie etwa in der Bauleistungsbeschreibung aus der Angabe „weiße Fliesen, mittlere Qualität" dann „weiße Fließen, Fabrikat y, Typ z" machen. Nicht selten ist es so, dass Ihnen die „weißen

Fliesen, mittlerer Qualität" nicht gefallen werden. Und wenn Sie dies nicht vor Vertragsabschluss geregelt haben, müssen Sie nachzahlen. Kontrollieren Sie auch, ob solche Leistungen nicht sogar billiger durch einen eigenen Handwerker ausgeführt werden können.

Gebühren prüfen

Kontrollieren Sie außerdem genau, inwiefern verschiedene Gebühren oder Arbeiten, die entweder nicht direkt zur Bewohnbarkeit des Hauses führen oder aber außerhalb des Hauses stattfinden, ebenfalls durch die Bauleistungsbeschreibung erfasst sind. So müssen Sie nicht selten die Hausanschlusskosten selbst tragen, und auch der Garten wird nicht kostenlos gestaltet.

Vertrag genau kontrollieren

Der Bauvertrag und die damit verbundene Bauleistungsbeschreibung sind komplizierte Texte. Lassen Sie sich hier auf keinen Fall zur Unterschrift drängen, sondern bestehen Sie auf eine gewisse Kontrollzeit. Es ist sicherer, den Vertrag von einem auf Baurecht spezialisierten Anwalt kontrollieren zu lassen. Folgende Regeln sollten Sie dabei beherzigen:

Regeln für den Vertrags-abschluss

Alles schriftlich: Mündliche Nebenabreden sind beim Bauvertrag, der auch vom Notar beurkundet werden muss, grundsätzlich nicht erlaubt. Wenn Ihnen der Bauträger also mündlich Versprechungen gemacht hat, die in der Bauleistungsbeschreibung hinterher nicht auftauchen, dann sollten Sie auf eine Aufnahme bestehen.

Nachfragen: Die Aufgabe des Notars besteht nicht nur darin, Ihnen den Text vorzulesen, sondern er muss Sie auch über die Folgen des geschlossenen Vertrags informieren. Im Zweifel sollten Sie hier lieber nachfragen.

Lesen: Es ist ja eigentlich eine Selbstverständlichkeit, aber viele Menschen machen es dennoch nicht. Lesen Sie sich den Vertrag und auch die allgemeinen Geschäftsbedingungen Ihres Bauträgers genau durch.

Text auf CD-ROM

Vergleichen: Oftmals wird in dem Vertrag ein Verweis auf bestehende Gesetze, beispielsweise auf das BGB oder die VOB (→CD-ROM), vorhanden sein. Vergleichen und lesen Sie diese Passagen im Original genau durch.

Kontrollieren: Schließlich sollte ein Fachanwalt Ihres Vertrauens die Vertragsklauseln noch einmal genau unter die Lupe nehmen. Jenseits von Paragrafen hilft Ihnen ein erfahrener Baubetreuer bei einer korrekten Ausführung der Bauleistungsbeschreibung.

Bevor Sie den Vertrag unterschreiben, sollten Sie alle Punkte genau prüfen.

Und schließlich sollten Sie auch den Preis verhandeln. Dass Sie dadurch das Risiko eingehen, auf Qualität zu verzichten, ist ein Irrglaube. Ein Bauträger hat eine Schmerzgrenze, unter die er bei feststehender und detaillierter Baubeschreibung nicht gehen wird. Insbesondere wenn Sie von Anfang an deutlich machen, dass Sie sich fachlich während des Baus begleiten lassen, wird er es nicht wagen, bestimmte Mängel in Kauf zu nehmen. Ein günstiger Preis bedeutet also nicht schlechte Qualität. Und umgekehrt gibt Ihnen ein höherer Preis auch keine Gewähr dafür, dass alles perfekt und auf höchstem Standard ist. Um diese sicherzustellen, hilft nur die Begleitung durch einen Sachverständigen.

Verhandeln Sie den Preis

Bezahlung nach Baufortschritt

In der Regel werden Sie als Bauherr nach Baufortschritt Teilzahlungen an den Bauträger leisten. Paragraf 16, Abschnitt 1 der VOB/ B (→CD-ROM) billigt dies ausdrücklich:
(1) Abschlagszahlungen sind auf Antrag in möglichst kurzen Zeitabständen oder zu den vereinbarten Zeitpunkten zu gewähren, und zwar in Höhe des Wertes der jeweils nachgewiesenen ver-

Text auf CD-ROM

tragsgemäßen Leistungen einschließlich des ausgewiesenen, darauf entfallenden Umsatzsteuerbetrages. Die Leistungen sind durch eine prüfbare Aufstellung nachzuweisen, die eine rasche und sichere Beurteilung der Leistungen ermöglichen muss. Als Leistungen gelten hierbei auch die für die geforderte Leistung eigens angefertigten und bereitgestellten Bauteile sowie die auf der Baustelle angelieferten Stoffe und Bauteile, wenn dem Auftraggeber nach seiner Wahl das Eigentum an ihnen übertragen ist oder entsprechende Sicherheit gegeben wird.

(2) Gegenforderungen können einbehalten werden. Andere Einbehalte sind nur in den im Vertrag und in den gesetzlichen Bestimmungen vorgesehenen Fällen zulässig.

(3) Ansprüche auf Abschlagszahlungen werden binnen 18 Werktagen nach Zugang der Aufstellung fällig.

(4) Die Abschlagszahlungen sind ohne Einfluss auf die Haftung des Auftragnehmers; sie gelten nicht als Abnahme von Teilen der Leistung."

Zusammengefasst bedeutet das für Sie als Bauherr Folgendes:

Regelungen
zur Zahlung

❶ Abschlagszahlungen nur in Höhe des Wertes der Leistungen.

❷ Sie müssen innerhalb von 18 Tagen bezahlt werden.

❸ Mit der Zahlung kommt keine Abnahme zustande.

❹ Sie sollten vor allem sehr penibel darauf achten, dass Sie nur Leistungen bezahlen, die tatsächlich nachweislich erbracht wurden. Im Falle einer Insolvenz des Bauträgers sind Sie nur so gegen hohe Verluste abgesichert.

Die unterschiedlichen Ausbautypen

Vom Bauträger werden Ihnen häufig unterschiedliche Ausbaustufen Ihres Hauses angeboten. Schlüsselfertig ist demnach nicht immer auch komplett fertig. So können Sie selbst handwerklich tätig werden und dadurch eventuell Geld sparen. Sie haben hierbei die Wahl zwischen dem schlüsselfertigen Haus, dem Ausbauhaus und dem Bausatzhaus, die Grenzen sind fließend.

Schlüsselfertighaus

Die Umzugskartons packen, den Schlüssel in Empfang nehmen – schon geht es ins neue Haus. Doch schlüsselfertig bedeutet leider noch lange nicht, dass alle Arbeiten vom Bauträger übernommen wurden. So hat das Haus zwar Türen, es ist tapeziert und selbst der Seifenspender wurde eingebaut. Aber der Bodenaushub wurde nicht abgeräumt, der Garten nicht gestaltet und beispielsweise auch nicht die Erschließung bezahlt. Der Verband Privater Bauherren (VPB) schätzt, dass im Schnitt 20.000 € zusätzlich aufgebracht werden müssen, um tatsächlich in den Genuss eines nicht nur schlüsselfertigen, sondern komplett fertigen Hauses zu kommen. Eine Menge Geld für den künftigen Hausbesitzer. Der häufigste Grund für diese Kostenfalle: Zwei Drittel aller Bauverträge, so der VPB, weisen Lücken im Leistungsspektrum auf. Die Wichtigsten davon sind:

Schlüsselfertig genau prüfen

- Gebühren – diese fallen für die Baugenehmigung, den Grundbucheintrag und den Notar an. Diese Kosten sollten Sie nicht unterschätzen.
- Hausanschlusskosten – etwa für den Telefon-, Gas-, Strom-, Wasser- und Abwasseranschluss des Hauses. Das kann unterschiedlich teuer werden, je nachdem, wie viel neue Leitung von der Straße aus an das Haus verlegt werden muss.
- Gartenanlage – nicht immer ist auch der fertige Garten unter „schlüsselfertig" zu verstehen. Häufiger muss der Bauherr hier selbst noch einmal in die Tasche greifen.
- Betreuerkosten – natürlich können Sie Ihrem Bauträger auch blind vertrauen. Besser ist es aber, wenn Sie Geld für einen kompetenten Baubetreuer ausgeben.
- Materialien – ein nicht zu unterschätzender Kostenfaktor ist es, wenn Materialien während des Baus verändert werden. Das kommt etwa häufiger vor, wenn die „Standardfliesen, einfach" leider auch billig aussehen und Sie sich als Bauherr schließlich doch für die teuren, aber schöneren entscheiden.
- Viele weitere Kosten – der Fantasie sind hier prinzipiell keine Grenzen gesetzt. Zwar urteilen natürlich auch Gerichte zu dem Thema, aber beispielsweise bedeutet schlüsselfertig nicht unbedingt auch „inklusive Keller". Und spätestens mit dem Aus-

Lücken im Leistungsspektrum

bauhaus – nächstes Unterkapitel – müssen dann noch mehr Leistungen selbst bezahlt werden.

| Expertentipp |

Bauleistungsbeschreibung genau kontrollieren

Das A und O des Bauvertrags ist die Bauleistungsbeschreibung. Sorgen Sie dafür, dass diese bis ins kleinste Detail regelt, welche Arbeiten, Materialien und technischen Geräte Sie in Ihrem Haus haben möchten. Das bedeutet aber auch, dass Sie die sogenannte Bemusterung schon vor der Vertragsunterschrift durchführen müssen. Dabei legen Sie unter anderem konkret fest, welche Fliesen Sie in Ihrem Badezimmer haben wollen.

Da Bauvertrag und Bauleistungsbeschreibung obendrein noch für den Laien kaum verständlich sind – insbesondere ist es ganz natürlich, dass Ihnen fehlende Dinge nur schwer auffallen –, sollten Sie diese in jedem Fall von einem unabhängigen Experten begutachten lassen.

Ausbauhaus

Varianten beim Ausbauhaus Beim Ausbauhaus liegt das Problem im Detail. „Ausbauhaus" reicht nämlich vom „veredelten Rohbau" bis hin zum eigentlich fertigen Haus, in dem nur noch Bodenbeläge und Tapeten angebracht werden müssen. Deshalb sollten Sie einige Dinge genau beachten:

Organisatorisches: Auch handwerklich Unbegabte können sparen, wenn Sie bestimmte organisatorische Leistungen übernehmen. Dazu gehören beispielsweise die Bauantragsstellung und die Einholung verschiedener Genehmigungen. Aber vergessen Sie darüber hinaus nicht, noch ausreichend Zeit für die wirklich wichtigen Kontrollfunktionen zu haben, die Sie während der kompletten Bauphase genügend binden werden.

Handwerkliches: Maler- und Tapezierarbeiten lassen sich noch am ehesten vom Laien übernehmen, wobei Sie hier auch auf die Qualität achten sollten. Schon beim Verlegen von Fliesen wird es kompliziert. Überschätzen Sie Ihre handwerklichen Fähigkeiten nicht, das führt hinterher nur zu Frust.

Körperliches: Warum nicht die Baugrube selbst ausheben? Ganz einfach: Neben Muskeln spielt hier auch die Sicherheit eine große Rolle, schließlich soll niemand verletzt werden. Hingegen können auch Laien durchaus den Erdaushub verladen oder den Garten umgraben. Überschätzen Sie aber in keinem Fall Ihre körperlichen Fähigkeiten, denn „mal eben" einige Kubikmeter Erde umzuwälzen, führt schnell zu Verhebungen und extremen Erschöpfungszuständen.

Körperliche Fähigkeiten richtig einschätzen

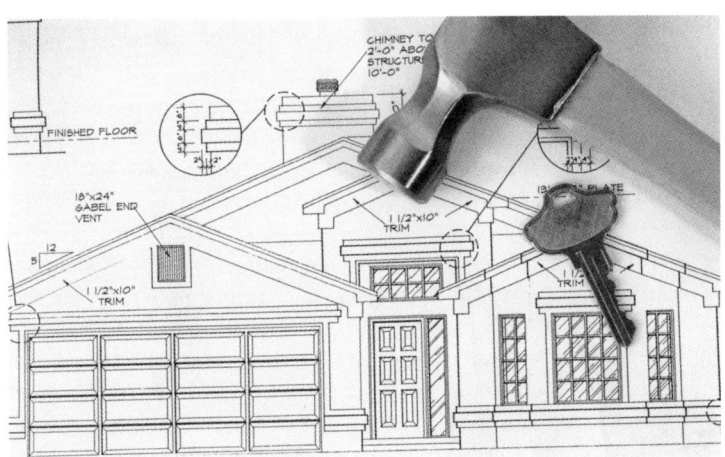

Wenn Sie sich für ein Ausbauhaus entscheiden, sollten Sie Ihre körperlichen und zeitlichen Möglichkeiten realistisch einschätzen.

So ist die wichtigste Frage am Anfang, wie viel Eigenleistung Sie sich tatsächlich zutrauen können und dürfen. Banken sind als finanzierende Kreditinstitute in dieser Hinsicht grundsätzlich immer skeptisch. Sie trauen dem durchschnittlichen Bauherrn höchstens eine Ersparnis von 10 Prozent der Baukosten zu, wenn dieser selbst zum Werkzeug greift. Nur Menschen mit einschlägiger beruflicher Erfahrung können hier mehr Eigenleistung für sich veranschlagen. Weitere Aspekte, die Sie rund um die Eigenleistung beachten sollten:

Wie viel Eigenleistung ist möglich?

- Zeit – Sie benötigen für den Eigenausbau viel Zeit, und auch deutlich länger als ein professioneller Handwerker. Bedenken Sie dabei, dass Sie vermutlich nicht rund um die Uhr auf der Baustelle arbeiten können.
- Ablauf – sofern nachfolgende Gewerke auf Ihre Tätigkeit aufsetzen, können Sie eine Verzögerung verursachen, die hinterher die erhoffte Ersparnis um ein Vielfaches wieder aufzehrt. In jedem Fall müssen Sie im gesamten Zeitablauf deutlich mehr Zeit für Ihre Arbeitsleistung einkalkulieren – da Sie nicht ständig vor Ort arbeiten können –, als wenn diese ein Handwerker übernimmt.
- Mängelhaftung – oftmals sind eigene und handwerkliche Tätigkeiten am Ende nicht mehr strikt zu trennen. Tritt dann ein Mangel auf, stellt sich sofort die Frage, wer dafür zuständig sein mag. Als Laie haben Sie es hier schwer, zu Ihren Gunsten zu argumentieren. Übernehmen Sie deshalb ausschließlich Eigenleistungen, die sich strikt von anderen Gewerken trennen lassen.
- Sicherheit – eine Baugrube kann einstürzen und bei der Dacheindeckung droht der Fall aus großer Höhe. Beachten Sie immer, dass Sie nicht so erfahren und sicher in vielen Tätigkeiten sind wie ein versierter Handwerker. Nehmen Sie deshalb Abstand von Eigenleistungen, die offensichtlich Gefahren bergen.
- Versicherung – beachten Sie, dass durch Eigenleistungen höhere Beiträge für Versicherungen anfallen. Außerdem sollten Sie auf eine ausreichende Unfallversicherung für sich und Ihre Helfer achten. Die Meldung an die Berufsgenossenschaft ist für Sie zudem Pflicht.

Eigenleistungen aus dem Vertrag streichen lassen

Eine Form der Eigenleistung ist auch, wenn Sie sich als Bauherr entscheiden, bestimmte Gewerke durch eigene Handwerker durchführen zu lassen. Sie sollten diese Leistungen aber in jedem Fall vor der Vertragsunterschrift aus dem Vertrag streichen und die Ersparnis exakt mit den vermutlichen Kosten des Handwerkers gegenrechnen. Entscheiden Sie sich erst nach Vertragsunterschrift dazu, kann Ihnen der Bauträger diesen Wunsch verweigern. Und wenn er ihm dann doch nachkommt, wird die kalkulierte Ersparnis definitiv nicht in der gewünschten Höhe ausfallen.

Bausatzhaus

Wer ein sehr schmales Budget hat, baut das Haus komplett selbst, denn gerade am Rohbau kann viel Geld gespart werden. Und dank systembedingt einfach zu setzenden Steinen oder Hölzern kann selbst ein Laie mit ein wenig körperlichem Einsatz hier ordentliche Arbeit leisten. Folgende Materialien kommen infrage:

* Steine, die im Dünnbettmörtel verlegt werden,
* Steine, die komplett ohne Mörtel aufeinandergesetzt werden,
* Schalungssteine, in die Beton verfüllt wird,
* Holzbalken, die aneinandergesetzt werden.

Rohbau selbst erstellen

Beachten Sie aber, dass ein Bausatzhaus nicht nur Anforderungen an die Materialien stellt. Eine ganze Reihe weiterer Faktoren spielt eine Rolle:

* Betreuung – sollten Sie ein Bausatzhaus kaufen, dann vereinbaren Sie schriftlich eine ausgezeichnete Betreuung durch eine kompetente Bauleitung. Bietet das die Firma nicht, dann sollten Sie von einem Vertrag mit ihr in jedem Fall Abstand nehmen.

Anforderungen prüfen

* Materialien – wählen Sie nur einen Anbieter, der Ihnen alle Materialien zur Verfügung stellt.
* Liefertermine – legen Sie die Liefertermine für die Baumaterialien exakt und verbindlich fest.
* Werkzeuge – stellen Sie sicher, dass Ihnen benötigte Spezialwerkzeuge kostenlos zur Verfügung gestellt werden.
* Muskelkraft – das Selbstbauhaus ist das Ausbauhaus in groß, zumindest in Bezug auf die Muskelkraft. Denken Sie daran, dass Sie und Ihre Helfer bei der Berufsgenossenschaft gemeldet sein müssen.
* Ordnung – dies ist gerade beim Bausatzhaus das halbe Leben. Wenn direkt benötigte Balken ganz unten im Stapel abgelegt wurden, dann ist das sehr ärgerlich. Sie sollten in dieser Beziehung extrem penibel sein.

Praxisbeispiel: Einfamilienbungalow als Reihenhaus

Im Folgenden erfahren Sie das Wichtigste über die Besonderheiten eines Reihenhauses. Es wird klassischerweise von einem Bauträger erbaut und bietet einige Kostenvorteile. Für die Bauleistungen und die Kostenkalkulation gelten die Vorlagen aus Kapitel „Das Architektenhaus" (ab Seite 140).

Besonderheiten des Reihenhauses

Drei oder mehr Häuser in einem Block bauen und somit Geld und Zeit sparen, das ist die Grundidee des Reihenhauses. Dazu gibt es zwei Möglichkeiten: Entweder planen und bauen mehrere Bauherren die Häuser gemeinsam. Oder – und das ist überwiegend der Fall – ein Bauträger baut die Häuser und verkauft sie. Folgende Kostenersparnisse können sich ergeben:

Ersparnisse beim Reihenhaus

- Geringere Grundstückskosten – dies ist sicherlich der größte Sparfaktor. Durch die effiziente Aufteilung des Grundstücks entfällt auch weniger Grundstück auf Ihr Haus.
- Energiekosten – insbesondere Reihenmittelhäuser haben einen großen Vorteil in Sachen Energieeffizienz, denn sie werden von zwei Seiten gewärmt. Insgesamt wird durch die geringere Außenwand aller Häuser in der Reihe im Vergleich zum allein stehenden Haus viel Energie gespart.
- Synergien – nur eine zentrale Heizungsanlage für alle Häuser, gemeinsame Autostellplätze, gemeinsame Anbindung an die verschiedenen Netze. Das spart ebenfalls Geld, kann aber auch hinterher mit Ärger unter den Nachbarn verbunden sein.

Das Reihenhaus ist klassischerweise das Projekt eines Bauträgers. Dieser baut eine Siedlung von der Stange, daher ist der Gebäudestil – im Gegensatz zur konkreten Ausstattung – wenig individuell. Der dadurch verursachte Kostendruck kann in vielen Bereichen zu Ärger führen:

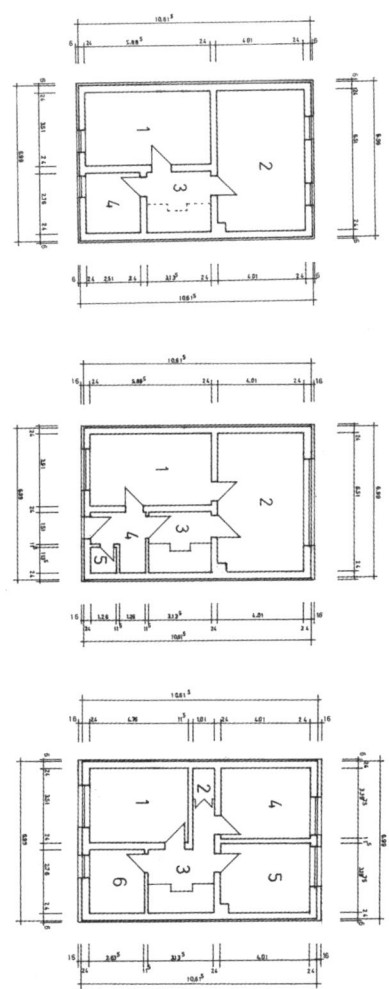

Grundriss von Keller-, Erd- und Obergeschoss im Beispiel-Reihenhaus.

- Fertigstellung – lassen Sie sich in Ihrem Vertrag zusichern, dass Ihre direkten Nachbarhäuser in einem gewissen Zeitraum fertigzustellen sind. Oftmals beginnt nämlich der Bauträger erst

Mögliche Probleme

193

mit der Errichtung, wenn das Haus verkauft ist. Das könnte aber dazu führen, dass Sie jahrelang auf einer Baustelle leben.

- Gemeinschaftseigentum – der Raum für die gemeinschaftliche Heizungsanlage befindet sich beispielsweise in Ihrem Keller und stellt Gemeinschaftseigentum dar. Achten Sie darauf, dass die auf Ihrem Grundstück einzutragenden Grunddienstbarkeiten dann alle exakt geregelt sind wie etwa das Zugangsrecht der anderen Grundstückseigentümer, die Kostenverteilung der Verbrauchskosten, die Wartungskosten und die Kosten der Anlagenerneuerung.

- Lage – achten Sie auf eine möglichst optimale Lage Ihres Reihenhauses in der Siedlung. Für den Wert besonders gut sind Reiheneckhäuser, sie sind aber auch teurer beim Kauf. Außerdem wird oft zwischen Vorder- und Hinterlieger unterschieden. Beide Lagen haben ihre Vor- und Nachteile.

Tipps rund um die Kosten und die Bauleistung

Festpreis mit Tücken Mit den Kosten ist es beim Reihenhaus und auch beim Hausbau durch den Bauträger relativ einfach. Er bietet einen pauschalen Festpreis und damit sind theoretisch alle Kosten abgedeckt. In diesem Gesamtpreis hat der Bauträger schon seine eigene Marge eingerechnet, die er einerseits durch günstigere Lieferkonditionen und günstigere Handwerkerpreise realisiert, aber andererseits möglicherweise auch durch gewissen Aufschlag für den Bauherren ausgleicht.

Fehlende Kostenpunkte Wie Sie ja schon erfahren haben, sind in der Praxis leider nicht alle Leistungen tatsächlich im Festpreis enthalten. Natürlich hat auch das seinen Grund: So eröffnen sich manche Bauträger zusätzliche Geldeinnahmen durch den Bauherren, halten aber den Hausgesamtpreis plakativ und werbewirksam niedrig.

Um nun die verschiedenen Punkte der Kostenkalkulation durchzuführen, können Sie als Vorlage das entsprechende Beispiel aus dem Kapitel „Das Architektenhaus" (ab Seite 140) übernehmen und eventuell dort bestimmte Punkte streichen oder ergänzen, die in der Bauleistungsbeschreibung Ihres Anbieters (nicht) enthalten sind.

Wichtige Unterlagen für die Baugenehmigung

Bevor Sie den ersten Spatenstich vornehmen können, müssen Sie Ihr gesamtes Bauvorhaben genehmigen lassen. Hierfür ist die Baubehörde Ihrer Stadt oder Gemeinde zuständig. Für einen reibungslosen Ablauf müssen alle erforderlichen Unterlagen vollständig und in unterschiedlicher Ausfertigung dort eingereicht werden. Wenn Sie Ihr Haus von einem Fertighaushersteller oder Bauträger errichten lassen, wird dieser in der Regel die Unterlagen einreichen. Ansonsten müssen Sie damit einen Architekten oder Bauingenieur beauftragen.

Formular
auf CD-ROM

Unterlagen für ein genehmigungs-pflichtiges Bauvorhaben	Zahl der Aus-fertigungen
☐ Vollständiger Bauantrag (mit Unterschrift des Entwurfsverfassers, des Bauherren und Nachweis der Bauvorlagenberechtigung)	3
☐ Berechnung des umbauten Raums	3
☐ Berechnung des Rohbau- und Herstellungswertes	3
☐ Berechnung der Geschossflächenzahl	3
☐ Berechnung der Zahl der zulässigen Vollgeschosse	3
☐ Einfacher und qualifizierter Lageplan im Maßstab 1:500	3
☐ Angaben der Gelände- und Gebäudehöhe ohne NN-Angaben	3
☐ Flächengestaltungsplan der unbebauten Grundstücksflächen mit Darstellung der versiegelten und unversiegelten Flächen	3
☐ Amtlich beglaubigte Flurkarte mit Darstellung des Bauvorhabens	3
☐ Bauzeichnungen im Maßstab 1:100	3

☐ Statistische Berechnungen mit Konstruk-   2
tions- und Bewehrungsplänen

☐ Nachweise zum Wärmeschutz   2

☐ Nachweise zum Schallschutz   2

☐ Erhebungsbogen zur Bautätigkeit   1

Unterlagen für ein vereinfachtes Bauvorhaben

☐ Vollständiger Bauantrag (mit Unterschrift   3
des Entwurfsverfassers, des Bauherren und
Nachweis der Bauvorlagenberechtigung)

☐ Berechnung des umbauten Raums   3

☐ Baubeschreibung   3

☐ Berechnung der Geschossflächenzahl   3

☐ Berechnung der Zahl der zulässigen Vollge-   3
schosse

☐ Einfacher und qualifizierter Lageplan im   3
Maßstab 1:500

☐ Angaben der Gelände- und Gebäudehöhe   3
ohne NN-Angaben

☐ Flächengestaltungsplan der unbebauten   3
Grundstücksflächen mit Darstellung der
versiegelten und unversiegelten Flächen

☐ Bauzeichnungen im Maßstab 1:100   3

☐ Erklärung des Entwurfsverfassers   1

☐ Erklärung des Baustatikers   1

☐ Erklärung zum Wärme- und Schallschutz   1

☐ Erhebungsbogen zur Bautätigkeit   1

Unterlagen für ein genehmigungsfreies Bauvorhaben

☐ Erklärung zur beabsichtigten Baumaßnahme   1

☐ Bauentwurf   2

☐ Erklärung des Verfassers   1

☐ Erklärung zur Statik   1

☐ Erklärung zum Wärme- und Schallschutz   1

☐ Erhebungsbogen zur Bautätigkeit   1

Das müssen Sie tun:
Besorgen Sie sich die entsprechenden Formulare und lassen
Sie diese von der vorlageberechtigten Person ausfüllen und
einreichen. Bei einem Bauträger- oder Fertighaus wird dies
das beauftragte Unternehmen für Sie übernehmen. Je nach
Gemeinde können die notwendigen Vorlagen variieren. Am
besten erkundigen Sie sich im Vorfeld bei dem für Sie zuständigen Bauamt über etwaige Besonderheiten.

Fertighaus – Bauen ab Werk

In wenigen Wochen erbaut – das schafft nur das Fertighaus. Dabei sind sie längst keine Häuser von der Stange
mehr, sondern nach individuellen Wünschen geplant und
anspruchsvoll gebaut.

Zwar haben Fertighäuser einen gewissen Charme, dennoch wird
ein Großteil der deutschen Häuser in herkömmlicher Massivhausbauweise errichtet. Dabei gibt es eine Reihe von Argumenten, die
für diese Bauweise sprechen. Ein ganz wichtiger ist dabei, dass
Sie nicht die Katze im Sack kaufen, sondern Ihr Eigenheim auf
einer der zahlreichen Musterhausausstellungen schon vor dem
Vertragsabschluss besichtigen können.

Fertighäuser in Tafelbauweise   Die bekannteste Form der Fertighäuser in Holzbauweise ist die
Tafelbauweise. Sie wird fast immer eingesetzt. Die Besonderheit:
Hier wird das Haus durch seine Wände und Decken getragen,
nicht durch Stützpfeiler.

Vorteile von Holzfertighäusern

Fertighäuser erobern sich in Deutschland einen immer größeren
Markt. Schon lange sind die langweiligen Entwürfe abgelöst wor-

den von individuell planbaren Architektenhäusern und anspruchsvollen Modelltypen. Dabei stehen sie im Ruf, billiger als ihre Gegenstücke im Massivhausbau zu sein. Weitere Argumente, die für ein Fertighaus in Holzbauweise sprechen, sind:

- Holz ist erwiesenermaßen ein ökologischer Baustoff mit hervorragenden Eigenschaften für das Raumklima. Dass Holzhäuser mehr brandgefährdet sind als Massivhäuser, ist übrigens ein Märchen.

Argumente für ein Fertighaus

- Durch die schlanken, hochdämmenden Wände lässt sich die Energieeffizienz steigern und gleichzeitig mehr Wohnfläche gewinnen.
- Anders als Beton muss beim Fertighaus aus Holz nichts mehr austrocknen und ist somit sofort beziehbar.
- Das Haus wird in seinen Einzelteilen im Werk vorgefertigt und in wenigen Tagen vor Ort zusammengesetzt. Dadurch kann der Hersteller einen festen Fertigstellungstermin garantieren.
- Der Bauherr muss mit der Bauleistungsbeschreibung exakt festlegen, was er will. Entsprechend ist die Planung ab diesem Zeitpunkt ziemlich sicher und Sie haben dadurch Kostensicherheit. Es ist anschließend nicht mehr ratsam, noch neue Wünsche anzumelden.

Auch in Sachen Lebensdauer steht ein Fertighaus einem Massivhaus heute in fast nichts mehr nach. So gehen technische Untersuchungen von einer Lebensdauer von 100 Jahren aus, in der Wertermittlung angerechnet werden nach der WertR (→CD-ROM) aber nur zwischen 50 und 60 Jahre. Massivhäuser hingegen halten nach der gleichen Richtlinie 60 bis 100 Jahre. Auch deshalb bewerten Banken Fertighäuser im Wert regelmäßig schlechter als ein Massivhaus – meist mit einem pauschalen Abschlag von 10 Prozent.

Text auf CD-ROM

Außerdem ist es fraglich, inwiefern sich die Sanierung eines Fertighauses tatsächlich lohnt. Eine „fiktive Verjüngung" des Hauses durch diese Maßnahme – wie sie regelmäßig beim Massivhaus erzielt wird – scheint hier weniger gut möglich.

Dies mag aus Sicht eines Fertighausbesitzers zwar ungerecht sein. Tatsache aber ist auch, dass für Massivhäuser eine deutlich größere Nachfrage am Markt besteht. Um die Qualität des Hauses sicherzustellen, prüfen Sie, ob der Fertighaushersteller

Überprüfung
des Herstellers

- entweder Mitglied im Bundesverband Deutscher Fertigbau (BDF) oder im Deutschen Fertighausverband (DFV) ist,
- die Produkte mit dem QDF-Gütezeichen (BDF-Mitglieder) oder mit dem GDF-Gütezeichen (DFV-Mitglieder) zertifiziert wurden,
- nachweislich mit Fachleuten vor Ort arbeitet,
- ein etablierter Anbieter ist,
- eine transparente und ausführliche Baubeschreibung anbietet.

Die Gütezeichen stellen Anforderungen an Tragfähigkeit, Qualität und Qualifikation der Mitarbeiter sicher und sind eine sehr gute Orientierung. Darüber hinaus werden die zertifizierten Unternehmen überwacht.

Verschiedene Typen beim Fertighausbau

Fertighaus ist nicht gleich Fertighaus. Es gibt eine Reihe unterschiedlicher Bauweisen, die beim Fertighausbau eingesetzt werden:

- Tafelbauweise,
- Rahmenbauweise,
- Massivholzbauweise,
- Ständerbauweise.

Vorfertigung
im Werk

In Deutschland ist die Tafelbauweise am weitesten verbreitet. Dabei werden ganze Holzwände (sogenannte Tafeln) am Stück hergestellt und in einen Rahmen aus Holzständern eingesetzt. Das Haus wird in diesem Fall von den Wänden und Decken getragen. Das bedeutet aber auch, dass eine nachträgliche Veränderung der Raumaufteilung nahezu unmöglich ist.
Je stärker die Vorfertigung in der Fabrik, desto höher ist die Effizienz und desto geringer insgesamt betrachtet der Preis. So werden die Tafeln oftmals komplett am Stück inklusive Fliesen, Lichtschaltern, Fenster- und Türöffnungen sowie Kabeln vorproduziert und auf der Baustelle nur noch von einem Kran nach einem fest-

gelegten Plan zusammengesetzt. Dies geschieht mit Haken, Bolzen, Klammern oder Scharnieren.

Bei der Tafelbauweise ist die in der Wand liegende Isoliermatte inzwischen Standard. Die Fertighausanbieter werben deshalb damit, dass sich mit ihren Häusern ein hoher Wärmeeffekt bei weniger Aufwand und weniger Platzverbrauch realisieren lässt. Nur die Fassade wird meistens noch nachträglich vor Ort angebracht. *Isolierung als Standard*

Die Rahmenbauweise setzt auf lange und raumhohe Wandelemente aus Holz. Die Ständer sind weniger massiv als bei der Tafelbauweise. Die Platten selbst sind nicht zusammengenagelt, sondern bestehen auf der Innenseite aus einer Platte, beispielsweise OSB- oder Gipskarton, und werden auf der Außenseite zur Aussteifung verplankt. Auch bei der Rahmenbauweise sind die Ständer keine tragenden Elemente, sondern Wände und Decken. Auch hier können die Platten mit vielen Details schon ab Werk vorgefertigt werden. *Rahmenbauweise*

Die Massivholzbauweise ist besser bekannt unter dem Begriff Blockhaus und hierzulande wenig verbreitet. Hierbei werden ebenfalls vorgeschnittene Holzbalken aufeinandergelegt und anschließend verleimt oder vernagelt. Der klassische Blockhausstil ist dabei keine Pflicht. Auch hier gibt es mehrschalige Konstruktionen und aufgesetzte Fassaden. *Massivholzbauweise*

Die Ständerbauweise ist eigentlich keine Fertighausbauweise, sondern einfach eine exklusive Form, mit Holz zu bauen. Dabei ersetzen die Holzbalken die Stahlbetonbalken, die mit Stahlteilen verschraubt werden. Die Ständerbauweise ist das „moderne Fachwerk", oftmals wird hier das Holz bewusst sichtbar im Wohnbereich integriert. *Ständerbauweise*

Vorgehensweise bei der Auswahl

Auch ein Fertighaus können Sie entweder komplett schlüsselfertig oder in verschiedenen Ausbaustufen erwerben. Das Fertighaus ist in den meisten Fällen ein Untertyp des Bauträgerhauses. Denn auch hier werden alle Gewerke aus einer Hand vom Generalunternehmer, eben dem Fertighausbauer, organisiert. Vor Ort arbeitet dieser dann für die Zusammensetzung der in der Fabrik vorgefertigten Elemente mit Subunternehmern zusammen oder sendet auch eigene Fachkräfte.

Zusätzlicher Keller Fertighäuser gibt es immer ab Oberkante Kellerdecke. Viele Hersteller bieten inzwischen aber auch Fertigkeller an. Die Lieferung aus einer Hand hat Vorteile, denn es ist immer wieder ein Ärgernis, wenn bei der Anlieferung der Einzelteile die Kellerplatte nicht so geschaffen wurde, wie es der Fertighausanbieter wollte. Dies führt dann zu unschönen Diskussionen und möglicherweise zu Mehrkosten. Wenn Sie den Keller beim gleichen Anbieter wie Ihr Haus ordern, kann dieser sich nicht damit herausreden, dass die Kellerdecke nicht korrekt sei.

Musterhausausstellungen Es gibt diverse Fertighausanbieter in Deutschland. Einen Überblick über die unterschiedlichen Angebote können Sie sich bei den verschiedenen Musterhausausstellungen verschaffen. Nehmen Sie sich die Zeit, die Vorgehensweise oder das Modell der verschiedenen Anbieter genau miteinander zu vergleichen.

Vertrauen Sie nie auf mündliche Absprachen, sondern lassen Sie alle besprochenen Punkte vertraglich festhalten.

Praxisbeispiel: Bungalowhaus in Fertighausbauweise

Das Praxisbeispiel dieses Kapitels ist identisch mit dem Architektenhaus (ab Seite 140): Bungalowhaus, zwei Etagen, unterkellert. Allerdings ergeben sich bereits jetzt schon in der Bauzeitenplanung und in der Baukostenschätzung gewaltige Unterschiede. Die entsprechende Tabelle erhalten Sie auch noch einmal zusätzlich interaktiv auf der CD-ROM, sodass Sie Ihr eigenes Fertigbau-Traumhaus in Zahlen durchspielen können.

Tabelle
auf CD-ROM

Bauleistungsbeschreibung

Auch beim Vertrag mit dem Fertighausanbieter ist die Bauleistungsbeschreibung das zentrale Dokument zur Kostenbestimmung. Damit die Ergebnisse mit dem Architektenhaus vergleichbar bleiben, wurde hier der Einfachheit halber davon ausgegangen, dass die komplette Innenausstattung und auch die Fassade identisch aufgebaut sind. Ein zentraler Unterschied ergibt sich aber in der Bauweise der Gebäudehülle. Hier deshalb nur ein Auszug der Bauleistungsbeschreibung – die vollständige Aufstellung finden Sie ab Seite 148:

- Allgemein: Doppelhaushälfte mit KG, EG, OG und Satteldach mit 3 Prozent Neigung.
- Konstruktion: Außen- und Innenwände in Holztafelbauweise: KG-, EG- und OG-Decke in Holz.
- Wände: KG-Treppenhaus, Außenwände EG und OG verputzt, in Doppelverschalung als Holzwände mit innen liegender Wärmedämmung (WLG 035).
- Fassade: Holzriegelkonstruktion (senkrecht 6/10 cm) aufgeschraubt, 2 cm dienen der Belüftung; Profilholzbretter auf waagerechter Lattung befestigt.
- Dachaufbau: 3 Lagen Bitumenbahnen (oberste Lage als Abstrahlschicht), wasserfest verleimte Spanplatte, tragender Holzbalken mit Keil zur Neigungsherstellung: 18 cm Wärmedämmung (WLG 035) zwischen den Balken, wasserfest verleimte Spanplatte, Dampfsperre, 2 Lagen Gipskartonplatten (Feuerschutz), Tapete bzw. Anstrich.

Bauleistungsbeschreibung beim Fertighaus

1: Profilholz
2: Traglattung
3: Lüftschicht
4: Dämmung
5: wasserfeste
    Spanplatte
6: Dämmung,
    steif
7: Dampfsperre
8: Lattung
9: wasserfeste
    Spanplatte
10: Gipskarton-
    platte

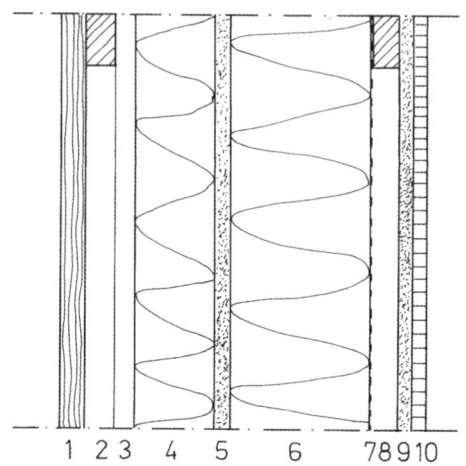

Die Skizze zeigt anhand des Fassadenelements eines Fertighauses die innen liegende Dämmmatte.

Innen liegende Dämmung

Der Unterschied zwischen dem Architektenhaus in Massivbauweise und dem Fertighaus als Tafelbauweise ist am besten durch einen Vergleich der Fassade ersichtlich. Die „Mauern" des Fertighauses fallen schmaler aus und die Wärmedämmung ist innen liegend zwischen den Verschalungen.

Alle weiteren Details wie etwa die technischen Berechnungen oder die Grundlagen zum Grundstück sind mit dem Architektenhaus identisch.

Bauzeitenplanung

Bei der Bauzeitenplanung gibt es einen deutlichen Unterschied zum Architektenhaus, denn die Gesamtbauzeit verkürzt sich gravierend. Das liegt daran, dass das Haus zu großen Teilen in einer Fabrik vorgefertigt wird und deshalb vor Ort recht schnell zusammengesetzt wird. Beachten Sie aber: Die Teile müssen natürlich zunächst in der Fabrik produziert werden, wozu in der Regel auch einige Wochen benötigt werden.

Woche	Baustelleneinrichtung	Abwasserkanalarbeiten	Konstruktion Keller	Treppe innen KG	Treppe außen	Putzarbeiten KG	Bodenbeläge: Estrich KG	Bodenbeläge: Oberb. KG Treppenhaus	Innentüren: Stahltüren KG	Maler, Tapezierarbeiten: KG Treppenhaus	Elektroarbeiten KG
20											
15											
					X						
10											X
								X			
							X		X	X	
						X					
			X	X							
5			X								
			X								
			X								
		X									
1	X										

Woche	Sonstiges: KG Deckenunterschicht	Sonstiges. Baureinigung	Wasser-, Gasanschluss	Außenanlage: Strom, Telefon, Antenne	Außenanlage: Plan., Plattieren, Zaun	Fertigelemente aufstellen	Ausbau komplett	Fassade inklusive Außenfensterbänke	Abnahme und Mängelbeseitigung
20									
15									X
		X							
					X		X	X	
							X	X	
							X	X	
10						X	X		
	X					X			
						X			
						X			
5			X	X					
1									

Baukostenschätzung nach Normalherstellungskosten 2000

Die NHK 2000 sind für die Massivhausbauweise erstellt worden. Entscheidend für die Doppelhaushälfte in Bungalowbauweise mit Flachdach ist der Abschnitt 2.13. Hier ergeben sich folgende Preise für die Bruttogrundfläche in €/ m²:

- Einfacher Standard 2000 Massivhaus: 735 €,
- mittlerer Standard 2000 Massivhaus: 770 €.

Preise für die Grundflächen

Die detaillierten Ergebnisse und Anmerkungen zu diesen Berechnungen können Sie bis hierher beim Architektenhaus nachlesen, denn um die Vergleichbarkeit zu gewährleisten, ist das Fertighaus identisch zum Architektenhaus gestaltet.
Eine Reihe von Experten geht nun davon aus, dass bei der Fertigbauweise in Holz ein pauschaler Abschlag von 10 Prozent zugrunde gelegt werden kann:

- Einfacher Standard 2000 Fertighaus: 735 € x 0,90 = rund 662 €,
- mittlerer Standard 2000 Fertighaus: 770 € x 0,90 = 693 €.

Abzug für Fertighäuser

Zusätzlich muss nun noch anhand der Baupreisentwicklung eine Korrektur durchgeführt werden. Das Statistische Bundesamt hat dazu eine eigene Zahlenreihe für „Einfamiliengebäude in vorgefertigter Bauart (Fertighäuser)" mit dem Basisjahr 2000 erstellt. Sie finden diese unter *www.destatis.de* (Kategorie, Preise/ Baupreise, Kaufwerte für Grundstücke/ Tabellen). Zum Redaktionsschluss für dieses Buch lag der Index bei 114,1. Daraus ergeben sich nun die aktuellen Normalherstellungskosten:

- Einfacher Standard 2008 Fertighaus: 662 € x 1,141 = rund 755 €,
- mittlerer Standard 2008 Fertighaus: 693 € x 1,141 = rund 790 €.

Normalherstellungskosten

Das Beispielobjekt hat eine Bruttogrundfläche von rund 238 m². Daraus ergibt sich folgende Baukostenschätzung:

- Einfacher Standard 2008: 755 € x 238 m² = rund 180.000 €,
- mittlerer Standard 2008: 790 € x 238 m² = rund 188.000 €.

Baukostenschätzung

Die Baunebenkosten werden mit 14 Prozent von diesem Wert noch einmal hinzugerechnet. Da aber beim Fertighausbau keine oder kaum noch Leistungen für Architekten, Statiker und Ingenieure anfallen, ist dieser Wert sicherlich deutlich zu hoch.

Baukostenschätzung Bauherr

Der Bauherr möchte nun überschlägig die Kosten für sein Fertighaus kalkulieren. Damit die Zahlen für die unterschiedlichen Gebäudetypen vergleichbar bleiben, wurde auch für das Fertighaus angenommen, dass es konventionell unterkellert ist. Deshalb muss der Bauherr nun – abweichend von der Baukostenschätzung für das Architektenhaus – ausschließlich die Kosten für die Unterkellerung ausführlich recherchieren und berechnen.

Fertigung in einem Guss

Das komplette Haus wird ihm aus einem Guss, inklusive Tapeten, Fliesen, Fassade etc., von dem Fertighaushersteller auf die zuvor festgelegte Bodenplatte gebaut. Fiktiv hat der Bauherr hier ein Angebot eines Anbieters in Höhe von 140.000 € eingefügt und erhofft sich davon ein Fertighaus mit mittlerer Ausstattung.

Damit Sie die Zahlen zwischen Fertighaus und Architektenhaus gut miteinander vergleichen können, sind alle Gewerke beim Fertigbau mit einem * versehen. Zur besseren Übersicht wurden deshalb auch die Nummerierungen und Zeilenbezeichnungen belassen.

Wenn Sie Ihr Fertighaus kalkulieren möchten, berechnen Sie auch eventuelle Sonderwünsche mit ein.

Position	Bezeichnung	Lage	Massenermittlung				Preisermittlung	
			Länge in m	Höhe/Breite in m	Fläche in m^2	Stück oder Dicke	Einzelpreis in €	Gesamtpreis in €
Angebot eines Fertighausanbieters laut Baubeschreibung								
pauschal								140.000,00
A) Baustelleneinrichtung								
1*	Baustrom-/ Wasseranschluss					1	1.259,00	1.259,00
2*	Bauschild, Baubude, Miet-WC						pauschal	1.500,00
								2.759,00
C) Abwasserkanalarbeiten								
1*	Steinzeugrohr	KG	15,00				40,00	600,00
2*	Bodeneinlauf	KG				1	220,00	220,00
3*	Revisionsschacht	KG				1	700,00	700,00
								1.520,00
D) Konstruktion								
1*	Mutterbodenabtrag d=30 cm	KG	11,60	15,01	174,12		1,00	174,00
2*	Baugrubenaushub	KG	10,40	14,01	145,70	1,90	5,00	1.384,00
3*	Fundamentaushub	KG	53,00	0,50	26,50	0,60	30,00	477,00
4*	Tragschicht	KG	TB		77,61		12,00	931,00
5*	Arbeitsraumverfüllung	KG	48,82	2,20	107,40	1,60	10,00	1.718,00
6*	Fundamentbeton bewehrt (siehe Position 3)	KG	TB	3	26,5	0,6	145,00	2.306,00
7*	Bodenplatte	KG	TB		77,61	0,12	150,00	1.397,00
8*	Filigrandecke	KG	TB		78,59		60,00	4.715,00
								13.102,00

Position	Bezeichnung	Lage	Massenermittlung				Preisermittlung	
			Länge in m	Höhe/Breite in m	Fläche in m^2	Stück oder Dicke	Einzelpreis in €	Gesamtpreis in €
F) Fassade								
1*	2-lagige Abdichtung	KG	35,21	2,80	98,59		15,00	1.479,00
2*	60 mm Perimeterdämmung	KG	35,21	2,20	77,46		25,00	1.937,00
3*	Unterkonstruktion aus Kanthölzern	KG	24,59	0,60	14,75		20,00	295,00
4*	Traglattung	KG	24,59	0,60	14,75		10,00	148,00
5*	80 mm Dämmung WLG 035	KG	24,59	0,60	14,75		15,00	221,00
6*	Profilholzbretter	KG	24,59	0,60	14,75		60,00	885,00
								4.965,00
H) Klempnerarbeiten								
2a*	Fallrohr	KG	5,00				20,00	100,00
3*	Gussstandrohr	KG	5,00				50,00	250,00
								350,00
I) Treppen								
2*	Geschosstreppe	KG				1	1.800,00	1.800,00
								1.800,00
J) Putz- und Stuckarbeiten, Gipskartonarbeiten								
1*	Wandputz (Treppenhaus)	KG	11,79	2,55	30,06		15,00	451,00
								451,00
K) Fenster, Haustür und Verglasung								
1*	Kunststofffenster	KG				5	220,00	1.100,00
								1.100,00

Position	Bezeichnung	Lage	Massenermittlung				Preisermittlung	
			Länge in m	Höhe/Breite in m	Fläche in m²	Stück oder Dicke	Einzelpreis in €	Gesamtpreis in €
M) Bodenbeläge								
1*	Estrich mit Abdichtung gegen aufsteigende Feuchtigkeit	KG	TB		59,00		30,00	1.770,00
2*	50 mm Wärmedämmung	KG	TB		59,00		10,00	590,00
								2.360,00
N) Innentüren								
1*	Stahltür	KG				3	500,00	1.500,00
								1.500,00
O) Maler-, Lackier- und Tapezierarbeiten								
1*	Raufaser kleben	KG	11,77	2,55	30,01		5,00	150,00
6*	Raufaser streichen (wie KG)	KG			30,01		7,00	210,00
								360,00
Q) Elektro (EFH und ZFH; unterkellert; einfacher bis mittlerer Standard)								
1*	Licht/ Schalter/ Steckdosen (pauschal)	KG				1	500,00	500,00
								500,00
S) Sonstiges								
1*	Deckenunterseite mit 6 cm Wärmedämmung	KG	TB		58,54		15,00	878,00

Position	Bezeichnung	Lage	Massenermittlung				Preisermittlung	
			Länge in m	Höhe/Breite in m	Fläche in m^2	Stück oder Dicke	Einzelpreis in €	Gesamtpreis in €
2*	Vorgehängte Licht-schächte	KG				5	160,00	800,00
								1.678,00
Außenanlagen (pauschal, Anfrage bei örtlichem Versorgungsunternehmen oder Gartenbaufirma)								
*	Abwasser-anschlusss Wasseranschluss Stromanschluss Gasanschluss Telefonanschluss Fernsehanschluss						pau-schal	5.500,00
*	Grundstück pla-nieren						pau-schal	500,00
*	Zugangswege und Terrasse plattiert mit Untergrund						pau-schal	3.000,00
*	Jägerzaun						pau-schal	1.000,00
								10.000,00

TB = Grundlage ist hierfür die technische Berechnung einige Seiten zuvor.

Entsprechend reduzieren sich nun auch in der Gesamtzusammen-stellung die Gebäudekosten und die Kosten für die Außenanlagen. Größter Betrag ist hier das fiktive All-Inklusive-Angebot der Fertighausfirma. In ihm sind sozusagen ein Großteil der Baunebenkosten für Architekten, Ingenieure und Statiker enthalten.

	Angebot A über die Errichtung eines oben beschriebenen Einfamilienhauses in Tafelbauweise inklusive Ausstattung mittleren Standards	140.000 €
A	Baustelleneinrichtung	2.759 €
C	Abwasserkanalarbeiten	1.520 €
D	Konstruktion	13.102 €
F	Fassade	4.965 €
H	Klempnerarbeiten	350 €
Rohbau		22.696 €
I	Treppen	1.800 €
J	Putz- und Stuckarbeiten, Gipskartonarbeiten	451 €
K	Fenster, Haustür und Verglasung	1.100 €
M	Bodenbeläge	2.360 €
N	Innentüren	1.500 €
O	Maler-, Lackier- und Tapezierarbeiten	360 €
S	Sonstiges	1.678 €
Ausbau		9.249 €
Q	Elektro	500 €
Technik		500 €
Gebäudekosten		32.445 €
Außenanlagen		10.000 €
Genehmigungen und Versicherungen		1.400 €
Gesamtkosten		44.000 €
Angebot A		140.000 €
GESAMTFESTPREIS		184.000 €

Zusammenfassung: Kosten für Gebäude und Außenanlagen

Gegenüberstellung von Vergleichswerten

Auch hier werden nun exemplarisch die Normalherstellungskosten (NHK) und die deutlich detaillierteren BKI-Baukosten der Kostenschätzung des Bauherrn gegenübergestellt. Dabei wurden von den BKI im Vergleich zum Architektenhaus ebenfalls 10 Prozent abgezogen, denn wie schon vorher geschildert gehen einige Experten davon aus, dass die Herstellungskosten in etwa 10 Prozent niedriger sind als bei der konventionellen Massivhausbauweise. Allerdings ist dies nur eine Vermutung.

Kostenermittlung	€/ m³ Bruttoraum-inhalt (BRI)			€/ m² Brutto-geschoss-fläche (BGF)			€/ m² Nutzflä-che (NF)			Abw. *
	Min.	Med	Max	Min.	Med	Max	Min.	Med	Max	
Kosten gemäß eigener Baukos-tenermittlung		263			773			1210		93
Kosten gemäß Normalherstel-lungskosten 2000					790					95
Kosten gemäß BKI Baukosten	239	279	335	675	829	990	987	1206	1467	100
Kosten gemäß BKI Baukosten Nied-rigenergiehaus	262	297	347	720	882	1107	1120	1287	1638	108
Kosten gemäß BKI Baukosten Passivhaus	279	338	378	828	990	1107	1143	1440	1647	122

* Abweichung vom mittleren Wert der Bruttogeschossfläche (BGF) in Prozent, Basis für die eigene Kostenermittlung sind 184.000 €.

Vergleich der Angebote

Diese Tabelle kann beim Vergleich unterschiedlicher Angebote miteinander ein wenig weiterhelfen. Aber der Bauherr hat auf den größten Posten – die Errichtung des Bauwerks in Tafelbauweise – ausschließlich durch Auswahl eines Angebots Einfluss. Und im Beispiel hat er diesen Faktor entsprechend gesteuert, sodass die Abweichungen nur wenige Prozentpunkte betragen. Auch die hier veranschlagte zehnprozentige pauschale Kostenersparnis des Fertighauses gegenüber dem Massivhaus ist durchaus umstritten.

Ersparnisse durch Vor-fertigung

Viel interessanter sind in diesem Zusammenhang vielmehr die Ersparnisse, die sich durch die schnelle und pünktliche Fertigstel-lung des Fertighauses für den Bauherren ergeben. Auf der einen Seite spart er hier Finanzierungskosten, denn Bereitstellungszinsen für nicht abgerufene Kreditbestandteile werden bei Weitem nicht in dem Maße anfallen wie bei einem neun Monate dauernden Massivhaus.

Auf der anderen Seite können auch Kosten rund um den Einzug optimiert werden, also die Mietwohnung kann fristgerecht und ohne große Überschneidungen gekündigt werden.

✓ SCHRITT-FÜR-SCHRITT-GUIDE

Den richtigen Fertighaushersteller finden

Formular
auf CD-ROM

Um sich auf Basis mehrerer Angebote für einen Fertighaushersteller zu entscheiden, ist nicht immer nur der Preis für das Haus ausschlaggebend. Bei einer Zusammenarbeit spielen auch Kompetenz, Erfahrung, Engagement und Vertrauen eine Rolle.

Diese Fragen sollten Sie sich stellen:

Marktauftritt
Wie lange ist der Hersteller bereits am Markt?
Bemerkung:
....
....

Erscheint sein Marktauftritt (Internet, Flyer) seriös und ansprechend?
Bemerkung:
....
....

Lassen sich Aussagen über den Ruf des Herstellers in der Branche machen?
Bemerkung:
....
....

Referenzen
Wie viele Referenzen kann er Ihnen vorlegen?
Bemerkung:
....
....

Erscheinen diese seriös?
Bemerkung:
....
....

Haben Sie die Referenzobjekte besichtigt?
Bemerkung:
....
....

Wie gefallen Ihnen die Objekte?
Bemerkung:
....
....

Sind die Eigentümer/ Bewohner mit der Qualität der Häuser zufrieden?
Bemerkung:
....
....

Garantien
Welche Garantien gibt der Hersteller auf die Objekte?
Bemerkung:
....
....

Werden darüber hinausgehende Garantien gegeben?
Bemerkung:
....
....

Preis und Zahlung
Wird eine Festpreisgarantie gegeben?
Bemerkung:
....
....

Kommen neben dem Festpreis noch weitere Kosten auf Sie zu?
Bemerkung:
....
....

Wie wird die Zahlung vereinbart (z. B. Teilzahlungen)?
Bemerkung:
....
....

Bauablauf
Wurde bei den Referenzobjekten die vereinbarte Bauzeit ein-
gehalten?
Bemerkung: .
....
....

Ging bei den Referenzobjekten der Bauablauf entsprechend der
Planung voran?
Bemerkung:
....
....

Wurde bei den Referenzobjekten eine gründliche Bauüberwachung
durchgeführt?
Bemerkung:
....
....

Mängel
Traten bei den Referenzobjekten Mängel auf?
Bemerkung:
....
....

Wie wurde bei den Referenzobjekten auf eine
Mängelrüge reagiert?
Bemerkung:
....
....

Wurden die Mängel zügig und problemlos nachgebessert?
Bemerkung:
....
....

Beratung
Wurden die Eigentümer der Referenzobjekte vor und während der
Bauphase gut beraten?
Bemerkung:
....
....

Gab es Probleme aufgrund schlechter Beratung?
Bemerkung:
....
....

Waren die Eigentümer mit der Zusammenarbeit zufrieden?
Bemerkung:
....
....

Wurden alle notwendigen Unterlagen (Pläne, Bauleistungsbeschreibung, Bauzeitenplanung usw.) zügig beigebracht?
Bemerkung:
....
....

> **Das müssen Sie tun:**
> Gehen Sie vor Ihrer endgültigen Entscheidung Schritt für
> Schritt die aufgeführten Punkte durch und machen Sie sich
> dazu, wenn nötig, noch weitere Notizen. Auf dieser Basis er-
> gibt sich eine gute Grundlage, um sich einen Eindruck des
> Herstellers zu machen.

Die Abnahmephase

Ist der Boden wirklich eben und die Fassade ohne Risse? Gewerk für Gewerk besichtigen Sie zusammen mit dem Architekten und den Handwerkern den Bau. Die gründliche und sorgfältige Endabnahme der Leistungen beendet den Bauvorgang.

Als Bauherr müssen Sie eine Endabnahme der Bauleistung durchführen. Ihr rechtlicher Status ändert sich dadurch nachhaltig in vielen Details. Aber Sie können auch relativ sicher sein, dass nach der Endabnahme allenfalls noch Kleinigkeiten an der Immobilie zu erledigen sind.

Förmliche Abnahme notwendig Achten Sie darauf, dass es zu einer förmlichen, also schriftlichen, Abnahme kommt. Legen Sie die Mängelliste, auf der Sie auch vermerken sollten, welche Punkte zwischen Ihnen und den Handwerkern strittig und unstrittig sind, besonders gründlich an. Formulieren Sie im Abnahmeprotokoll einen Vorbehalt und behalten Sie eine Sicherheitsleistung zurück, sofern es die Mängel erfordern.

Für die Mängelbeseitigung vereinbaren Sie mit dem Handwerker im Protokoll einen Zeitpunkt zur Erledigung und erneuten Abnahme.

Nach der Endabnahme müssen Sie die Behebung von nicht angemahnten Mängeln mühselig einfordern. Gut ist es da, wenn Sie Geld zurückbehalten haben. Vermerken Sie sich auch die Verjährungsfristen für die Gewährleistung. Wenn schließlich auch noch die Rechnungen bezahlt sind, steht Ihrem Umzug nichts mehr im Wege.

Mängel zeitig einfordern

Was eine Endabnahme bedeutet

Der Bauherr geht durchs Gebäude und erteilt dann die Endabnahme. Ganz so einfach ist es leider nicht. Denn nur, wenn die Gewerke unstrittig mängelfrei durchgeführt wurden, kann zu diesem Zeitpunkt der Schlussstrich unter das Bauprojekt gezogen werden.

Wichtig ist in dieser Bauphase das Bewusstsein für die gesetzlichen Regelungen. Der Bauherr ist nämlich verpflichtet, irgendwann eine Endabnahme zu erteilen – und manchmal macht er das durch Handlungen oder auch unterlassene Einsprüche sogar unbewusst.

Erteilung der Endabnahme

Die „Abnahmereife" ist so je nach Standpunkt ein dehnbarer Begriff: Informieren Sie sich genau – am besten mithilfe eines Sachverständigen vor Ort –, welche Mängel vorhanden sind und ob Sie eine mögliche Abnahmereife der Immobilie verwirken.

Die Abnahme als Abschluss der Bautätigkeit

Die Endabnahme der Bauleistungen bewirkt für den Auftraggeber – das ist beim Architektenhaus der Bauherr und beim Bauträgermodell der Bauträger in direkter Verantwortlichkeit gegenüber Ihnen als späterem Käufer – viele wichtige Veränderungen in seinem Verhältnis zu den Handwerkern:

* Nach der Abnahme sind Sie verpflichtet, die Handwerker zu bezahlen.

- Die Erfüllung der beauftragten Leistung ist erfolgt. Jetzt können Sie also nur noch Nachbesserungen oder Gewährleistungsansprüche geltend machen.
- Die Verjährung der Gewährleistungsansprüche beginnt mit dem Tag der Abnahme.
- Ab dem Tag der Abnahme müssen Sie selbst für Schäden aufkommen (Risikoübergang), beispielsweise zerstörte Fensterscheiben.

Veränderte Rechtslage

- Musste der Handwerker Ihnen vor der Abnahme nachweisen, dass er die beauftragte Leistung in Qualität und Umfang wie vereinbart erbracht hat, so dreht sich diese Beweislast nach der Endabnahme um. Nun müssen Sie nachweisen, dass er etwas falsch gemacht hat.
- Vertragsstrafen (Vorbehalt) und Mängelbeseitigung erhalten Sie nur, wenn Sie sich dies im Endabnahmeprotokoll zusichern lassen. Ist beispielsweise die Farbe im Bad nicht korrekt und Sie beschreiben dies nicht ausdrücklich als zu behebenden Mangel, dann wird der Handwerker dies nach der Endabnahme nicht mehr verändern.

Text auf CD-ROM

Die rechtliche Grundlage ist dazu eindeutig, Bürgerliches Gesetzbuch und auch die VOB/ B ähneln sich. In der VOB/ B (→CD-ROM) wird in Paragraf 12 konkret formuliert:

„1. Verlangt der Auftragnehmer nach der Fertigstellung – gegebenenfalls auch vor Ablauf der vereinbarten Ausführungsfrist – die Abnahme der Leistung, so hat sie der Auftraggeber binnen 12 Werktagen durchzuführen; eine andere Frist kann vereinbart werden. 2. Auf Verlangen sind in sich abgeschlossene Teile der Leistung besonders abzunehmen.

3. Wegen wesentlicher Mängel kann die Abnahme bis zur Beseitigung verweigert werden.

4.(1) Eine förmliche Abnahme hat stattzufinden, wenn eine Vertragspartei es verlangt. Jede Partei kann auf ihre Kosten einen Sachverständigen zuziehen. Der Befund ist in gemeinsamer Verhandlung schriftlich niederzulegen. In die Niederschrift sind etwaige Vorbehalte wegen bekannter Mängel und wegen Vertragsstrafen aufzunehmen, ebenso etwaige Einwendungen des Auftragnehmers. Jede Partei erhält eine Ausfertigung.

(2) Die förmliche Abnahme kann in Abwesenheit des Auftragnehmers stattfinden, wenn der Termin vereinbart war oder der Auftraggeber mit genügender Frist dazu eingeladen hatte. Das Ergebnis der Abnahme ist dem Auftragnehmer alsbald mitzuteilen. 5.(1) Wird keine Abnahme verlangt, so gilt die Leistung als abgenommen mit Ablauf von 12 Werktagen nach schriftlicher Mitteilung über die Fertigstellung der Leistung.

(2) Wird keine Abnahme verlangt und hat der Auftraggeber die Leistung oder einen Teil der Leistung in Benutzung genommen, so gilt die Abnahme nach Ablauf von 6 Werktagen nach Beginn der Benutzung als erfolgt, wenn nichts anderes vereinbart ist. Die Benutzung von Teilen einer baulichen Anlage zur Weiterführung der Arbeiten gilt nicht als Abnahme.

(3) Vorbehalte wegen bekannter Mängel oder wegen Vertragsstrafen hat der Auftraggeber spätestens zu den in den Absätzen 1 und 2 bezeichneten Zeitpunkten geltend zu machen.

6. Mit der Abnahme geht die Gefahr auf den Auftraggeber über, soweit er sie nicht schon nach § 7 trägt."

Die (formelle) Pflicht zur Abnahme

Ohne Endabnahme geht es nicht. Die übliche Form ist die formelle Abnahme. Dabei begehen – wie es die VOB/B vorsieht – die beiden Vertragsparteien gemeinsam die Immobilie und führen ein Bauabnahme- und Mängelprotokoll. Dieses muss schriftlich geschehen. Die Endabnahme muss zudem innerhalb einer festen Frist erfolgen, denn der Handwerker hat ein Anrecht darauf, dass Sie innerhalb von zwölf Werktagen (Samstage werden hier mitgezählt), in einigen Fällen sogar innerhalb von sechs Tagen (Benutzung des Objekts), vorgenommen wird. *(Gemeinsame Begehung der Immobilie)*

Sie sollten als Bauherr dringend darauf achten, dass Sie nicht durch (unterlassene) Handlungen eine Endabnahme herbeiführen, ohne dass Sie dies wollen: *(Unbewusste Abnahme)*

❶ Stillschweigende Abnahme: Die stillschweigende Abnahme tritt unter Umständen ein, wenn Sie ohne Vorbehalt in die Wohnung einziehen oder die Schlussrechnung begleichen oder eine Sicherheitsleistung auszahlen.

❷ Fiktive Abnahme: Sofern Sie eine förmliche Abnahme vertraglich vereinbart haben – und darauf sollten Sie achten –, ist die in VOB/B vorgesehene fiktive Abnahme automatisch nicht möglich. Allerdings müssen Sie als Bauherr die Frist zur Abnahme einhalten.

Vertretung durch den Architekten

Achten Sie penibel darauf, dass Sie eine korrekte, förmliche Endabnahme durchführen. Wenn Sie selbst keine Zeit haben, können Sie auch Ihren Architekten damit beauftragen. Allerdings ist dies nicht ratsam, denn bei der eigenen Immobilie sollten Sie diesen wichtigen Termin selbst wahrnehmen. Dagegen ist die Begleitung durch einen Architekten oder einen Bausachverständigen sehr wichtig und empfehlenswert, denn als Laie erkennen Sie den einen oder anderen Mangel vielleicht gar nicht.

Nicht jeder Mangel ist für den Laien sofort ersichtlich. Holen Sie sich deshalb Unterstützung von erfahrener Seite.

Standardisiertes Abnahmeprotokoll

Schriftliche Form

Die VOB/B schreibt bei einer förmlichen Abnahme die schriftliche Form vor. In der Praxis wird dies aber unterschiedlich gehandhabt. Um späteren Missverständnissen vorzubeugen, sollten Sie deshalb bei der Abnahme- und Mängelprotokollierung auf standardisierte Formulare setzen. Sinnvoll ist, dass jeder Teilnehmer einen Durchschlag des Protokolls erhält. Wenn also beide Seiten einen Sachverständigen mitbringen, benötigen Sie vier Ausfertigungen. Häufig wird zwischen Bauabnahmeprotokoll und Mängelliste – sozusagen dem Anhang zum Abnahmeprotokoll – unterschieden. Auch bei der Mängelliste sollten Sie auf standardisierte Formen setzen (eine standardisierte Vorlage eines Bauabnahme und -mängelprotokoll finden Sie auf der beiliegenden CD-ROM).

Formular auf CD-ROM

Der Ablauf der Endabnahme

Die konkrete Begehung und die Begutachtung der fertiggestellten Immobilie oder einzelner Gewerke sollte der Bauherr nur in Begleitung von Zeugen – am besten einem Sachverständigen – erledigen und jeden Mangel, unterteilt nach unstrittig und strittig, festhalten lassen. Sie sollten diesen Vorgang sehr ernst nehmen, denn es kann um viel Geld oder um viel zusätzliche Arbeit gehen. Und natürlich sollte auch dies wieder schriftlich geschehen.

Sind Mängel nicht beseitigt, dann sollte die Endabnahme höchstens unter Vorbehalt geschehen. Denn ist sie erst einmal erfolgt, dann verschlechtert sich schlagartig die Position des Bauherrn. Am Ende müssen beide Vertragsparteien die Endabnahme noch einmal unterschreiben. Sie wird damit zum ausschlaggebenden Dokument für alle Folgeschritte.

Abnahme unter Vorbehalt

Das Abnahmeprotokoll

Im Abnahmeprotokoll sind zunächst der Auftragnehmer und der Auftraggeber mit ihren kompletten Kontaktdaten aufgeführt. Wie schon erwähnt müssen Sie die Abnahme nicht selbst durchführen und nicht anwesend sein, sondern können dies Ihrem bevollmächtigten Architekten überlassen. Achten Sie aber darauf, dass folgende Punkte in jedem Fall auf dem Abnahmeprotokoll aufgeführt werden:

Notwendige Angaben

❶ Bezeichnung der Abnahme als eine Endabnahme,
❷ Firmenbezeichnungen und Kontaktdaten des Auftragnehmers und des Auftraggebers,

225

❸ Bezeichnung des Gewerks mit Losnummer/Abschnitt, Datum des Bauvertrags und ggf. Datum von Änderungen,

❹ die teilnehmenden Personen an der Endabnahme mit ihrem Namen und ihrer Firmenbezeichnung, ihrer Funktion sowie dem Zeitraum der Anwesenheit,

❺ Formulierung von Vorbehalten aufgrund von Mängeln (siehe „Die Mängelbeseitigung einfordern" ab Seite 228) oder beispielsweise Schadensersatz-/Vertragsstrafen wegen Fristüberschreitungen,

❻ Vermerk, ob die Abnahme erteilt wurde oder nicht (siehe unten „Das Mängelprotokoll"),

❼ eventuell eine neue Festlegung der Gewährleistungsfrist,

❽ Unterschriften der beiden Vertragsparteien mit Datum und Ort.

Expertentipp

Einzug vor der Endabnahme

Das Haus ist entgegen der Absprache noch nicht ganz fertig, der Mietvertrag Ihrer jetzigen Wohnung aber schon längst gekündigt. Eine ungünstige Situation für Sie, abgesehen davon, dass die Handwerker noch immer im neuen Haus tätig sind.

Frühzeitiger Einzug

Zwar wird das Haus durch den Einzug nun genutzt, eine automatische Endabnahme tritt damit aber nicht ein. Wurde der vereinbarte Fertigstellungstermin nicht eingehalten, und ist ein Verbleiben in der gekündigten Mietwohnung nicht möglich, ist dieser Einzug und die Entgegennahme der Haustürschlüssel nicht als stillschweigende Endabnahme zu interpretieren.

Allerdings muss die tatsächliche Endabnahme nun innerhalb von sechs Werktagen (inklusive Samstag) erfolgen. Die Frist ist also verkürzt, denn in allen anderen Fällen hat der Bauherr hierzu zwölf Tage Zeit.

Das Mängelprotokoll

Im Mängelprotokoll werden nicht nur die noch vorhandenen Mängel, sondern auch die Mängelfreiheit einzelner Gewerke bestätigt.

Allerdings ist es häufig der Fall, dass sich Handwerker und Bauherr über einen Mangel nicht einig sind. Sie als Bauherr werden sicherlich schneller einen Fehler als Mangel bezeichnen, als es der ausführende Handwerker macht. Vermerken Sie unbedingt im Abnahmeprotokoll, welche Mängelpunkte strittig und unstrittig sind. Auf dem Abnahmedeckblatt müssen Sie zunächst festhalten, ob die Abnahme

- erfolgt ist ohne sichtbare Mängel,
- erfolgt ist mit sichtbaren Mängeln,
- nicht erfolgt ist aufgrund von sichtbaren Mängeln.

Sie müssen also unterscheiden, ob ein Mangel die Endabnahme verwirken kann oder nicht. Paragraf 3, Absatz 3 der VOB/B macht aber die Mängelfreiheit grundsätzlich von der Erfüllung der Leistungsbeschreibung abhängig. Eine Ausnahme gilt, wenn sich gesetzliche Bestimmungen ändern oder der Handwerker eine Anweisung schriftlich bemängelt, die daraufhin verändert wird. In beiden Fällen kann der Auftragnehmer dann auch eine angepasste Bezahlung verlangen.

Erfüllung der Leistung

Dies bedeutet für Sie also, dass Sie keine Unterscheidung nach schwerwiegend oder nicht schwerwiegend zu treffen haben, sondern allein danach, ob eine vertraglich vereinbarte Leistung erbracht wurde. Gerade hier ist die Bedeutung der Bauleistungsbeschreibung als wichtigstem Dokument der Bauphase wiederzuerkennen. Um offene Fragen gleich kontrollieren zu können, sollten Sie diese und die weiteren Vertragsunterlagen während der Abnahme als Kopie immer zur Hand haben.

Formular auf CD-ROM

Folgende Inhalte sollte das Mängelprotokoll (→CD-ROM) konkret ausweisen:

- Türen,
- Fenster,
- Tapeten/Innenanstrich,
- Teppichboden/Parkett/Fliesen,
- Heizkörper,
- Rollladen,
- Steckdosen/Elektrik,
- Bad/WC/Gäste-WC,

- Kücheneinrichtung,
- Balkon/Terrasse,
- Keller/Kellerabteil,
- Garage,
- Treppenhaus/Eingangsbereich,
- Außenanlage,
- Auflistung der übergebenen Schlüssel,
- Zählerstände für Elektrizität, Kaltwasser und Warmwasser,
- übergebene Bedienungsanleitungen/Revisionspläne.

Objekt	Beschreibung	Zimmer		
		K	EG1	...
Tür	Schließt schlecht	x	-	-
	Hat zu viel Spiel	-	-	-
	...			
	Sonstiges:			

Quelle: Hausbesitzer ABC, erschienen im Haufe-Verlag.
Die Zimmeranzahl und Bezeichnung muss für den konkreten Fall erweitert werden.

Die Mängelbeseitigung einfordern

Aufforderung ohne Konsequenzen

Sofern Sie keine Sicherheitsleistung vereinbart haben, können Sie zwar auf die Mängelbeseitigung bestehen, für den Handwerker wird die Nichterfüllung aber keine finanziellen Konsequenzen haben. Um hierdurch etwas Druck auf den Auftragnehmer auszuüben, dürfen Sie auch eine Sicherheitsleistung bis zur dreifachen Höhe der Mängelbeseitigungskosten einbehalten. In § 17 der VOB/B wird die Sicherheitsleistung sogar ausdrücklich geregelt: „1.(1) Wenn eine Sicherheitsleistung vereinbart ist, gelten die §§ 232 bis 240 BGB, soweit sich aus den nachstehenden Bestimmungen nichts anderes ergibt.

(2) Die Sicherheit dient dazu, die vertragsgemäße Ausführung der Leistung und die Mängelansprüche sicherzustellen."

Umgekehrt gilt aber auch: Sobald Sie die Sicherheitsleistung auszahlen, akzeptieren Sie die vertragsmäßige Erfüllung aller Leistungen durch den Handwerker und haben damit die Endabnahme erteilt.

Die Frage, ob ein Mangel vorliegt oder nicht, beantworten Bauherr und Handwerker meist anders. Nur selten herrscht in diesem Punkt Einigkeit.

Bei Mängeln ist es also immer besser, wenn Sie einen Vorbehalt finanzieller Art formuliert haben. Neben dieser Sicherheitsleistung sind aber noch weitere Formen eines Vorbehalts denkbar:

Finanzieller Vorbehalt

❶ Eine Vertragsstrafe, die vorab im Bauvertrag für bestimmte Fälle bereits festgelegt wurde,

❷ Schadensersatzanspruch wegen Verzugs oder Schlechtleistung. Darunter können beispielsweise auch Kosten zu verstehen sein, die durch einen verspäteten Einzug in das neue Haus entstehen.

Vertragsstrafe und Schadenersatz

Natürlich müssen Sie nun noch die Mängelbeseitigung einfordern – mehr zur Vorgehensweise finden Sie im Abschnitt „Später Mängel anmelden und beseitigen (lassen)" ab Seite 236.

Die Klärung durch eine Schiedsstelle

Im Extremfall werden sich Bauherr und Auftragnehmer über strittige Mängel nicht einig. In diesen Fällen werden beide Parteien dann schnell einen Anwalt einschalten.

Anruf einer Schiedsstelle

Sehr viel günstiger ist es aber zunächst, eine Schiedsstelle anzurufen, die es in jeder Kommune gibt. Sie soll erreichen, dass die Streithähne sich wieder an einen Tisch setzen. Ihr Ziel ist die außergerichtliche Einigung ohne Beauftragung aufwendiger und teurer Gutachter.

Sie sollten sich als Bauherr zunächst um eine außergerichtliche Einigung bemühen; dies spart nicht nur Geld, sondern auch Nerven. Bleibt diese Bemühung erfolglos, steht Ihnen immer noch der Gang zum Gericht frei. Ihre Gewährleistungsansprüche verlieren Sie dadurch nicht. Ganz im Gegenteil: Die Anrufung einer Schiedsstelle hemmt die Verjährung einer Bauleistung.

Wichtig ist, dass Sie in Ihrem Bauvertrag bereits vereinbaren, dass im Falle von Streitigkeiten eine Schieds- oder Schlichtungsstelle nach der SOBau angerufen wird. Diese „Schlichtungs- und Schiedsordnung für Baustreitigkeiten" wurde von der Arbeitsgemeinschaft für privates Bau- und Architektenrecht im Deutschen-AnwaltsVerein formuliert und soll den Vertragsparteien bestimmte Verfahrensregeln an die Hand geben.

Nach der Abnahme

Verjährungs-fristen beachten

Die Verjährungsfristen für Mängel sind sehr unterschiedlich. Da zumindest beim Architektenhaus nicht alle Gewerke zur gleichen Zeit abgenommen werden, hilft hier eine Liste, um den Überblick zu bewahren.

Aber was passiert, wenn Mängel später auftreten? Ist es besser, sie selbst zu beseitigen oder auf Beseitigung durch den Handwerker zu pochen? Diese Frage ist nicht so einfach zu beantworten.

Text auf CD-ROM

Der Paragraf 13 der VOB/B (→CD-ROM) regelt alles rund um die Mängelansprüche, die Ihnen als Bauherr aus einem Vertrag nach VOB/B erwachsen. Die wichtigsten Passagen lauten:

„1. [...] Ist die Beschaffenheit nicht vereinbart, so ist die Leistung zur Zeit der Abnahme frei von Sachmängeln, a) wenn sie sich für die nach dem Vertrag vorausgesetzte, sonst b) für die gewöhnliche Verwendung eignet und eine Beschaffenheit aufweist, die bei

Werken der gleichen Art üblich ist und die der Auftraggeber nach der Art der Leistung erwarten kann.

3. Ist ein Mangel zurückzuführen auf die Leistungsbeschreibung oder auf Anordnungen des Auftraggebers, auf die von diesem gelieferten oder vorgeschriebenen Stoffe oder Bauteile oder die Beschaffenheit der Vorleistung eines anderen Unternehmers, haftet der Auftragnehmer, es sei denn, er hat die ihm nach § 4 Nr. 3 obliegende Mitteilung gemacht.

4.(1) Ist für Mängelansprüche keine Verjährungsfrist im Vertrag vereinbart, so beträgt sie für Bauwerke 4 Jahre, für andere Werke, deren Erfolg in der Herstellung, Wartung oder Veränderung einer Sache besteht, und für die vom Feuer berührten Teile von Feuerungsanlagen 2 Jahre. Abweichend von Satz 1 beträgt die Verjährungsfrist für feuerberührte und abgasdämmende Teile von industriellen Feuerungsanlagen 1 Jahr.

(2) Ist für Teile von maschinellen und elektrotechnischen/elektronischen Anlagen, bei denen die Wartung Einfluss auf Sicherheit und Funktionsfähigkeit hat, nichts anderes vereinbart, beträgt für diese Anlagenteile die Verjährungsfrist für Mängelansprüche abweichend von Abs. 1 zwei Jahre, wenn der Auftraggeber sich dafür entschieden hat, dem Auftragnehmer die Wartung für die Dauer der Verjährungsfrist nicht zu übertragen; dies gilt auch, wenn für weitere Leistungen eine andere Verjährungsfrist vereinbart ist.

(3) Die Frist beginnt mit der Abnahme der gesamten Leistung; nur für in sich abgeschlossene Teile der Leistung beginnt sie mit der Teilabnahme (§ 12 Nr. 2).

5.(1) Der Auftragnehmer ist verpflichtet, alle während der Verjährungsfrist hervortretenden Mängel, die auf vertragswidrige Leistung zurückzuführen sind, auf seine Kosten zu beseitigen, wenn es der Auftraggeber vor Ablauf der Frist schriftlich verlangt. Der Anspruch auf Beseitigung der gerügten Mängel verjährt in 2 Jahren, gerechnet vom Zugang des schriftlichen Verlangens an, jedoch nicht vor Ablauf der Regelfristen nach Nummer 4 oder der an ihrer Stelle vereinbarten Frist. Nach Abnahme der Mängelbeseitigungsleistung beginnt für diese Leistung eine Verjährungsfrist von 2 Jahren neu, die jedoch nicht vor Ablauf der Regelfristen nach Nummer 4 oder der an ihrer Stelle vereinbarten Frist endet.

(2) Kommt der Auftragnehmer der Aufforderung zur Mängelbeseitigung in einer vom Auftraggeber gesetzten angemessenen Frist nicht nach, so kann der Auftraggeber die Mängel auf Kosten des Auftragnehmers beseitigen lassen.

6. Ist die Beseitigung des Mangels für den Auftraggeber unzumutbar oder ist sie unmöglich oder würde sie einen unverhältnismäßig hohen Aufwand erfordern und wird sie deshalb vom Auftragnehmer verweigert, so kann der Auftraggeber durch Erklärung gegenüber dem Auftragnehmer die Vergütung mindern (§ 638 BGB)."

Zusammengefasst bedeutet dies:

Mangelfreiheit und Haftung

❶ Mangelfreiheit besteht, wenn das Gewerk
   a) wie vertraglich vereinbart ausgeführt wurde oder
   b) von normaler Beschaffenheit und zur gewöhnlichen Nutzung geeignet ist.
❷ Der Auftragnehmer haftet, wenn Mängel aufgrund der Leistungsbeschreibung und der dort verwendeten Materialien bestehen, es sei denn, er hat eine Mitteilung gemacht, dass es zu Problemen führen kann.
❸ Die Verjährungsfristen betragen
   a) vier Jahre für Bauwerke,
   b) zwei Jahre für vom Feuer berührte Teile der Feuerungsanlage und andere Werke, die gewartet werden müssen,
   c) ein Jahr für feuerberührte und abgasdämmende Teile von industriellen Feuerungsanlagen,
   d) zwei Jahre für maschinelle und elektrotechnische/ elektronische Anlagen mit Wartungsvertrag.
❹ Die Frist beginnt mit der Abnahme.
❺ Der Auftragnehmer muss die Mängel innerhalb dieser Frist beseitigen, der angezeigte Beseitigungsanspruch daraus verjährt nach zwei Jahren.
❻ Nach der Mängelbeseitigung beginnt die Gewährleistungsfrist erneut.
❼ Übernimmt der Auftragnehmer die Beseitigung nicht, dann darf der Auftraggeber dies nach einer „angemessenen" Frist auf Kosten des Auftragnehmers selbst übernehmen.

❽ Bei unzumutbarer Mängelbeseitigung kann der Lohn gemindert werden.

Pflicht zur Begleichung der Handwerkerrechnungen

Die Abnahme ist erfolgt, nun will der Handwerker sein Geld. Dazu stellt er eine Schlussrechnung aus. Als Bauherr haben Sie dabei ein Recht auf eine „prüffähige Schlussrechnung" nach VOB/B. Konkret steht hier in Paragraf 14:

„1. Der Auftragnehmer hat seine Leistungen prüfbar abzurechnen. Er hat die Rechnungen übersichtlich aufzustellen und dabei die Reihenfolge der Posten einzuhalten und die in den Vertragsbestandteilen enthaltenen Bezeichnungen zu verwenden. Die zum Nachweis von Art und Umfang der Leistung erforderlichen Mengenberechnungen, Zeichnungen und andere Belege sind beizufügen. Änderungen und Ergänzungen des Vertrags sind in der Rechnung besonders kenntlich zu machen; sie sind auf Verlangen getrennt abzurechnen. [...]"

Schlussrechnung des Handwerkers

Zusammengefasst bedeutet dies:

❶ Die Rechnung ist übersichtlich,
❷ die Reihenfolge der Posten wird eingehalten,
❸ die in den Vertragsbestandteilen enthaltenden Bezeichnungen wurden verwendet,
❹ die zum Nachweis von Art und Umfang der Leistung erforderlichen Mengenbezeichnungen, Zeichnungen und anderen Belege sind beizufügen,
❺ Vertragsänderungen müssen deutlich gekennzeichnet werden.

Überprüfen Sie zusammen mit Ihrem Architekten die Schlussrechnung der Handwerker gründlich und äußern Sie sehr zügig mögliche Vorbehalte. Paragraf 17 der VOB/B sagt dazu:

Form und Inhalt der Rechnung

„3.(1) Der Anspruch auf die Schlusszahlung wird alsbald nach Prüfung und Feststellung der vom Auftragnehmer vorgelegten Schlussrechnung fällig, spätestens innerhalb von 2 Monaten nach Zugang. Werden Einwendungen gegen die Prüfbarkeit unter Angabe der Gründe hierfür nicht spätestens innerhalb von 2 Monaten nach Zugang der Schlussrechnung erhoben, so kann der Auftraggeber sich nicht mehr auf die fehlende Prüfbarkeit berufen. [...]

(2) Die vorbehaltlose Annahme der Schlusszahlung schließt Nachforderungen aus, wenn der Auftragnehmer über die Schlusszahlung schriftlich unterrichtet und auf die Ausschlusswirkung hingewiesen wurde. [...]

(5) Ein Vorbehalt ist innerhalb von 24 Werktagen nach Zugang der Mitteilung nach den Absätzen 2 und 3 über die Schlusszahlung zu erklären. Er wird hinfällig, wenn nicht innerhalb von weiteren 24 Werktagen – beginnend am Tag nach Ablauf der in Satz 1 genannten 24 Werktage – eine prüfbare Rechnung über die vorbehaltenen Forderungen eingereicht oder, wenn das nicht möglich ist, der Vorbehalt eingehend begründet wird.

(6) Die Ausschlussfristen gelten nicht für ein Verlangen nach Richtigstellung der Schlussrechnung und -zahlung wegen Aufmaß-, Rechen- und Übertragungsfehlern."

Begleichung der Zahlung

Zusammengefasst steht in der VOB/B also zur Begleichung der Rechnung:

❶ Die Zahlung wird spätestens zwei Monate nach Zugang fällig,
❷ die Prüfung der Rechnung (und Einwendungen dagegen) muss innerhalb von zwei Monaten erfolgen,
❸ eine vorbehaltlose Annahme der Schlussrechnung schließt Nachforderungen aus,
❹ der Vorbehalt muss innerhalb von 24 Werktagen (Samstage zählen mit) formuliert werden,
❺ wird eine Richtigstellung der Schlussrechnung wegen Aufmaß-, Rechen- und Übertragungsfehlern verlangt, dann gelten die Fristen nicht.

Die Nicht-Prüffähigkeit feststellen

Allzu einfach sollten Sie es sich mit der Schlussrechnung also nicht machen. Sie müssen innerhalb von 24 Werktagen (inklusive der Samstage) einen Vorbehalt begründen. Und innerhalb von zwei Monaten müssen Sie die Schlussrechnung rügen, sofern Sie aus Ihrer Sicht nicht prüffähig ist. Achten Sie zudem darauf, dass Sie, wie in der VOB/B ausdrücklich gefordert, den Prozess beschleunigen.

Erst nach Ablauf der zwei Monate wird die Schlussrechnung fällig und die Überweisung der vereinbarten Summe steht an. Bezahlen Sie innerhalb dieser zwei Monate nicht, kann der Handwerker Verzugszinsen von Ihnen verlangen. Dazu muss er Ihnen aber zunächst eine Nachfrist setzen und kann nur bei „unbestrittenen Guthaben" tatsächlich schon direkt nach Ablauf der zwei Monate Zinsen verlangen.

Verjährungsfristen

Die Verjährungsfristen sind nach VOB/B eindeutig geregelt. Ist der Bauvertrag nach VOB/B abgeschlossen, endet die Gewährleistung des Handwerkers für seine Arbeit vier Jahre nach der Endabnahme (bei Feuerungsanlagen nach einem Jahr). Wenn Sie eine Verjährung nach BGB im Bauvertrag vereinbaren, dann tritt diese Verjährung erst nach fünf Jahren ein. In vielen Fällen ist dies die bessere Lösung.

Ende der Gewährleistungsfrist

In beiden Fällen ist es wichtig, die ausgeführte Bauleistung zusammen mit dem Endabnahmedatum und dem Verjährungsdatum sorgfältig zu notieren. Sollte Sie Ihrem Architekten auch die Leistungsphase 9 „Objektbetreuung und Dokumentation" übertragen haben, dann muss er vor der Verjährung mit Ihnen die Immobilie nach Mängeln untersuchen und kontrollieren.

Legen Sie sich aber in jedem Fall eine eigene Tabelle an, denn bei einem Architektenhaus werden Sie während der Bauphase eine Reihe von Endabnahmen für die unterschiedlichen Gewerke durchführen müssen.

Gewerk	Bauleistungs-beschreibung	Endabnahme	Ver-jährung
Fassade	Wärmeschutzdämmung nach EnEV-Standard und Verklinkerung mit Produkt Klinker xy	01.06.2008 (VOB/B)	31.05.2012
Heizungs-anlage	Brennwertkesselanlage Gas für Warmwasser und Heizung, inklusive Wartungsvertrag	01.08.2008	31.07.2010

Später Mängel anmelden und beseitigen (lassen)

Müssen Sie nach dem Einzug ins neue Haus feststellen, dass Schäden innerhalb der Gewährleistungszeiten auftauchen, oder stellen Sie während der Endabnahme Mängel fest, dann müssen Sie deren Beseitigung einfordern. Leider können Sie dies nach der Endabnahme nicht mehr mit so viel Nachdruck wie vorher machen. Der Ablauf ist aber identisch:

Mangel feststellen: Das undichte Rohr, die Risse in der Fassade – zunächst müssen Sie einen Mangel feststellen und ihn dokumentieren. Das machen Sie entweder in der Endabnahme durch das Protokoll oder durch eigene Feststellung innerhalb der Gewährleistungsfrist. In diesem Fall sollten Sie nicht nur Fotos machen, sondern sich auch darüber informieren, inwiefern beispielsweise

Zu spät festgestellte Mängel sind nur noch schwer einzufordern.

falsche Werkstoffe am bemängelten Teil – aber auch an damit verbundenen – zu dem Schaden geführt haben könnten. Vielleicht gibt es hier auch neue Erkenntnisse, die Ihr Handwerker nicht wissen konnte. Dann haftet nämlich die Baustofffirma.

Mängelrüge melden: Nachweisbar – also per Einschreiben mit Rückschein – müssen Sie nun den Mangel an den Handwerker melden. Setzen Sie ihm dabei eine angemessene Frist, bis zu welchem Zeitpunkt er den Mangel behoben haben soll. Äußern Sie hier keinesfalls weitere Konsequenzen, die sich aus einer Nichterfüllung ergeben.

Diskussion führen: Natürlich sieht nicht jeder Handwerker ein, dass er nachbessern soll, und versucht sich herauszureden. Im Zweifel sollten Sie sich jetzt auf die Suche nach einem Sachverständigen und nach einem Anwalt machen.

Erfolglose Nachbesserung: Sie sollten dem Handwerker nach erfolgloser Nachbesserung zweimal eine Zusatzchance einräumen. Machen Sie dies ebenfalls schriftlich per Einschreiben mit Rückschein.

Klagemöglichkeiten prüfen

Konsequenzen prüfen: Erst jetzt sollten und müssen Sie sich entscheiden, wie Sie sich konkret gegen den nicht behobenen Mangel wehren wollen. Eine Nachbesserung haben Sie ja bereits mehrfach erfolglos verlangt, theoretisch können Sie diese nun noch diverse weitere Male fordern, vermutlich führt dies aber zu keinem Erfolg. Als Möglichkeiten stehen Ihnen nun offen, den Werklohn zu mindern, Schadensersatz einzufordern oder die

Selbstvornahme inklusive Erstattung der Kosten durch den Handwerker zu erwägen. Wenn Sie Glück haben, ist der Handwerker
einsichtig und bietet Ihnen eine Vorschusszahlung für die Neube-
auftragung eines Handwerkers an. In diesem Fall müssen Sie
darauf achten, dass Sie alles ordnungsgemäß abrechnen und dem
Handwerker eventuell zu viel erhaltene Gelder wieder zurückzahlen oder weitere Nachzahlungen einfordern. Als Richtwert gilt,
dass Sie die Selbstvornahme innerhalb eines halben bis ganzen
Jahres – je nach Einzelfall – durchführen müssen. Sie dürfen nicht
einfach das Geld behalten und den Mangel dann nicht beheben.

Geld hinterherlaufen: Wenn der Handwerker zwischenzeitlich
Insolvenz angemeldet hat, stehen Sie als Verlierer dar. Aber auch
bei uneinsichtigen Handwerkern wird die folgende Zeit nicht angenehm, denn nicht selten endet der Streitfall vor Gericht.

Die Abnahme richtig durchführen

Die Bauleistungen sind beendet und der Einzug steht bevor, jetzt warten die Handwerker auf ihr Geld. Zuvor müssen Sie aber die Endabnahme durchführen. Nehmen Sie diesen Vorgang sehr ernst, denn er verändert Ihre Position als Bauherr nachhaltig.

Diese Punkte sollten Sie beachten:

Förmliche Endabnahme ☐
Die förmliche Endabnahme müssen Sie innerhalb von zwölf Werktagen (Achtung: Samstage zählen hier mit) nach Leistungserbringung durchführen, sofern Sie das Haus bereits bezogen haben innerhalb von sechs Werktagen.

Unterstützung vom Sachverständigen ☐
Als Laie sollten Sie eine Endabnahme nicht ohne fachlichen Rat durchführen. Sollten Sie einen Architekten beauftragt haben, so begleitet er Sie. Sie können ihm auch die Vollmacht zur Abnahme übertragen.

Bereiten Sie sich vor ☐
Nichts ist schlimmer als eine Überraschung. Begutachten Sie deshalb die Immobilie schon vorab am besten zusammen mit einem Sachverständigen.

Wahl des Termins ☐
Im Dämmerlicht kontrolliert es sich schwer. Wählen Sie für die Abnahme also in jedem Fall die helle Tageszeit.

Wichtige Unterlagen ☐
Führen Sie ein Bauherrentagebuch, schreiben Sie die darin aufgeführten Streitpunkte auf eine Extraliste und kontrollieren Sie diese besonders gründlich. Nehmen Sie Kopien des Vertrages und insbesondere der Bauleistungsbeschreibung mit zur Abnahme, um Streitfälle gleich vor Ort klären zu können.

Abnahmeprotokoll ☐
Führen Sie selbst das Abnahmeprotokoll oder übertragen Sie diese Aufgabe Ihrem Sachverständigen. Führen Sie dieses schriftlich und verwenden Sie dafür standardisierte Vorlagen. Verwenden Sie Durchschlagspapier (Sie benötigen bis zu vier Exemplare) und einen festen Untergrund.

Mängel ☐
Formulieren Sie die Mängel im Abnahmeprotokoll oder in einer Mängelliste. Fragen Sie im Zweifel nach, und vermerken Sie auch, ob Mängel strittig oder unstrittig sind. Erkundigen Sie sich auch, bis wann der Mangel behoben wird.

Vorbehalte ☐
Formulieren Sie aufgrund von Mängeln bestimmte Vorbehalte. Bedenken Sie hier auch den Punkt „Schadensersatz", z. B. wenn hierdurch der Einzugstermin verschoben werden muss und Sie höhere Kosten haben. Als wichtigster Vorbehalt ist gegebenenfalls die Einbehaltung eines Teils der Rechnungssumme zu vereinbaren.

Endabnahme ☐
Sind die Mängel schwerwiegend, müssen Sie eine Endabnahme verweigern und eine Nachbesserung fordern.

Gewährleistung ☐
Notieren Sie in einer Liste den Zeitpunkt der Endabnahme der einzelnen Leistungen und das jeweilige Ende der Gewährleistungsfrist.

Das müssen Sie tun:
Diese Checkliste führt Sie sicher durch die Abnahme Ihres Hauses. Mit ihr können Sie Punkt für Punkt die wichtigsten Fragestellungen abhaken. Führen Sie die Abnahme gründlich und ernsthaft durch, denn die Beseitigung zu spät entdeckter Mängel können Sie anschließend nur noch schwer und bisweilen gar nicht mehr durchsetzen.

Energiesparendes Bauen: passive Wärme nutzen

Energiepass, EnEV und großzügige Darlehen: Klima-schutz und CO_2-Einsparungen werden seit Jahren im Wohnungsbau gefordert und gefördert. Für Hausbauer lohnt sich der Ökobau damit auch finanziell.

Anforderungen der EnEV

Konkret bedeutet energiesparendes Bauen eine Reihe von Anfor-derung an den Neubau. Ob Keller, Fassade oder Dach: Eine gute Isolierung ist hier vorgeschrieben. Auch hinsichtlich der Heizener-gie definiert die EnEV ganz klare Regeln. Als Hausherr können Sie hier neben den konventionellen Methoden auch auf regenerative Energien setzen.

Staatlich angeordnetes Sparen

Weltweit verpflichteten sich die Staaten im Kyotoprotokoll zu einer Reduzierung der umweltschädlichen CO_2-Abgase. Um diese ambitionierten Klimaschutzziele zu erreichen, wurde in Deutsch-land eine Reihe an Reformen auf dem Weg gebracht.

Ein wichtiges Ziel der EnEV ist zum 1. Januar 2008 umgesetzt worden: mehr Transparenz hinsichtlich des Energieverbrauchs eines Hauses. Zukünftig müssen alle Hausbesitzer bei Verkauf oder Vermietung einen Energieausweis vorzeigen können, der, ähnlich wie beim Kühlschrank, sehr schnell verdeutlicht, ob ein Haus energieeffizient ist oder nicht.

Rahmenbedingungen der Politik

Im Rahmen des Kyotoprotokolls wollen die beigetretenen Staaten den CO_2-Ausstoß bis 2010 um 5,2 Prozent gegenüber dem Niveau von 1990 senken. Der Treibhauseffekt und damit die globale Erderwärmung sollen so gemindert oder gar gestoppt werden. Auch die Bundesrepublik Deutschland hat sich diesen Zielen verpflichtet: Zwischen 2008 und 2012 müssen somit 21 Prozent und bis 2020 sogar 40 Prozent im Vergleich zu 1990 eingespart werden. Dabei setzt die Politik an vielen Stellen an, um dieses Ziel zu erreichen. Einen Schwerpunkt bilden dabei die privaten Haushalte, bei denen man durch eine hohe Wärmeeffizienz hohe Einsparpotenziale sieht. Dass diese Ziele konsequent verfolgt wurden, zeigt die Statistik: Schon für Ende 2007 bescheinigen Ökoverbände unserem Land, die Klimaschutzziele für 2010 erreicht zu haben.

Kyoto-protokoll

Maßgaben für das Ökohaus

Die Politik setzt beim Erreichen ihrer Klimaschutzziele auf fordern und fördern. Die EnEV definiert einen Katalog für die Wärmeschutzmaßnahmen und den Heizenergieverbrauch einer Immobilie. Sie trat erstmalig am 1. Februar 2002 in Kraft. Der Energieausweis wird nach einer Novelle nun schrittweise zur Pflicht, Neubauten müssen ihn bereits seit 1. Oktober 2007 vorweisen. Bauherrn sind demnach verpflichtet, mindestens nach den Standards der Niedrigenergiebauweise zu fertigen. Bei Altimmobilien gibt es sogar umfassende Nachbesserungspflichten.

Fordern und fördern

Die EnEV bringt einen Systemwechsel. Mit ihr wird nicht einfach die Heizwärme eines Gebäudes als Grundlage verwendet, sondern auch die Primärenergie einbezogen. Machten die Bestimmungen in der Vergangenheit vor dem heimischen Heizkörper halt, beziehen sie nun bewusst die Erzeugungswege der Wärme mit ein.

Verschiedene Energieträger wirken sich deshalb unterschiedlich auf die Gesamtrechnung aus und machen damit eine wesentlich ehrlichere Energiebilanzierung möglich. Außerdem wird erstmalig die Anlagen- und Gebäudetechnik ganzheitlich betrachtet, womit Heizung und Dämmung gleichberechtigt in die Berechnung für die eigene Immobilie eingehen.

Maximaler Standard – das Passivhaus

Fakten zum Passivhaus

Das Passivhaus verwirklicht den Traum, heizkostenfrei zu wohnen. Laut Definition darf der Jahresheizbedarf nicht über 15 kWh/(m²a) liegen; dies entspricht 1,5 Liter Heizöl pro m² und Jahr. Als Vergleich: Ein Niedrigenergiehaus verbraucht zwischen zwei und sieben Liter. Und auch der Primärenergiebedarf etwa für Warmwasser und Haushaltsstrom muss unter 120 kWh/(m²a) liegen. Damit benötigt ein Passivhaus 80 Prozent weniger Heizenergie als das standardmäßig vorgeschriebene Niedrigenergiehaus.

Durch große, nach Süden ausgerichtete Fensterflächen gewinnen Sie beim Passivhaus durch die Sonneneinstrahlung Wärme.

Dieses Ziel zu erreichen, ist nicht einfach und lässt sich nur durch eine Reihe an Maßnahmen erreichen, die einerseits die kostenlose Sonneneinstrahlung und die Abwärme von Mensch und Maschine im Haus nutzen sowie andererseits die Wärme nach Möglichkeit nicht nach außen entweichen lassen.

So wird das nach Süden ausgerichtete Haus beispielsweise mit dreifach verglasten Fensterscheiben ausgestattet und die Außenhaut mit 30 Zentimeter dicken Dämmmatten isoliert. Für den notwendigen Luftaustausch im Haus und den Abtransport von Feuchtigkeit sorgt eine entsprechende Lüftungsanlage. Diese kann auch die Nachheizung der Raumluft übernehmen. Dabei wird ein Großteil der Raumluftwärme zur Erwärmung der frischen Luft verwendet. Ganz nebenbei erhöht dies gegenüber einem herkömmlichen Haus ganz erheblich den Wohnkomfort. Wer zusätzlich sein Brauchwasser nicht herkömmlich durch Strom, sondern ökologisch mit Solarkollektoren oder Erdwärmepumpen erwärmt, sorgt für eine noch bessere Energie- und Ökobilanz. Damit haben Sie zwar noch lange kein energieautarkes Haus, da sich der Reststrombedarf bisher noch nicht komplett oder wirtschaftlich sinnvoll über Solarzellen decken lässt, sind aber doch nahe daran.

Dreifach verglaste Fenster zur Wärmegewinnung

Steigende Energiekosten machen sich auch bei einem Passivhausbesitzer bemerkbar, aber längst nicht so drastisch wie bei Hausherren, die noch auf Gas und Öl setzen.

Energiekosten sparen

PRAXISBEISPIEL

Mehrkosten für ein Passivhaus

Das Institut für Wohnen und Umwelt (*www.iwu.de*) errechnete am Beispiel einer Doppelhaushälfte bzw. eines Reihenendhauses, wie viel der Passivstandard gegenüber einem Niedrigenergiehaus entsprechend der EnEV beim Bau mehr kostet. Das Ergebnis: 15.000 €. Den größten Kostenblock machen dabei die dreifach verglasten Fenster aus, die mit etwa 5.100 € Mehrkosten zu Buche schlagen. Hinzu kommen etwa 4.000 € für die Lüftungsanlage mit Wärmerückgewinnung und Kabel. Auch die Wärmedämmung ist deutlich teurer und zusätzlich fallen bei der Planung kleinere Mehraufwendungen an.

Andere Schätzungen gehen von Mehrkosten bei einem durchschnittlichen Reihenhaus in Höhe von etwa 8 Prozent der Baukosten aus.

Das Institut für Wohnen und Umwelt errechnete zusätzlich, wann sich die höheren Investitionen für ein Passivhaus amortisieren.

Bei einer Wohnfläche von 140 m^2 und einer angenommenen Preissteigerungsrate für Energie von 5 Prozent pro Jahr wäre dies unter Berücksichtigung von Investitionen plus Zinsen minus den Heizkostenersparnissen und den Rückzahlungszeitpunkt nach etwa 20 Jahren der Fall.

Der Energieausweis für das Haus

Ebenfalls eine Regelung der EnEV 2007 ist der Energieausweis, der für mehr Transparenz sorgen soll. Wie beim Kühlschrank verdeutlicht eine einfache Grün-Rot-Skala dem Mieter oder Käufer, welchen energetischen Standard das Haus besitzt. Die Politik erhofft sich davon einen Investitionsanreiz, eine wertsteigernde Aussage ist ein Ergebnis im grünen Bereich auf jeden Fall.

Unterschiedliche Ausweisformen Die Verordnung sieht zwei unterschiedliche Ausweisformen vor: bedarfsorientierte und verbrauchsorientierte Ausweise. Die Form richtet sich dabei nach Größe und Baujahr des Gebäudes: Als Besitzer eines Neubaus bedeutet dies, dass Sie Wahlfreiheit haben.

Bedarfsorientierter Energieausweis: Beim bedarfsorientierten Ausweis berechnet ein Sachverständiger anhand der Bausubstanz und der Heizungsanlage, wie gut die Energieeffizienz des Hauses ist. Zur Ermittlung herangezogen werden hier

Objektive Verbrauchswerte
- die energetische Qualität der Außenwände und des Daches,
- die Kennzahlen für die Heizenergieanlage und die Warmwasserversorgung.

Sollten Sie öffentliche Darlehen für Ihr Haus in Anspruch nehmen wollen, stellt sich die Frage nach der Art des Ausweises nicht, denn die Kreditanstalt für Wiederaufbau (KfW) vergibt ihre Kredite nur bei einem bedarfsorientierten Energieberatungsbericht.

Verbrauchsorientierter Energieausweis: Einfacher und billiger ist der verbrauchsorientierte Energiepass. Hier wird das Ergebnis anhand des durchschnittlichen Energieverbrauchs der letzten drei Jahre ermittelt. Herangezogen werden hier

- der tatsächliche Energieverbrauch der letzten drei Jahre (wobei Wohnungsleerstände abgezogen werden) und
- die Witterung in der Region.

Zwar werden Korrekturfaktoren berücksichtigt, letztendlich sagt diese Art der Erhebung aber nichts über die Qualität der Heizungsanlage und der Gebäudedämmung aus. Zudem lassen sich nur schwer Rückschlüsse auf den tatsächlichen Energieverbrauch einer Wohnung ziehen. *Wenig Aussagekraft*

In Sachen Aussagekraft ist die bedarfsorientierte Variante wesentlich genauer als der verbrauchsorientierte Ausweis. Beide können aber immer nur das Haus als Ganzes betrachten, obwohl der tatsächliche Energiebedarf sehr stark personenabhängig ist. Dabei spielen die Heiz- und Lüftungsgewohnheiten ebenso eine Rolle wie der Warmwasserbedarf, denn wer jeden Tag ein warmes Bad nimmt, verbraucht mehr Warmwasser als beim Duschen. *Ganzheitliche Betrachtung*

Expertentipp

Die Kosten für den Energieausweis

Die Kosten für den Energieausweis sind unterschiedlich hoch. Während die Deutsche Energieagentur als Impulsgeber für den Energiepass von einem Preis zwischen 100 € und 300 € für ein Einfamilienhaus ausgeht, warb Bundesbauminister Wolfgang Tiefensee mit einem Preis zwischen 80 € und 120 € für einen bedarfsorientierten Pass in einem vereinfachten Verfahren. Die Spitzenverbände der Immobilienwirtschaft ermittelten in einem Praxistest weitere Preise: Zwischen 232 € und 414 € kostete hier der Energiepass für ein Einfamilienhaus.

Für Sie bedeutet das: Holen Sie ruhig mehrere Angebote ein. Achten Sie dabei aber unbedingt darauf, dass der Gutachter ein ausgewiesener Experte für diese Thematik ist.

245

Grundlagen für den Neubau

Sind beim Altbau ganz konkrete Mindestanforderungen an die einzelnen U-Werte definiert, so hat der Bauherr eines neuen Hauses die Wahl zwischen vielen Alternativen.

Text auf CD-ROM

Die EnEV definiert dabei in Abschnitt 2, §§ 3 bis 8 der EnEV 2007 und in Anlage 1 (→CD-ROM) genau, was erlaubt ist und was nicht. Als Extrembeispiel wäre denkbar, die Heizenergie über Solarkollektoren mit einer nicht existenten Umweltbelastung und somit der Anlagenaufwandszahl ep nahe null zu gewinnen und das Haus nur mit dünnen Pappwänden zu versehen, die einen sehr schlechten Wärmedurchgangskoeffizienten besitzen. Umgekehrt wäre aber auch erlaubt, eine schlechte Heizungsanlage zu installieren, aber die Wände mit zwei Meter Dämmung zu isolieren und damit ebenfalls einen Wärmedurchgangskoeffizienten nahe null zu erzielen. Um dies zu verhindern, definiert der Gesetzgeber aber zusätzlich bestimmte Mindestvorschriften an die Heizungsanlage.

Expertentipp

Wie dick muss eine Dämmung sein?

Bei der Planung einer Fassade führt beim Neubau heute eigentlich kein Weg mehr an der Dämmung vorbei. Verwendung finden hier Hartschaumplatten oder Dämmwolle, auf Wunsch auch Dämmwolle aus nachwachsenden Rohstoffen. In der Praxis stellt sich konkret immer wieder die Frage, wie dick die Dämmung sein muss, um die Anforderungen an ein Niedrigenergiehaus zu erfüllen. Die KfW fördert nur, wenn hier mindestens das Energiesparhaus 60 erfüllt wird. Unter *www.kfw.de* (Förderprogramm Ökologisch Bauen) finden Sie eine ausführliche Tabelle, in der skizziert wird, welche Anforderungen an Dämmung, Fenster und Heizungsanlage gestellt werden. Insgesamt sind hier elf Varianten aufgeführt, die gut als Beispiel dienen, aber eine individuelle Bauplanung natürlich nicht ersetzen.

Ganz ohne Heizanlage

Während Niedrigenergiehäuser noch eine Heizungsanlage brauchen, kommt ein Passivhaus ganz ohne aus. Ökonomisch sinnvoller ist es übrigens nach Meinung von Experten, von vornherein sehr stark auf eine optimierte Anlagentechnik zu setzen.

Mit Transmissionswärmeverlust ist die Wärme gemeint, die durch die Außenhaut, also Dach und Wand, an die Umwelt abgegeben wird. Hier werden Bauherren belohnt, die sich für ein eingerahmtes Reihenhaus entscheiden und nicht für das frei stehende Einfamilienhaus (festgehalten im sogenannten „A/V-Verhältnis"). Mit einer Formel kann nun abhängig von der Gebäudenutzfläche und den frei stehenden Außenwänden der maximal erlaubte Wert für den Transmissionswärmeverlust HT bestimmt werden:

$HT = 0,3 + 0,15 : (A/V)$ in kWh pro m^2 Nutzfläche.

Fassadendämmung

Bei der Gebäudedämmung haben Sie als Bauherr unterschiedliche Möglichkeiten:

- Innendämmung,
- aufgesetzte Außendämmung,
- hinterlüftete Fassade.

Bei der Wahl der Mittel hat der Bauherr dagegen viele Freiheiten: Denkbar sind hier Styropore und Dämmwolle in unterschiedlicher Dicke und mit unterschiedlicher Wärmeleitzahl. Die modernste Methode ist die Vakuum-Dämmung, die wie eine Thermoskanne funktioniert und mit sehr geringen Dicken beste Ergebnisse erzielt.

Freie Wahl der Materialien

Zwar gibt es für den Neubau keine Regeln, aber als Orientierung können die Vorgaben für den Altbau dienen, die bei der Altbausanierung schließlich auch das Ziel verfolgen, diesen auf Niedrigenergiestandard zu bringen. Gemäß EnEV darf die Innenwandwärmedämmung maximal einen U-Wert von 0,45 haben und die Außenwanddämmung ein U-Wert von 0,35 nicht überschreiten. Je nach Qualität würde diese Anforderung eine mindestens 12 bis 15 Zentimeter dicke Dämmmatte erfüllen.

Fenster

Zweischeiben-
isolierglas-
fenster

Üblich, nicht nur beim Niedrigenergiestandard, sind Zweischei-
benisolierglasfenster. Auch hier macht der Gesetzgeber bei Neubauten keine Vorgaben für den U-Wert der Fensterflächen. Für
Altbauten gilt ein U-Wert von 1,7, der aber bei den marktüblichen
Produkten mittlerweile deutlich unterschritten wird. Gerade hier
gilt: Damit der bestmögliche Effekt erzielt wird, muss die Wärmedämmung das Haus nahezu optimal ausfüllen. Bei Kältebrücken
durch unsachgemäße Ausführung entstehen leicht Schimmelher-
de in der Wohnung. Generell werden auch an die Bewohner höhere Anforderungen durch die neue Fassade gestellt: Die gute und
regelmäßige Durchlüftung der Zimmer wird aufgrund der dichte-
ren Wände sehr wichtig, denn die ansteigende Luftfeuchtigkeit
durch Körperausdünstungen und Wasserdampfbildung in Küche
und Bad kann nicht mehr durch die Wände ausgeglichen werden.

Dachdämmung

Theoretisch kann das Dach völlig ungedämmt bleiben. Aber in der
Praxis werden sich Bauherren auch hier mindestens an den Vor-
schriften für Altbausanierung orientieren. Demnach darf folgender
Wärmedurchgangskoeffizient nicht überschritten werden:

**Zwar schreibt die EnEV keine konkrete Dämmung für das Dach vor, doch viele
Bauherren orientieren sich hierbei an den Vorgaben für Altbauten.**

- Dächer, Dachschrägen: 0,30 U,
- Flachdach: 0,25 U.

Bei Steildächern wird in der Regel entweder die sogenannte Zwischensparrendämmung oder Aufsparrendämmung eingesetzt, bei der die Dämmmatten eine Dicke zwischen 12 und 16 Zentimetern haben.

Kellerdämmung

Auch hinsichtlich der Kellerdämmung gibt es ausschließlich verbindliche Regelungen für die Altbausanierung, die aber auch beim Neubau als Anhaltspunkt dienen können:

- Decken und Wände gegen unbeheizte Räume oder Erdreich (Dämmung auf der Kaltseite): 0,40 U,
- Decken und Wände gegen unbeheizte Räume oder Erdreich (Dämmung auf der Warmseite): 0,50 U.

U-Werte für den Keller

Im ersten Fall wird der Bauherr unterhalb des Erdgeschossestrichs eine Wärmedämmung anbringen. Im zweiten Fall ist es ausreichend, wenn Hartschaumplatten gegen die Kellerdecke gedübelt werden. Soll der Keller ganz oder teilweise als Aufenthaltsraum genutzt und somit geheizt werden, dann gelten diese Räume als Wohnraum und die Dämmung muss zum Erdreich hin erfolgen.

Die Möglichkeiten zur Wärmegewinnung

Die Heizungsanlage ist einerseits eine große Kostenstelle eines Neubaus, andererseits auch immens wichtig für die Heizbilanz eines Hauses. Der Gesetzgeber hat hier durch die EnEV ein paar Vorgaben erlassen, die die Heizung in jedem Fall erfüllen muss:

Heizbilanz eines Hauses

❶ Der verwendete Heizkessel muss ein CE-Kennzeichen besitzen.
❷ Hat ein Heizkessel eine Nennwärmeleistung kleiner als 4 kW oder größer als 400 kW, dann muss er nach den „anerkannten Regeln der Technik" gegen Wärmeverlust gedämmt sein.
❸ Die Heizungsanlage muss sich über die Außentemperatur oder eine andere „geeignete Führungsgröße" und die Zeit steuern

lassen. Bei Warmwasseranlagen muss zusätzlich eine Regelung der Raumtemperatur vorhanden sein.

❹ Verteilungs- und Wasserleitungen müssen gedämmt werden.

❺ Speichereinrichtungen für Heiz- und Warmwasser müssen nach „anerkannten Regeln der Technik" eingerichtet werden, sodass die Wärmeabgabe begrenzt ist.

Brennwert-
technik

Wesentlich effizienter ist allerdings die Brennwerttechnik. Im Rahmen der Gesamtbilanz des Hauses bedeutet das: Wer auf bessere Technik setzt, darf an der Wärmedämmung sparen.

Wichtig ist dabei auch die Art des Rohstoffs zu berücksichtigen und zwar mit einem Korrekturfaktor für die Anlagenzahl. Dabei kommt die klassische Nachtspeicherstromheizung besonders schlecht weg – hier muss die Anlagenzahl verdreifacht werden.

Energieträger	Primärenergiefaktor fp zur Korrektur der Anlagenzahl
Heizöl	1,1
Erdgas	1,1
Flüssiggas	1,1
Steinkohle	1,1
Braunkohle	1,2
Nah-/Fernwärme aus Kraft-Wärme-Koppelung mit fossilen Brennstoffen	0,7
Nah-/Fernwärme aus Kraft-Wärme-Koppelung mit erneuerbaren Brennstoffen	0
Nah-/Fernwärme aus Heizwerken mit fossilen Brennstoffen	1,3

Nah-/ Fernwärme aus Heizwerken mit fossilen erneuerbaren Brennstoffen	0,1
Strom	3,0

Energieträger nach DIN V 4701-10

Die notwendige Leistung der Heizungsanlage müssen Sie dann jeweils unter Berücksichtigung der Fassadendämmung errechnen.

Gas- und Ölheizungsanlagen

Beim Brennwertkessel wird das entstehende Kondensat der Abwärme erneut in den Heizkreislauf eingeführt, wodurch der Normnutzungsgrad 100 Prozent und mehr betragen kann. Durch die Kondensierung der Abwärme entstehen weniger Abgase, die Rohre müssen deshalb auch säurebeständig sein, da sonst Wasserdampfsäuren entstehen. Da sich gerade bei Gas als Energieträger durch die Brennwerttechnik der Nutzungsgrad um 15 Prozent steigern lässt, hat sie sich hier als Quasi-Standard durchgesetzt.

Im Sinne der EnEV werden Gas- und Ölheizungen übrigens leicht negativ bewertet. Für beide wird der Faktor 1,1 angesetzt. Damit wird der Korrekturfaktor für den Primärenergieverbrauch angezeigt, der dann zwangsweise zu einer etwas besseren Wärmedämmung führen muss.

Negative Bewertung von Gas und Öl

Nachtstromheizungen

Die Nachtstromheizung bezieht Strom und wandelt diesen über Nacht in Heizenergie um, die tagsüber an die Räume abgegeben wird. Da die Strompreise mit den Preisentwicklungen anderer Energieträger gekoppelt sind, ist bei richtiger Anwendung der Preisunterschied aber nicht so gravierend, wie allgemein immer behauptet wird. Derzeit wird generell die Abschaffung von Nachtstromheizungen diskutiert. Vor diesem Hintergrund sind sie bei Neubauten nicht mehr empfehlenswert.

Strom zur Nutzung als Heizenergie wird von der EnEV sehr negativ bewertet. Die Gründe sind einleuchtend: Zunächst ist die Erzeugung von Strom deutlich aufwendiger als die Erzeugung von

Wärme. Also werden schon hier deutlich mehr Rohstoffe verbraucht als etwa in einem Heizkraftwerk. Zudem führt die Erzeugung von Wärme aus diesem schon aufwendig erzeugten Strom dann erneut zu einem Verlust. Konsequenterweise muss deshalb als Korrekturfaktor für den Primärenergieverbrauch 3,0 angegeben werden, was zu deutlich mehr Anforderungen im Bereich der Wärmedämmung führt.

Solarkollektor

Ein Solarkollektor ist die ökologische Variante für Warmwasser und Heizung in der Wohnung. Er passt auf jedes Dach und liefert die Heizenergie nahezu betriebskostenfrei. Wichtig ist dabei, dass Sie anhand verschiedener Kennzahlen das richtige Produkt wählen.

Wirkungsgrad und Wärmeverlust

Die Lichteintrittsfläche – die sogenannte Aperturfläche – entscheidet über alle gemessenen Werte wie Wirkungsgrad und Wärmeverlust. Die Fläche des Absorbers, der die Sonnenstrahlung umwandelt, ist in der Regel kleiner. Je nach gewähltem System und Wirkungsgrad am Standort wird die benötigte Fläche für den Haushalt berechnet, bei einem Einfamilienhaus zur Wassererwärmung in der Regel 4 bis 8 m^2.

Kann die Wärme aus dem Kollektor nicht mehr abwandern, dann steigt die Temperatur in ihm. Dies lässt sich bei einem normalen Haussystem nicht verhindern. Mit hohen Temperaturen schießt dann bei der Ventilöffnung das Wärmemittel in die Rohre. Diese müssen deshalb mit hitzebeständigen Materialien ummantelt sein. Herkömmliche Ummantelungen genügen diesem Anspruch in der Regel nicht.

Maximale Energieumwandlung

Der oft angegebene optische Wirkungsgrad beschreibt das Maximum an Energieumwandlung, das ein System leistet. Aber auch der Wärmedurchgangskoeffizient k_1 und der quadratische Wärmeverlustfaktor k_2 sind für die Berechnung der sogenannten Wirkungsgradkennlinie wichtig. Dies ist letztlich dafür entscheidend, wie viel Fläche benötigt wird.

Je nach Einstrahlwinkel unterscheidet sich auch die Leistung des Kollektors, schließlich steht die Sonne nicht ständig senkrecht über dem System. Zumeist wird hier die notwendige Korrektur für einen Einstrahlwinkel von 50 Grad angegeben.

Und je mehr Flüssigkeitsinhalt ein Kollektor hat, desto länger dauert es, bis ausreichend Wärme für die Beheizung geliefert wird.

Heizenergien aus regenerativen Energien belasten die Umwelt nicht und werden deshalb mit dem Korrekturfaktor für den Primärenergieverbrauch o versehen. Theoretisch braucht dann gar nicht mehr in eine Dämmung investiert werden.

Erdwärmepumpen

Die Wärme aus der Erde ist völlig kostenlos. Gerade bei Einfamilienhäusern macht diese Investition deshalb viel Sinn. Je nach gewählter Tiefe oder Fläche versorgt die Wärmepumpe das komplette Haus oder dient zumindest als Ergänzung.

Dabei gibt es zwei übliche Systeme: Erdsonde und Erdkollektor. Beide entziehen dem Boden seine Wärme und führen diese über elektrisch betriebene Wärmepumpen ins Haus. Je tiefer Sie bohren, desto mehr Wärme ist in der Erde, sie ist eine jahreszeitenunabhängige Konstante.

Erdsonde und -kollektor

Erdkollektor: Der Erdkollektor arbeitet in der Fläche. Je nach Wärmeträger werden hier Rohrsysteme aus ummanteltem Kupfer (Kältemittel) oder Kunststoff (Sohle) zwischen 1,20 Metern und 1,50 Metern unter der unversiegelten Erdoberfläche verlegt. Um eine gute Versorgung mit Wärme sicherzustellen, sollte die Kollektorfläche doppelt so groß sein wie die beheizte Fläche. Besonders schlecht geeignet ist sandiger, besonders gut geeignet hingegen Grundwasser führender Boden.

Wärme aus der Fläche

Erdsonde: Bei der Erdsonde werden ein oder mehrere bis zu 20 Zentimeter dicke Sonden bis zu 100 Meter tief in die Erde gelassen. Pro laufenden Meter werden so je nach Bodenbeschaffenheit zwischen 20 Watt (sandig) und 80 Watt (grundwasserführend) an Wärmeenergie erzeugt. Die Erdsonde wird mit einem Wasser-Frostschutzmittel-Gemisch gefüllt, welches zuerst in die Tiefe und mit der Wärme dann wieder hinaufgeleitet wird.

Wärme aus der Tiefe

Wärmepumpen und Erdkollektoren unterliegen möglicherweise der Genehmigungspflicht durch die untere Wasserbehörde. Die Gesetzeslage unterscheidet sich hier in den Bundesländern. Beide

253

Systeme sind recht wartungsarm. Regelmäßig muss nur der Wärmeträger ausgetauscht und die Korrosion in den Leitungsrohren untersucht werden. Die Wärmepumpen werden mit Strom betrieben, wobei das Verhältnis vom Stromeinsatz zur erzeugten Wärme etwa 1:4 beträgt. Diese Stromkosten machen aber auch den Preis für den Wärmepumpenbetrieb aus. Die Installation einer Erdsonde kostet etwa 30 bis 50 € pro Meter.

Umweltverträg-
liches Heizen
Die Erdsonde oder der Erdkollektor verbrennen keine fossilen Stoffe für die Heizenergie, sondern nutzen die Wärme der Erde umweltverträglich. Deshalb wird hier der Korrekturfaktor für den Primärenergieverbrauch mit 0 angesetzt, was Sie als Bauherr von der Pflicht entbindet, in eine Dämmung der Gebäudehülle zu investieren.

Wärme mit dem (Holzpellet-)Ofen

Das lodernde Feuer eines Kaminofens hat für viele etwas Romantisches. Aber nicht nur deshalb finden Holzpelletöfen immer mehr Anhänger.

Holzpelletöfen müssen nicht mehr mühsam per Hand befeuert werden, inzwischen funktioniert dies vollautomatisch.

Holzpellets sind zusammengepresste Holzreste, wie sie beispielsweise in Säge- und Hobelwerken anfallen. Durch Trocknung,

Druck und Zuschnitt werden dadurch Stäbchen mit einem Durchmesser von vier bis zehn Millimetern und einer Länge von rund acht Millimetern hergestellt. Sie benötigen einen trockenen Lagerplatz und werden in der Regel automatisch befeuert – das lästige Nachfüllen von Hand entfällt also.

Holzpelletöfen besitzen hervorragende Brenneigenschaften, sie setzen in etwa so viel CO_2 frei, wie die Bäume während des Wachstums der Luft entzogen haben. Sie sind also weitestgehend klimaneutral. Übrig bleibt etwas Asche. Zukünftig ist hier mit Nachrüstpflichten für Feinstaubfilter zu rechnen.

Gute Brenneigenschaften

Das Heizen mit Pellets hat allerdings zwei Nachteile: Anders als bei der Solar- oder Erdwärme muss für diesen Rohstoff gezahlt werden und die Preise können steigen. Zudem wird für die Lagerung bei gleicher Energiemenge deutlich mehr Platz benötigt als beim Heizöl.

Die Holzpellets fließen nur mit einem Primärenergiekorrekturfaktor von 0,1 in die Gesamtheizbilanz des Hauses ein. Steinkohle wird mit 1,1 und Braunkohle mit 1,2 angesetzt.

Exkurs: Strom sparen und erzeugen

Beim Neubau macht es aus mehreren Gründen Sinn, sich auch mit dem Thema Ökostrom zu beschäftigen: Ein Umzug ist für Sie eine gute Gelegenheit, den alten Stromanbieter zu kündigen und zu einem neuen Ökostromanbieter zu wechseln. Und wenn es um die Stromerzeugung mithilfe einer Solarzelle geht, können Sie diese ins neue Dach gut und mit wenig Aufwand integrieren. Der Neubau ist also ideal, auch beim Strom ins Ökolager zu wechseln.

Ökostrom nutzen

Energieanbieter wechseln – aber richtig

Beim Strom gibt es fast immer eine Möglichkeit, Geld zu sparen. Zahlreiche Websites im Internet bieten Tarifvergleiche entsprechend des eigenen Verbrauchs an. Auch Anbieter, die ökologischen Strom produzieren und somit die Energiewende beschleunigen und Klimaschutz aktiv betreiben, finden sich in diesen Listen. Hüten Sie sich dabei aber vor Mogelpackungen: „Öko" und „grün" ist natürlich kein geschützter Markenbegriff, und bei manchem großen Stromversorger subventionieren Sie mit den Mehr-

Anbieter wechseln

geldern für den Ökostrom den billigeren Atomstrom im anderen Geschäftsbereich. Das ist dann sogar kontraproduktiv für den Energiewandel. Wählen Sie deshalb ausschließlich einen Stromanbieter, der für seinen Ökostrom zertifiziert wurde. Gute Zertifikate sind das „Grüner Strom Label" und „ok-Power". Beide werden von Verbraucherinitiativen und Umweltschutzorganisationen getragen. Infos hierzu finden Sie unter *www.gruenerstromlabel.de* und *www.ok-power.de*.

Der Wechsel zum günstigeren Anbieter ist heute – nach Schwierigkeiten in den Anfangsjahren der Marktliberalisierung – ganz einfach: Formular ausfüllen, absenden, fertig. Den Rest übernimmt in der Regel der neue Stromanbieter. Gerade beim Umzug in das neue Haus bietet sich dieser Wechsel an.

Solarzelle als Investition

Formular
auf CD-ROM

Einen Anteil von mindestens 20 Prozent sollen erneuerbare Energien bis 2020 am Gesamtstromverbrauch haben. Das ist das erklärte Ziel des Erneuerbaren Energien Gesetz (EEG) (→CD-ROM). Mit Inkrafttreten des EEG im Jahr 2000 wurde auch die Solarzelle auf dem eigenen Hausdach eine attraktive Investition. Denn für Betreiber und Besitzer von Anlagen zur Erzeugung von Energie aus Wasserkraft, Biomasse, Geothermie, Windkraft und Sonne zahlt sich dieses Gesetz in barer Münze aus. Die Stromnetzbetreiber müssen regenerativ erzeugte Energien nicht nur mit einem Festpreis pro kWh vergüten, sondern sind sogar zur Abnahme verpflichtet. Deshalb bezahlt auch jeder Stromkunde mit seiner Rechnung die neuen Anforderungen zugunsten der Umwelt.

Einspeisung ins
öffentliche Netz

Bei einer normalen Hausdachanlage werden zwischen 900 und 1.000 kWh im Jahr erzeugt, die Nennleistung beträgt hier 1 kW. Damit ist der eigene Haushalt aber nicht annähernd zu versorgen. Deshalb fließt der erzeugte Strom hier, anders als bei der Solarthermie, nicht in den eigenen Haushalt, sondern zunächst ins öffentliche Netz. Der Strom wird anschließend wieder aus dem Netz bezogen, aber zu günstigen Konditionen. Die Solarzelle auf dem Dach ist so für den Hausherrn eine Kapitalinvestition, denn der Stromverbrauch eines Hauses kann damit nicht gedeckt werden.

Noch lohnt sich die Investition in Solarzellen, da die Stromunternehmen zur Stromabnahme verpflichtet sind und einen Festpreis bezahlen müssen.

Aber Vorsicht: Die Kapitalinvestition lohnt sich nur, wenn die Stromkonzerne auch weiterhin zur Zahlung von Mindestbeträgen verpflichtet sind. Die aktuellen Regelungen ab 2008 lauten zusammengefasst:

- 46,75 Cent pro kWh Strom bis einschließlich einer Leistung von 30 kW.
- Die Förderung erfolgt konstant über 20 Jahre bis zum jeweiligen Jahresende des 21. Jahres.
- Fassadenanlagen erhalten aufgrund des niedrigeren Ertrags 5 Cent pro kWh zusätzlich.

Gesetzliche Regelungen

Jedes Jahr werden für Neuanlagen 5 Prozent weniger gezahlt.

Die richtige Solarzelle auswählen

Der Erwerb einer Solarzelle ist eine umweltfreundliche Kapitalanlage, aber auch recht teuer. Die Stiftung Warentest errechnete, dass sie zwischen 4.800 € und 6.320 € pro kWp kostet. Umso wichtiger ist es, auf gute Qualität zu achten und den Einsatzort gut auszuwählen:

Investition gut prüfen

- Überlegen Sie, an welcher Stelle Solarzellen Sinn machen. Natürlich bringen Südlagen hier mehr Strom. Kalkulieren Sie die Fläche und die Kosten genau durch.
- Sind die Lötstellen sauber, macht die Zelle optisch einen guten Eindruck? Achten Sie in jedem Fall darauf, dass die Verarbeitungsqualität sehr gut ist, weil sich sonst die Lebensdauer der Solarzelle – sie ist allen Witterungsverhältnissen ausgesetzt – verringert.

Nutzung klären
- Je höher der Wirkungsgrad einer Zelle ist, desto weniger Fläche benötigt der Hausbesitzer für die Stromerzeugung. Entscheidend ist dabei aber vielmehr, wozu und wie das Solarmodul genutzt werden soll. Und natürlich ist auch der Preis entscheidend. Messen Sie deshalb genau nach, wie viel Fläche Sie zur Verfügung haben, und berechnen Sie danach Fläche und Wirkungsgrad.
- Die Nennleistungsangaben des Herstellers sind nur Laborwerte. Durch die Produktionsunwägbarkeiten weichen die Angaben von der Realität häufig ab. Deshalb ist es viel besser, nach den tatsächlich gemessenen Leistungswerten zu fragen.

Zertifizierte Produkte wählen
- Das IEC 61215-Zertifikat ist der Nachweis über anspruchsvolle Qualitätstests, die das Produkt bestanden hat. „Fertigung gemäß IEC 61215" ist hingegen nur die Überzeugung des Herstellers, dass sein Produkt diesen Test bestehen würde. Achten Sie also sehr auch auf den Gedanken, der hinter manchem Wortspiel steckt. Der kleine Unterschied kann dann über die tatsächliche Qualität entscheiden.
- Pauschalierte Lösungen für die eigene Solarzelle gibt es nicht. Es ist nicht nur eine Frage der Kosten, sondern auch des Standortes. Informieren Sie sich vor dem Erwerb eines Systems intensiv. Wichtig dabei: Fotovoltaik-Anlagen sind reine Investitionsobjekte – das stromautarke Haus ist derzeit unrealistisch.

Amortisation der Kosten
- Die Amortisation der Investitionskosten ist dank der festgelegten Vergütungssätze für Solarstrom relativ sicher. Sollten Sie die Solarzelle aber nicht aus Barmitteln finanzieren können, überlegen Sie sich genau, ob ein weiterer Kredit, der Ihre Immobilie belastet, wirklich wirtschaftlich sinnvoll ist.
- Ein Solarkollektor zur Warmwasserbereitung bringt Ihnen eine echte Ersparnis. Vielleicht ist das ja eine Alternative zum Solarstrom? Aber im Zweifel sollten Sie auch hier das Geld von der

Bank lieber für andere energetische Maßnahmen verwenden, die die Substanz Ihres Hauses aufwerten, etwa durch eine wärmegedämmte Fassade.

Mithilfe dieser Checkliste können Sie schon mal die Spreu vom Weizen trennen, wenn es um die Qualität der Solarzelle geht. Außerdem haben Sie ein Gefühl dafür gewonnen, wann sich die Investition in die Solarzelle tatsächlich lohnt.

Geld sparen mit hohen Energieeffizienzklassen

Spätestens mit dem Umzug wird in einem Haushalt jede Menge neue Technik angeschafft und eingebaut. Auch hier lassen sich mit ein paar einfachen Maßnahmen durchaus Strom und damit Kosten sparen. Hilfe bieten dabei verschiedene Labels:

Sparsame Haushaltsgeräte

- Jedes Kind kennt den Blauen Engel etwa vom Recycling-Papier. Der Blaue Engel (*www.blauer-engel.de*) steht für Umweltschutz und ist dadurch selbst zu einer bekannten Marke geworden. Seit fast 25 Jahren werden Produkte und Dienstleistungen wie etwa Computer, Babyphone oder auch Heiztechnik damit ausgezeichnet.
- Das EU-Label (*www.eu-label.de*) ist für bestimmte Haushaltsgroßgeräte Pflicht. Jeder kennt sicherlich die Energieklassen vom Kühlschrank oder von anderen Geräten. Es basiert auf einer Richtlinie der Europäischen Union und auf der darauf basierenden nationalen Energieverbrauchskennzeichnungsverordnung (EnVKV). Die Klassen sind von A bis G unterteilt, von grün bis dunkelrot wird auf einfache Art und Weise signalisiert, ob das Gerät Strom sparend oder Strom fressend ist.

Energielabels

- Mit dem Energy Star (*www.eu-energystar.de*) werden Strom sparende Bürogeräte ausgezeichnet, also beispielsweise Computer. Das Energy-Star-Programm wird dabei von der Europäischen Union betrieben. Auf der Website gibt es eine ausführliche Datenbank mit Produkten.
- Das Energy-Label (*www.energielabel.de*) der GEEA (Group for Energy Efficient Appliances) orientiert sich am Stromverbrauch von elektronischen Geräten im Stand-by-Betrieb. Geräte, die hier sparen, werden prämiert und die Grenzwerte dafür jährlich

angepasst. „Ziel ist es, nur das beste Drittel der marktverfüg-
baren Geräte auszuzeichnen", schreibt die Initiative auf ihrer
Website:

Stromfresser
ausschalten

Natürlich gibt es auch jede Menge guter Tipps, wie sich Stromfresser auf einfache Art vermeiden lassen. So könnten Sie beispielsweise den Computer an eine Stromleiste mit Schalter anbringen und durch ein Ausschalten den Stand-by-Strom sparen.
Auch der Einsatz von guten Energiesparlampen ist sinnvoll und
gut einplanbar, wenn sowieso neue Lampen angeschafft werden
sollen. Viele dieser Tipps finden Sie beispielsweise auf der Website der Deutschen Energieagentur unter *www.dena.de*.

**Wer Stromfressern den Garaus macht, braucht bei der nächsten Abrechnung
trotz steigender Preise nicht sein Sparschwein opfern.**

Staatliche Förderprogramme im Überblick

Öko wird gefördert: Wer sein Haus über das normal vorgeschriebene Maß der EnEV hinaus im Energieverbrauch senkt, der be-
kommt Zuschüsse und günstige Kredite von unterschiedlichen
staatlichen Stellen.

KfW-Kredite

Eine große Anzahl an Kreditprogrammen für den privaten Hausbauer bietet die KfW. Zum einen sind die Darlehen sehr zinsgünstig und zum anderen begnügen sie sich meist mit einem hinteren Rang im Grundbuch. Sie verbilligen damit die Gesamtfinanzierung des Hauses im Vergleich zur normalen Komplettfinanzierung der Bank erheblich, denn Darlehen in hinteren Rängen sind dort teurer als gute, „1a"-gesicherte Darlehen auf der ersten Rangstelle des Grundbuchs.

Oftmals lassen sich die verschiedenen Kreditprogramme der KfW miteinander kombinieren. Die komplette Abwicklung übernimmt dabei die Hausbank. Das gilt meistens auch für die weiteren Programme von Bundesländern und Kommunen. Diese können wirklich sehr unterschiedlich ausfallen, weshalb Sie sich hier genau informieren sollten. Interessant sind auch noch einige ergänzende Zuschussprogramme etwa vom Bundesamt für Wirtschaft und Ausfuhrkontrolle oder von der Fachagentur Nachwachsende Rohstoffe. Mit Letzteren können Sie so Dämmwolle, etwa aus Hanf oder Wolle, kaufen.

Kombination von Programmen

Programm	Konditionen
KfW Wohneigentum	Bis 30 Jahre Laufzeit, etwa 1/2 Prozent unter Marktzins, 1 bis 5 Jahre tilgungsfrei, maximal 30 Prozent Finanzierung, maximal 100.000 €, nachrangige Sicherung, nur für selbst genutztes Wohneigentum, *www.kfw.de*
KfW Ökologisch bauen Niedrigenergiehaus 60	Bis 30 Jahre Laufzeit, etwa 1 Prozent unter Marktzins, 2 bis 5 Jahre tilgungsfrei, Zinsfestschreibung: 10 Jahre, maximal 100 Prozent Finanzierung, maximal 50.000 € je Wohneinheit, nachrangige Sicherung, *www.kfw.de*

KfW Ökologisch bauen Niedrigenergiehaus 40 / Passivhaus	Bis 30 Jahre Laufzeit, etwa 2 Prozent unter Marktzins, 2 bis 5 Jahre tilgungsfrei, Zinsfestschreibung: 10 Jahre, maximal 100 Prozent Finanzierung, maximal 50.000 € je Wohneinheit, nachrangige Sicherung, *www.kfw.de*
KfW Solarstrom fördern	Bis 20 Jahre Laufzeit, etwa 0,5–1 Prozent unter Marktzins, 2 bis 5 Jahre tilgungsfrei, Zinsfestschreibung: 5–10 Jahre, maximal 100 Prozent Finanzierung (96 Prozent Auszahlung), maximal 50.000 € je Wohneinheit, nachrangige Sicherung, *www.kfw.de*
Bafa Förderung zur Nutzung erneuerbarer Energien	Errichtung von Solarkollektoranlagen bis 40 m², 60 € je m² installierter Bruttokollektorfläche, mindestens jedoch 412,50 €, 105 € je m² Bruttokollektorfläche bei gleichzeitiger Anlage für Warmwasserbereitung, Biomasseanlagen (Holzheizungen), Wirkungsgrad: mind. 90 Prozent, automatisch beschickte Anlagen, Pelletanlagen u. Ä.: 36 € je kW, mindestens jedoch 1.000 €, Scheitholzkessel: 1.125 €, *www.bafa.de*
FNR „Nachwachsende Rohstoffe"	Einsatz von Dämmstoffen aus nachwachsenden Rohstoffen, Zuschuss: je nach Kategorie 25–35 €/ m², *www.naturdaemmstoffe.info*

Stand: Januar 2008
Bitte beachten Sie, dass sich die Kreditprogramme regelmäßig ändern!

Expertentipp

Selbst intensiv informieren

Leider ist es immer wieder so, dass Baufinanzierungsberater der Banken nicht unbedingt über alle relevanten Förderprogramme von Kommunen, Ländern und Bund informiert sind. Diese Programme unterliegen auch einem ständigen Wandel. Deshalb ist es sehr wichtig, dass Sie sich selbst vorab intensiv informieren und nach passenden Programmen recherchieren. Eine gute Hilfe ist dabei die Website *www.baufoerderer.de*, die von den Verbraucherzentralen betrieben wird.

Sprechen Sie mit diesen Informationen im Aktenkoffer Ihren Bankberater direkt auf die Fördermöglichkeiten an und diskutieren Sie mit ihm die Möglichkeiten. Lassen Sie sich nicht mit einem „das machen wir besser aus einem Guss" abwehren. Viele Programme sind für Sie als Bauherr äußerst attraktiv, bringen aber dem Berater nur schlechte Abschlussprovisionen. Und dafür muss er sich auch noch in die komplizierte Antragsmaterie einarbeiten. Dazu haben einige Berater keine Lust.

Gut informiert ins Gespräch

✓ KOSTEN-CHECK

Das günstigste Ökohaus finden

Formular
auf CD-ROM

Vergleichen Sie anhand von Marktdaten, was Sie ein Niedrig- und ein Passivhaus kosten würde. Dieser Kostencheck ermöglicht Ihnen, die Mehrkosten gegenüberzustellen und sich klar zu werden, ob ein Passivhaus für Sie in Frage kommt.

Decke über Erdgeschoss:
Niedrigenergiehaus mit 18 Zentimeter Wärmedämmung (WLG 035).

Fläche in m^2 x Materialkosten je m^2 = Gesamtkosten in €.

.... m^2 x .... € = ... €.

Passivhaus mit 30 Zentimeter Wärmedämmung (WLG 035).

Fläche in m^2 x Materialkosten je m^2 = Gesamtkosten in €.

.... m^2 x .... € = ... €.

Fassade:
Niedrigenergiehaus mit 8 Zentimeter (WLG 035) Wärmedämmung auf Mauerwerk.

Fläche in m^2 x Materialkosten je m^2 = Gesamtkosten in €.

.... m^2 x .... € = ... €.

Passivhaus mit 30 Zentimeter Wärmedämmung (WLG 035) auf Mauerwerk.

Fläche in m^2 x Materialkosten je m^2 = Gesamtkosten in €.

.... m^2 x .... € = ... €.

Fenster:
Niedrigenergiehaus mit Zweifachverglasung (U = 1,7 W/ m^{2}K).

Anzahl der Fenster x Materialkosten je Stück = Gesamtkosten in €.

.... Stück x .... € = ... €.

Passivhaus mit Dreifachverglasung (U = 0,7 W/ m^{2}K).

Anzahl der Fenster x Materialkosten je Stück = Gesamtkosten in €.

.... Stück x .... € = ... €.

Heizung:
Niedrigenergiehaus mit Brennwertkessel als Wandtherme, Heizkörper und Schornstein.

Kosten: .... €

Passivhaus mit Lüftungsanlage mit Wärmerückgewinnung inklusive Kabel.

Kosten: .... €

Kellerdeckenunterschicht:
Niedrigenergiehaus mit 6 Zentimeter Hartschaumplatten (WLG
035) an Decke angedübelt.

Fläche in m^2 x Materialkosten je m^2 = Gesamtkosten in €.

.... m^2 x .... € = ... €.

Passivhaus mit 20 Zentimeter Wärmedämmung (WLG 035) an
Decke angedübelt.

Fläche in m^2 x Materialkosten je m^2 = Gesamtkosten in €.

.... m^2 x .... € = ... €.

Das müssen Sie tun:
Anhand der aufgeführten Kriterien in dieser Übersicht können
Sie sich selbst ein Bild von den unterschiedlichen Investitionskosten für einen energiesparenden Neubau machen.
Dieser Check hilft Ihnen, die Kostenunterschiede zwischen
einem Haus nach Niedrigenergiestandard und einem Passivhaus genau auszurechnen. Langfristig immer sinnvoller ist
natürlich das Passivhaus, weil Sie sich hier ein Stück weit von
steigenden Energiepreisen abkoppeln können.

So könnte Ihr ausgefüllter Check aussehen:

Decke über Erdgeschoss:
Niedrigenergiehaus mit 18 Zentimeter Wärmedämmung
(WLG 035).

Fläche in m^2 x Materialkosten je m^2 = Gesamtkosten in €.

75 m^2 x 26 € = 1950 €.

Passivhaus mit 30 Zentimeter Wärmedämmung (WLG 035).

Fläche in m^2 x Materialkosten je m^2 = Gesamtkosten in €.

75 m^2 x 38 € = 2850 €.

Fassade:
Niedrigenergiehaus mit 8 Zentimeter (WLG 035)
Wärmedämmung auf Mauerwerk.

Fläche in m^2 x Materialkosten je m^2 = Gesamtkosten in €.

230 m^2 x 45 € = 10350 €.

Passivhaus mit 30 Zentimeter Wärmedämmung (WLG 035) auf
Mauerwerk.

Fläche in m^2 x Materialkosten je m^2 = Gesamtkosten in €.

230 m^2 x 62 € = 14260 €.

usw.

Glossar

Abteilung I–III des Grundbuchs: Das Grundbuch unterteilt sich in drei Abteilungen: Abteilung I gibt Aufschluss über die Eigentumsverhältnisse, Abteilung II verzeichnet alle Lasten und Beschränkungen eines Grundstücks, Abteilung III beinhaltet alle Hypotheken, Grundschulden und Rentenschulden, mit denen ein Grundstück belastet ist.

Ausbauhaus: Haus, das nur in Teilen von Baufirmen erstellt wird. Meist wird dabei der Innenausbau vom Bauherrn in Eigenleistung erbracht.

Bauabnahme: Die Bauabnahme ist der Übergang von der Bauausführung in die Baunutzungsphase. Bei der öffentlich-rechtlichen Bauabnahme überprüft die Bauaufsichtsbehörde die Einhaltung der Bauvorschriften in baurechtlicher und bautechnischer Hinsicht. Die zivilrechtliche Bauabnahme stellt den Gefahrenübergang vom Bauunternehmer zum Bauherrn dar. Voraussetzung dafür ist die Fertigstellung und (im Wesentlichen) die Mangelfreiheit des Gebäudes oder einer erbrachten Bauausführungsleistung.

Baulast: Im Baulastenverzeichnis eingetragene öffentlich-rechtliche Beschränkungen der Bebaubarkeit bzw. Nutzbarkeit eines Grundstücks. Die Einsichtnahme in dieses Verzeichnis empfiehlt sich vor einem Grundstückserwerb. Das Baulastenverzeichnis wird bei den Bauordnungsämtern geführt.

Bauleiter: Nach den Landesbauordnungen (LBO) muss ein Bauleiter für Ihr Bauvorhaben benannt werden. Er ist Ihnen gegenüber verantwortlich, wenn Gesetze und Vorschriften nicht eingehalten werden.

Bausatzhaus: Haus, das in einzelnen Bauelementen geliefert und vom Bauherrn in Eigenregie aufgebaut wird. Für handwerklich geschickte Bauherren bietet sich dadurch eine gute Sparmöglichkeit.

Bewertungsmethoden: Für die Wertermittlung von Objekten gibt es drei etablierte Verfahren: Vergleichswert-, Ertragswert- und Sachwertverfahren. Die Anwendung der Verfahren ist abhängig von vorhandenen Vergleichsgrundstücken und dem Zweck der Immobilie. Als Ergebnis erhält man den Verkehrswert des Objektes oder der Immobilie.

Bodenrichtwert: Wichtige Grundlage für die Bewertung von Grundstücken. Er wird von den Gutachterausschüssen veröffentlicht und bezieht sich immer auf das definierte Richtwertgrundstück. Bodenrichtwerte können telefonisch beim zuständigen Gutachterausschuss abgefragt werden.

Eigenleistung: Persönliche Arbeitsleistung (Selbst-, Verwandten- und Nachbarschaftshilfe), durch die Handwerkerlohnkosten eingespart werden. Die Höhe der Eigenleistung wird vielfach überschätzt. Risiken liegen im hohen Zeitaufwand, in der längeren Bauzeit, in der teilweise unzureichenden fachlichen Qualifikation und im Ausschluss von Gewährleistungsansprüchen.

Energieeinsparverordnung (EnEV): Die Energieeinsparverordnung (EnEV) ist eine deutsche Verordnung, die am 1. Februar 2002 in Kraft getreten ist und die Wärmeschutzverordnung (WSchV) und die Heizungsanlagenverordnung (HeizAnlV) abgelöst hat. Sie definiert Mindeststandards für neue und bestehende Wohngebäude sowie Nicht-Wohngebäude hinsichtlich der Isolationseigenschaften und der Qualität der Anlagentechnik.

Fertighaus: Gebäude, das meist aus vom Hersteller vorproduzierten Fertigteilen besteht, die auf der Baustelle zusammengebaut werden.

Flächennutzungsplan: Gibt Auskunft, welche Bauflächen und Baunutzungsarten in einem Gebiet infrage kommen.

Flurkarte: Die Flurkarte ist ein amtliches Dokument, wird vom jeweils zuständigen Katasteramt geführt und gibt Auskunft über die genaue Lage eines Grundstückes, seine Größe sowie seinen Grenzverlauf.

Förderprogramme: Bund und Länder fördern Bau oder Kauf der eigenen Immobilie mit Zuschüssen und zinsgünstigen Krediten. Aber auch für bestimmte Energiespar- oder Modernisierungsmaßnahmen gibt es günstige Darlehen.

Geschossflächenzahl: Ist im Bebauungsplan festgelegt und gibt die erlaubte bauliche Ausnutzung des Grundstücks an, zeigt also das Verhältnis zwischen Geschossfläche und Grundstücksfläche.

Gewerk: Bezeichnet die verschiedenen Fachrichtungen aller am Bau tätigen Unternehmen und Handwerker (Dachdecker, Maurer, Zimmerer, Installateur, Betonbauer usw.).

Grundflächenzahl: Gibt den Flächenanteil eines Grundstücks an, der baulich genutzt werden darf.

Grundbuch: Das Grundbuch wird beim Grundbuchamt am Amtsgericht geführt. Ein Grundbuchauszug kann vom Eigentümer, von einem Beauftragten oder bei berechtigtem Interesse für das betreffende Grundbuchblatt angefordert werden. Ein Grundstück ist durch eine laufende Nummer gekennzeichnet und kann aus einem oder mehreren Flurstücken bestehen.

Gutachterausschüsse: Die Gutachterausschüsse sind selbstständig und unabhängig. Die regional angesiedelten Gutachterausschüsse führen Kaufpreissammlungen, in die alle gemeldeten Grundstücksverkaufsfälle einfließen. Die Ausschüsse ermitteln Bodenrichtwerte oder erstellen teilweise selbst Gutachten über die Verkehrswerte von bebauten und unbebauten Grundstücken. Jährlich erscheint ein Grundstücksmarktbericht, in dem Informationen zum regionalen Grundstücksmarkt enthalten sind.

HOAI: Honorarordnung für Architekten und Ingenieure.

Jahresprimärenergiebedarf: Damit wird der Bedarf an primärer Energie (Öl für die Ölheizung, Gas für die Gasheizung, Kohle für

Heizkraftwerke zur Wärmeerzeugung usw.) bezeichnet, den ein Gebäude zur Beheizung innerhalb eines Jahres verbraucht.

Liegenschaftskataster: Wird beim regionalen Katasteramt geführt. Es enthält beschreibende Informationen zu den Flurstücken (z. B. Lage, Bezeichnung, Größe) sowie diverse Karten, aus denen der Verlauf der Flurstücksgrenzen und die unterschiedliche Bodengüte ersichtlich werden.

Nießbrauch: Belastung einer Immobilie in Abteilung II des Grundbuchs zugunsten einer bestimmten Person. Sie ist dadurch berechtigt, die Immobilie entsprechend zu nutzen. Dieses Recht macht normalerweise eine Immobilie unverwertbar, da es den Käufer von der Nutzung ausschließen würde.

Umbauter Raum: Bauvolumen eines Gebäudes. Die Berechnung des umbauten Raumes wird zur Berechnung des Gebäudewertes benötigt und gehört zu den Beleihungsunterlagen, die der Darlehensgeber zur Ermittlung des Beleihungswertes (Wertermittlung) des zu finanzierenden Objektes benötigt.

U-Wert: siehe Wärmedurchgangskoeffizient.

Verkehrswert: (auch: gemeiner Wert, Marktwert) Der Verkehrswert entspricht dem Preis, der bei der Veräußerung einer Immobilie unter normalen Umständen zu erzielen ist.

Wärmedurchgangskoeffizient (U-Wert): Gibt die Wärmemenge an, die durch einen Quadratmeter eines Bauteils hindurchfließt, wenn die Temperaturdifferenz der abgrenzenden Luftschicht 1 K (Kelvin) beträgt. Je kleiner der U-Wert, desto besser ist die Wärmedämmung eines Bauteils.

Wertermittlung: siehe Bewertungsmethoden.

Nützliche Adressen und Websites

EEB – Verband Energieeffizientes Bauen e. V.:
Chemnitzer Platz 1
08371 Glauchau
Tel.: 0 37 63/ 48 82-87
Fax: 0 37 63/ 48 82-86
E-Mail: info@eebev.de
www.eebev.de

Dieser Verband hat es sich zur Aufgabe gemacht, über energieeffizientes Bauen und Sanieren zu informieren und aufzuzeigen,
dass energieoptimiertes Bauen auch wirtschaftlich interessant ist.

**„Initiative kostengünstig qualitätsbewusst Bauen" des Bun-
desministeriums für Verkehr, Bau und Stadtentwicklung:**
Kompetenzzentrum
Salzufer 14
10587 Berlin
Tel.: 0 30/ 39 92 1-888
Fax: 0 30/ 39 92 1-889
E-Mail: kompetenz@iemb.de
www.kompetenzzentrum-iemb.de

Diese Initiative informiert über das Internet, über Informations-
blätter und bei Fachveranstaltungen über umweltgerechtes, inno-
vatives und bezahlbares Bauen.

Bund der Energieverbraucher:
Grabenstr. 17
53619 Rheinbreitbach
Tel.: 02224 9227 0
Fax: 02224 10 321
E-Mail: info@energieverbraucher.de
www.energieverbraucher.de

Wenn es um das Thema „Heizen und Strom" aus Verbrauchersicht
geht, ist die Website dieses Verbandes ein guter Einstieg.

Bundesverband der Energieabnehmer e.V. (VEA):
Zeißstr. 72
30519 Hannover
Tel.: 0511 9848-0
Fax: 0511 9848-288
E-Mail: info@vea.de
www.vea.de

Dieser Verband vertritt Unternehmen als Kunden von Energiekonzernen. Hier können Sie sich gut über die Liberalisierung auf dem Energiemarkt informieren.

Haus & Grund Deutschland, Zentralverband der Deutschen Haus-, Wohnungs- und Grundeigentümer e.V.:
Mohrenstr. 33
10117 Berlin
Tel.: 030 20216-0
Fax: 030 20216-555
E-Mail: zv@haus-und-grund.net
www.haus-und-grund.net

Der Interessenverband von Immobilienbesitzern bietet nicht nur seinen Mitgliedern ausführliche Informationen zu Themen, die den „kleinen" Immobilienbesitzer bewegen.

Verband privater Bauherren e.V. (VpB):
Chausseestr. 8
10115 Berlin
Tel.: 030 278901-0
Fax: 030 278901-11
E-Mail: info@vpb.de
www.vpb.de

Dieser Verband versteht sich als Verbraucherschutzorganisation, er wählt daher für seine Mitglieder Bausachverständige aus. Das Angebot im Bereich reicht vom „Schadstoff-Detektiv" über eine Broschüre zum Thema „Sanierungstipps" bis hin zu Informationen zum barrierefreien Bauen.

www.ziegeldach.de
Informationen rund um die unterschiedlichen Dachziegelsysteme gibt es bei der Arbeitsgemeinschaft Ziegeldach e. V.

www.f-q-m.de
Die Website des Fach- und Qualitätsverbandes für Massivhäuser e. V. (FQM) ist nicht sonderlich aktuell, sie bietet aber dennoch einige grundlegende Informationen.

www.massivhaus.net
Eine gute Website bietet der Zentralverband des Deutschen Baugewerbes e.V. Auf einer speziellen Website werden viele Gründe für das Massivhaus aufgeführt.

Bildquellenverzeichnis

fotolia.de: 12 Oliver Tuffe, 31 fauxware, 38 Hannes Eichinger, 42 Gina Sanders, 46 Melking, 52 schweitzer-degen, 56 vulkanersoy, 76 Gina Sanders, 83 Alexander Shalamov, 90 endostock, 92 3d-Master, 100 Jörg Vollmer, 109 Alexei Fateev, 115 creAtive, 128 Maria.P., 134o Otmar Smit, 134m BAO-RF, 134u Kalle Kolodziej, 140 Melisback, 172 igor kosselev, 175 seen, 198 Mixage, 202 hans 12, 208 FrankU, 229 Reiner Wellmann, 248 Maria.P., 254 rmarinello; Shutterstock: 8, 15, 22, 24, 28, 33, 40, 48, 60, 74, 80, 85, 98, 105, 112, 119, 121, 122, 125, 132, 153, 180, 185, 189, 220, 224, 236, 240, 242, 257, 260.
Alle übrigen Bilder stammen vom Autor

Register